图解经济学

周 乐 编著

辽海出版社

图书在版编目（CIP）数据

图解经济学 / 周乐编著 . —沈阳：辽海出版社，2018.12
ISBN 978-7-5451-5215-9

Ⅰ . ①图… Ⅱ . ①周… Ⅲ . ①经济学－图解 Ⅳ . ① F0-64

中国版本图书馆 CIP 数据核字（2019）第 025658 号

图解经济学

责任编辑：柳海松
责任校对：顾　季
装帧设计：廖　海
开　　本：630mm × 910mm
印　　张：14
字　　数：201 千字
出版时间：2019 年 3 月第 1 版
印刷时间：2019 年 3 月第 1 次印刷

出版者：辽海出版社
印刷者：北京一鑫印务有限责任公司

ISBN 978-7-5451-5215-9　　　　定　价：68.00 元
版权所有　翻印必究

前 言

　　经济学是研究人类社会在各个发展阶段上的各种经济活动和各种相应的经济关系及其运行、发展的规律的科学。经济学的产生和发展具有十分悠久的历史，在资本主义以前的各个历史时期，就有不少思想家对当时的一些经济现象和经济问题发表见解，形成某种经济思想，如古希腊色诺芬的《经济论》、柏拉图的社会分工论和亚里士多德关于商品交换与货币的学说。随着资本主义生产方式的产生和发展，在西欧各国逐渐形成了资产阶级经济学，并经历了重商主义、古典经济学、历史学派、边际效用学派、新古典经济学、制度学派等不同发展阶段，其间涌现出许多杰出的经济学家，如亚当·斯密、李嘉图、门格尔、维塞尔、帕姆·巴维克、杰文斯、瓦尔拉斯、帕雷托、范勃伦、康蒙斯、米切尔等，他们著书立说，为后人留下了丰富的经济学思想和著作。

　　时至今日，随着商品经济的发展和社会分工的深化，人类经济活动的内容越来越复杂、丰富，专业化程度也越来越高；同时，各种经济活动之间、经济活动与其他社会活动之间相互依存、相互渗透、相互联系，也越来越紧密。与之相应，经济学的研究范围也越来越广，不断分化出带有应用性的独立的部门经济学、专业经济学等分支学科，并且还出现了经济学科内部各个分支相互交叉的学科，以及经济学科与其他社会科学，以至自然科学学科之间彼此联结的边缘学科。这样，就在社会科学中逐步形成了一个结构庞大、分支繁多的经济学科体系。

　　也许有人会说，学习经济学对一般人用处并不大，普通读者只需知道如何赚到钱维持生计就足够了。其实不然，作为普通读者，应该更深刻地了解那些存在于我们身边的、关乎我们幸福和成功的生活现象背后的本质和真相，以便让我们在面临某些问题时能够更加睿智，少投入一些沉没成本，减少一些不必要的、没有任何意义的浪费。由此可见，学习经济学对任何人都是有意义的。更重要的是，我们只有构建起和经济学家一样的思维方式，才能游刃有余地应对庞杂生活中的一切问题，在充满复杂博弈的谈判、体力的角逐和智力的较量中获得最大的收益，成为更加精明的消费者、投资者、企业管理者，才能更理智地进行各项人生选择，获得最终的成功。

在大多数人眼中，经济学显得非常枯燥乏味。即使是入门的经济学教科书，也包含了大量的定理、模型和统计数据，于是经济学这门本应当经世致用、服务大众的学科，却渐渐远离了我们。虽然经济学看似距我们很遥远，但实际上却离我们很近，因为它就发生在每个人的日常行为中，每个人在生活中都在有意无意地运用经济学道理进行选择和取舍，希望以最小的成本获得最大的收益。所以，我们每天的行为选择，都离不开经济的思考和权衡。

面对古今中外浩如烟海的经济学著作、艰深抽象的经济学理论，以及门类繁多的经济学支派，作为非经济学专业的普通读者，如何才能在短时间内对经济学有一个粗浅的了解呢？为了让读者更好地学习经济学，更加直观、透彻地理解经济学在我们日常生活中的作用，我们编纂了这本《图解经济学》。本书不同于传统的经济学书籍，而是在陈述抽象的理论、概念和公式的基础上，搭配了多幅具体翔实的插图，以图说图解的形式，深入浅出地讲述经济学原理，使之生活化，让读者更易于接受的方式领略本书所述内容，使阅读具有趣味性，更容易被普通读者所理解。书中用通俗易懂的语言对经济学的本质、经济学独特的思考方式以及经济学的基本概念和规律进行了系统而深入浅出的讲解，并通过大量的生活案例，从日常生活、教育、职场、恋爱、婚姻、家庭、消费、投资、管理等方面，全面剖析了经济学在社会生活各个领域的广泛应用以及经济学规律对生活的巨大作用，帮助广大读者通过一本书了解经济学，学会像经济学家一样思考，用经济学的视角和思维观察、剖析种种生活现象，指导自己的行为，解决生活中的各种难题，更快地走向成功，尽享幸福人生。

目 录

上篇 经济学本质

第一章 什么是经济学 …………………………… 2
经济学是使人幸福的学问 …………………………… 2
当经济学成为一种生活方式 ………………………… 4
经济学是一种选择 …………………………………… 5
经济学的无穷魅力 …………………………………… 9

第二章 经济学的思考方式 ……………………… 12
你身边的外部性 ……………………………………… 12
需求大都是好事吗 …………………………………… 13
什么是恩格尔系数 …………………………………… 16
麦当劳挨着肯德基的玄机 …………………………… 17
"天价"的背后 ………………………………………… 19
什么叫"看不见的手" ………………………………… 21
另一只手 ……………………………………………… 24
"同居时代"的背后 …………………………………… 26
"谷贱伤农"是哪般 …………………………………… 28
需求定理有例外吗 …………………………………… 30
长相与收入有关吗 …………………………………… 32
名牌背后的秘密 ……………………………………… 33
赌博会赚到钱吗 ……………………………………… 34
贝克汉姆的发型 ……………………………………… 36

—1—

第三章　经济理性能力的培养……………………38
　　成功人士的经济学特点 …………………………38
　　适度的非理性有时是一种理性 …………………40
　　光有理性也不行 …………………………………42

下篇　社会生活中的经济学应用

第一章　日常生活中的经济学……………………46
　　"贤妻良母"要三思 ……………………………46
　　春运时，为什么一票难求 ………………………47
　　不吃剩饭的哲学 …………………………………49
　　民航打折的秘密 …………………………………51
　　竞争有什么好处 …………………………………53
　　富人为何买贵不买贱 ……………………………55
　　我们为塞车付出了什么 …………………………57
　　闲暇提供什么效用 ………………………………59
　　什么是覆水难收 …………………………………61
　　司机为何老摁喇叭 ………………………………64
　　公交车能解决出行难吗 …………………………66
　　马路杀手与社会保险 ……………………………68
　　你在闲暇时做什么 ………………………………70
　　休闲的成本收益 …………………………………72
　　适度娱乐提升生活质量 …………………………76
　　让你的假期发挥最大效用 ………………………78
　　休闲效用最佳组合 ………………………………80
　　规避休闲风险 ……………………………………82
　　健康就是财富 ……………………………………84
　　亚健康与工作 ……………………………………86

如何以最小的成本保持健康 …………………… 89
看病挨宰与不完全信息 ……………………… 91
富了医院，苦了病人 ………………………… 93
未雨绸缪，规避健康风险 …………………… 95

第二章 教育中的经济学 …………………… 98
人力资本的价值取决于教育 ………………… 98
大学生到底要花多少钱 …………………… 102
为什么哈佛的毕业生那么牛 ……………… 105
大学生就业为什么这么难 ………………… 108
望子成龙莫心切 …………………………… 112
是读研还是参加工作 ……………………… 115
学习型人才最有前途 ……………………… 117
规划人生，减少沉没成本 ………………… 120
路径依赖：男怕入错行 …………………… 124
目标为人生提供动力 ……………………… 127
培养核心竞争力 …………………………… 130
执着与勤奋来自对成功的渴望 …………… 133

第三章 职场中的经济学 …………………… 135
饭碗从哪里来 ……………………………… 135
哪些因素影响劳动价值 …………………… 137
是否被人抢了饭碗 ………………………… 140
理性看待就业难 …………………………… 142
从"天之骄子"到"街头浪子" …………… 144
今天工作不努力，明天努力找工作 ……… 147
跳槽是否理性 ……………………………… 150
职场中的处世的哲学 ……………………… 153
加薪的学问 ………………………………… 156

生存智慧：处于材与不材之间 …………………… 157
　　办公室中的"智猪博弈" …………………………… 158
　　职场里成功的秘诀 ………………………………… 161
　　职场共赢6法则 …………………………………… 165

第四章　人际关系中的经济学……………………170
　　人际关系就是资源 ………………………………… 170
　　人际关系的选择学问 ……………………………… 172
　　朋友间也需要投资 ………………………………… 175
　　学会与人合作，达成共赢 ………………………… 177
　　为什么陌生人更容易发生摩擦 …………………… 179
　　网络人际的成本 …………………………………… 182
　　不要做一次性人情 ………………………………… 183
　　理性与非理性的较量 ……………………………… 185
　　交往中的心理博弈 ………………………………… 187
　　人际关系是一种资源 ……………………………… 188
　　该交什么样的朋友 ………………………………… 192
　　人际关系具有场效应 ……………………………… 194
　　寻找生命中的伯乐 ………………………………… 197
　　分享快乐和分担风险 ……………………………… 199

第五章　恋爱中的经济学……………………………203
　　爱情名词的经济学解释 …………………………… 203
　　带不带密友去相亲 ………………………………… 204
　　选对男友的策略 …………………………………… 206
　　凄美爱情是吉芬商品吗 …………………………… 209
　　自古红颜多薄命 …………………………………… 211
　　再见钟情 …………………………………………… 213

上 篇

经济学本质

第一章 什么是经济学

经济学是使人幸福的学问

英国著名的戏剧家、文学家和社会主义宣传家萧伯纳,曾经说过这样一句话:"经济学是一门使人幸福的艺术。"经济学的研究对象是人,那么研究人类的幸福也应该是经济学的必由之路和归宿。从经济学如何教人致富,如何合理利用人类稀缺的资源等问题来看,它的确如此。

这种幸福感在经济学大家身上可见一斑。美国著名非主流经济学家加尔布雷斯幸福地生活了97年,新自由主义大师弗里德曼幸福地度过了94年的时光。"从这两位大师的身上,我们可以感受到经济学的魅力,可以感受到真正的经济学精神对于我们社会的建设性作用。"经济学家卢周来这样评价两位大师。

美国马克思主义经济学家保罗·斯威齐也是94岁高寿,中国经济学家薛暮桥生活了101年。这似乎可以得出一个结论:经济学思想巨匠普遍长寿。回想起开头萧伯纳说的那句话,我们可以认识到献身经济学研究的人是幸福的,这种幸福的来源在于经济学家用经济学这个工具认清了这个纷繁复杂的世界。

经济学,其最基本的功能就在于给人们提供了一种认识世界的平台、分析世界的方式和改造世界的方法。在我们今天所处的这样一个扑朔迷离而又快节奏的社会里,用经济学的眼光和方法去思考问题、分析问题,会让一切事物真实地呈现在自己面前,这就是真正意义上的"看破红尘"。由此看来,经济学家普遍长寿也就不足为奇了。

研究经济学一定要有哲学家的头脑,经济学的任务就是透过表面现象来研究和揭示经济规律、经济关系。正是由于经济学家

们对世界"心如明镜",才使得他们心情愉悦,得享高寿。

诺贝尔经济学奖获得者、英国著名经济学家约翰·梅纳德·凯恩斯认为,经济学"不是一种教条,而是一种方法,一种心灵的器官,一种思维的技巧,帮助拥有它的人得出正确结论"。一个优秀的教练员未必比运动员实战水平更高,但他却能够给运动员以理论、经验和方法,使他的技能得到提高。一个优秀的经济学家未必是一个理财能手、成功的企业家或政府官员,但他却能给一个理财能手、成功的企业家或政府官员非常重要的指导。

经济学不仅能揭示一个国家经济运行发展的规律趋势,而且还能解决人们生活中存在的种种问题。所以,"使人幸福的经济学"不是高高在上的阳春白雪,也绝不是停留在经济学家的鸿篇巨著、经济评论家的艰深高论和难辨真假的媒体评论上,它是使平常人触手可及的学问,而使社会大众幸福则正是经济学的宗旨所在。

当经济学成为一种生活方式

做研究是一种生活方式,做经济学研究是经济学家的生活方式。

经济学认为,不同的人有不同的禀赋,所以,不同的人有不同的比较优势,分工合作就能够提高社会的总产出。孔子曰"三人行,必有我师焉",如果每个人都这样去想,不同的人就可以相互学习与合作。分工合作是经济学最为朴素的智慧,但即使是读经济学的人也并不一定真正领会到其中的含义。

在通常情况下,每一个人创造的价值都可以由市场来评判,于是每个人根据自己产品的市场价格来决定生产什么,社会分工自然就形成了。但这套机制放在学术研究里就不行,道理非常简单,而且又是个经济学的朴素原理,知识是没有竞争性的市场,因此也难以定价。正是基于这些朴素的道理,经济学家坚持与学生一起通过专题讨论会的方式来学习新的论文,讨论那些与当代中国经济与社会相关的问题。正因为如此,经济学家会利用一切机会请国内外的学者与之交流研讨。

经济学的另一个原理是,对于公共产品的提供,每个人都有搭便车的倾向,这将使得公共产品陷于供给不足的局面。经济学家应该最明白这个道理。学术研究的合作实际上就是一个创造(对合作各方而言的)公共产品的过程。因此,在学术研究的合作中,经济学家必须克服自己的惰性,先做一个愿意奉献的好人。

经济学还有一个简单的原理是供给应该适应需求,否则,会给生产者带来亏损,在更为宏观的层面,则是资源的误配置和经济衰退。这就涉及"研究什么"的问题。经济学作为一门社会科学,它必须在内容上适应需求,特别是来自于当代社会的需求。

经济学应该去研究有利于人类福利的重大问题，这就要求经济学家超越个人的喜乐、得失去关注整个社会的前途和命运。一个好的经济学家如果没有强烈的人文意识和社会责任感，就难以做出出色的研究，因为他关注的问题可能对大多数人都不重要。作为中国的经济学家，应了解自己生长的这片土地，了解中国，了解中国作为一个发展中的大国所面临的各种各样的问题和挑战，第一要务是为中国的政治进步、社会和经济的全面发展提供经济学的智慧。

知识的生产是否符合需要还与知识生产的方式有关。在目前的中国，经济学的普及程度不会好于40年前的美国。因此，经济学家还需要借助于各种现代的手段来普及经济学的知识，包括教材、媒体和"内参"。经济学的另一条原理是，不同的生产要素如果是互补的，那么，多种生产要素的互补就可以提高单一生产要素的边际生产率。从这一意义上说，无论是论文，还是教材，抑或是博客，都是生产和传播经济学的"生产要素"。这些"生产要素"并不是天然互补的，如果用得不好，如果它们被用来生产与知识无关的东西，那么，它们相互间的互补性就无从谈起。利用各种方式的"互补性"来生产和传播经济学的知识，这是一门艺术，更是一种生活方式。

经济学是一种选择

不要以为经济学是那些高居庙堂的经济学家们才玩的游戏。

经济学其实存在于每个人的日常行为中，每个人在生活中都在有意无意地运用经济学道理进行选择和取舍，进而以最小的成本获得最大的收益。

经济学卸下了人们头上浪漫的生活光环，让人们走出虚幻的精神圣殿，走进柴米油盐，走进利益纷争。红尘浮世，人间冷暖，成败得失，背后都有一股利益暗流的涌动。这个利益不仅是物质利益，也有精神利益、感情利益，更有许多日常选择面临抉择的智慧。

一位刚从某高校工商管理专业毕业的女大学生，想到自己找到工作的经历仍然感到很得意。她在简历上对自己的能力及不足来了个"明码标价"，乍一看，就像一个"价目表"。她说："这一招助我一路拼杀，找到了现在非常满意的工作！"

基本价值：1800元。作为一名国家直属重点大学的本科毕业生，在16年的求学生涯中耗费了父母大量的金钱和感情，需要足够的物质支持来回报家人和提供个人生活基本费用，并用于支付工作技能的进一步的发展。

技能价值：-500元。深知明白自己作为一位毕业于管理学专业的学生缺乏"一技之长"，所能干的工作似乎任何专业的人都可以胜任，但我的优势只有在进入某单位，经过一段时间的磨炼后，才能有所发挥。为了感激贵单位给予这个"进门"的机会，认为应该减去500元的月薪。

性格价值：100元。开朗活泼幽默的性格，能最大限度地使一个团体士气高昂，在愉快的氛围中保持工作的高效。

经验价值：-500元。深知自己的经验欠缺，没有独立地完成过一次完整的学术研究，也没有组织过大型的社会活动，但是请相信，作为一个具有扎实的专业知识和较高的综合素质的新人，能很快完成从学生到管理者的过渡。

……

和其他毕业生的简历相比，她的简历更像一份报价单。她对自己的各项素质进行了具体而客观的评价，分别给出了或正或负的价值数额。最后，她给自己评定的市场价值是 2500 元。

这位同学就是以经济学的眼光看待自己，衡量自己。也许她并不懂得经济学，但她的行为却符合经济学原理。如果把求职看作一种市场行为，这位同学就是卖方，企业则是买方。这位同学对自己的特点一一介绍并明码标价，她的优劣让企业一看便知。这和商家推销产品是一个道理，这种产品是做什么用的，有什么特点，价值多少，让人清清楚楚。有些同学对自己的评价，尽是"本人刻苦努力，成绩优良，尊敬老师，团结同学，积极参加各种社会活动，只要贵单位能给我一次机会，我一定努力工作"之类，至于他到底是怎样一个人，擅长什么，能干什么工作，该拿多少钱，则让人云里雾里，难以知晓。

我们从小就接受这样的教育：长大后要奉献社会，实现自己的人生价值。我们实现自己的人生价值了吗？怎样才算实现了自己的人生价值？自己的价值有多大？好多人未必清楚。在经济学家的眼里，人生的价值是有价码的，这个价码可用金钱为媒介的价格来标示。10 多年前，巩俐在一则广告里笑了一下，价值 100 万元人民币；今天，巨星姚明的身价据说超过了 5 亿美元；而世界首富比尔·盖茨不仅掌握着世界上近千亿美元的财富，而且推动了一个时代的发展，不知道有多少人从他身上获得了启发而变成大富翁。我们凡夫俗子，日出而作，日落而息，用微薄的薪水养活着自己和家人。有人贪赃枉法、杀人放火、盗窃抢劫，造成社会财富的巨大损失。经济学让不同的人的人生价值清晰地呈现在世人面前。

用经济学的方法，为我们如何客观地看待自己、看待他人提供了一种思维方式和方法。经济学是研究人的行为的一门科学，而经济学对人的自身选择的判断与评价更理性、更客观、更具体，是什么就是什么，有多少就是多少，一点也不含糊，不像其他社会科学，比如伦理学，对一个人的评判就很模糊。我们常常说，某某是好人，就是对这个人的道德评判，但这个人好到什么程度，则无法给出清晰的答案。道德还常常以动机来评判人，明明做了坏事，却以"出于好心"为由为其辩护。

现实世界是复杂多变的，一个人也常常会迷失自我，找不着北。经济学可以让人正确认识自己、认识世界，帮助人进行理性选择和决策，少走弯路，少受损失。

经济学是一门选择的学问，选择是为了正确的决策，决策的目的是为了更合理地进行资源配置。合理配置资源的目的是为了实现利益的最大化，即以最小的成本获得最大的收益。这个利益不仅包括物质利益，也包括精神利益、感情利益等。而正确的选择来自于对自己和周围世界的正确估价。

经济学主要研究社会如何管理自己的稀缺资源。在大多数社会里，资源不是由一个中央计划者来配置，而是通过千百万人的共同行动来配置的。因此，经济学研究人们如何做出决策：他们工作多少，购买多少，储蓄多少，以及如何把储蓄用于投资。经济学还研究人们如何相互交易。例如，经济学研究一种物品众多的买者与卖者如何共同决定该物品的价格和销售量。最后，经济学分析影响整个经济的力量和趋势，包括平均收入的增长，人口中找不到工作的人口比例，以及价格上升的速度等。

2001年，诺贝尔经济学奖获得者、美国经济学家斯蒂格利茨在其《经济学》一书中指出："经济学研究我们社会中的个人、企业、政府和其他组织如何进行选择，以及这些选择如何决定社会资源的使用方式。"每一个社会和个人必须做出选择。欲望有轻重缓急之分，同一资源又可以满足不同的欲望，选择就是用有限的资源去满足什么欲望的决策。

从经济学的角度来说，每一个人都是一份资源（现代已有人力资源的概念），"人贵有自知之明"，就是能正确估价自己这份资源。不能正确估价自己的人，不是把自己看得过高，就是太低，因而不能把自己和社会资源（环境、职业、工作、配偶等）进行合理的配置。现实中有不少男人怀才不遇，不少女人红颜薄命，大都是不能正确估价自己造成的，最终男人耽误了事业，女人耽误了终身。

经济学的无穷魅力

经济学是一门理性而中性的学问。它既有模型又有理论,但不像文学,争鸣过程中的不确定性总让人觉得一头雾水。

经济学的魅力在于可以解释大多数的社会现象。如:

(1)房价为什么这么贵?

(2)房价到底会不会降?

(3)为什么大米又贵了,鸡蛋又涨价了,为什么通货膨胀又来了?

(4)大学为什么要扩招,"毕业生为什么一毕业就失业"?

(5)汽车为什么一直在降价?

(6)人民币为什么一直在升值?

(7)股市会出现长期的牛市和春天吗?

(8)春运的车票为什么那么紧张?

(9)收入差距为什么这么大?

(10)老百姓看病会越来越容易吗?会越来越便宜吗?

这些问题都能从经济学那里得到解答。经济学有一些最基本的术语,如成本、收益、利益、资源,等等。我们可以用机会成本来解释人生的选择,用沉没成本来形容不能挽回的过去;用投入和产出来衡量我们的收益,用资源禀赋来对自己进行客观评价;很多曾经美好的东西,随着岁月流逝而不再,那是因为边际效应递减。

很多问题的根源在于利益,利益的基础在于资源。我对你有权力,在于我具备你想要得到的资源。所以我们想要提升自己的魅力,首先要创造别人所需要的东西。经济学领域中的前辈们已经讨论得很多,感情就是如此——想要一个人对你好,不在于你对他有多好,而是你有能够吸引、抓住他的地方,有别人所不具备的优点和魅力。

资源这种东西,我们一定要恰到好处地利用它。如果你放着资源不用,那必然是一种浪费;如果你滥用资源,也许有一天会耗竭；如果你无私地奉献自己的资源，那么就会沦为"公共资源"，无人珍惜。

我们时刻要记住：世界上没有免费的午餐，这是一个基本的游戏规则。我们都是社会人，在这个社会中与身边的人结成了各种各样的社会关系或契约关系，包括同事、上下级、朋友、夫妻，我们在这个社会求生存、求发展，必然要付出相应的代价，这个代价既包括自己的艰辛努力，也包括自己的感情和灵魂。那么父母对子女的爱呢？从心理层次上（撇除感情因素）探讨，父母对子女的爱是出于自己发自内心的需求，是他们与生俱来的心理需要。子女对父母的爱永远赶不上父母对子女的爱。同样，当子女长大成人以后，他们又会有自己的子女。同样，慈善家对穷人的捐赠，表面上是无偿的捐献，但实际上他们通过捐赠得到了心理上的满足，所以这个"免费"不仅仅包括物质，还应该包括精神。

另外，卡尼尔的"幸福经济学"把经济学和心理学结合起来，试图破译财富与幸福的密码。人们对于"幸福"和"不幸"的感知能力是不同的，如果把幸福量化，幸福为正值，不幸作为负值，在绝对值相等的情况下，所带给人的感受却不是相反的等值关系。

记得《红楼梦》里扮演惜春的演员说过一个故事：她的女儿曾经对《红楼梦》一无所知也毫无兴趣，近来却开始频频和妈妈探讨《红楼梦》里的情节和人物个性了，那是为什么呢？孩子眼中艰深晦涩的"古董"《红楼梦》怎么会突然引发她的兴趣了呢？那是电视红楼选秀的功效，那是古典名著通俗化、大众化的功效。恰如美丽高贵的公主下嫁到民间，和老百姓打成一片。

再举几个大家都知道的图书行业的例子，易中天的《品三国》为什么那么红？《于丹〈论语〉心得》为什么长期走俏？完全草根的当年明月的《明朝的那些事儿》为什么受到大众喜爱？因为他们不仅够档次、够文雅，更是够通俗、够风趣、够平民化。

通俗和平民化不是浅薄的表现，恰恰相反，高深到极致的东西反而更加朴实。印度最具成就的灵性大师克里希那穆提曾说过：真理往往是最朴实无华的。表面的艰深晦涩也许是扮演学问高人的人为自己套上的一件虚假外衣。

因此,学习经济学便于提高自己对幸福的感受能力。幸福是这一端,不幸是那一端。经济学知识可以帮你用自己的感受刷亮灰色的区域。

经济学的出世,是以世俗的科研精神——尽管有些不彻底不充分——反对神学,是以观察和分析现实社会的经济基础,反对所谓的"信仰"和"文化"。经济学的魅力正在于它首先是一门科学,而且应该越来越科学。

不可否认,经济学要展现这一魅力异常艰难,因为它要触及人们最直接的利益。这就使一些人想把它弄成"文化"以远离实际,也使一些人在经济学中玩弄非科学、非理性,以期搅乱人们的思维。但也必然会有人在科学的艰难道路上奋力前进,以科学真理造福人类。

现实中,人们终究感受到了这一魅力,这就是社会主义市场经济。作为一门完整的科学,还有待继续努力来建立,但其真正价值,不仅已被有科学精神的学者所认识,更已被广大人民深切体验。这里面所表现出的实事求是、尊重科学、追求共同富裕的精神才真正贯通了传统文化中的优秀成分和自"五四"运动以来的新文化,也融合了西学中的优秀文化,包括吸纳了经济自由主义中的合理成分。这种精神才是经济学的魅力和源泉。

第二章 经济学的思考方式

你身边的外部性

一个人的行为对旁观者福利的影响称为外部性。如果对旁观者的影响是有利的，就称为"正外部性"（也称外部经济）；如果对旁观者的影响是不利的，就称为"负外部性"（也称外部不经济）。

教育经常被认为是具有正外部性的典型例子。虽然教育的收益人是被教育的个人，他付费并享有受教育的权利，但社会作为一个整体也因为其有教养的公民而受益，如社会生产率和政治参与率的提高。外部性的概念使政府有充足的理由生产、资助或补贴教育。

污染是负外部性的典型例子。假如个人或公司将当地的空气或水作为排放废气废物的场所，他将给下游或下风向的公司或个人施加成本，包括疾病的发生、生产率下降乃至丧生。如果政府不进行干预，商品的购买者没有负担全部的成本，将导致过度生产的低效率。

汽车废气有负外部性，因为它产生了其他人不得不吸入的烟雾。政府努力通过规定汽车的排放废气标准来解决这个问题，政府还对汽油征税，以减少人们开车的次数。

狂吠的狗引起负外部性，因为邻居受到噪音干扰，狗的主人并不承担噪音的全部成本，因此很少谨慎地防止自己的狗狂吠。地方政府通过规定"干扰平静"为非法行为来解决这个问题。

外部性通常是政府采取干预行为的正当理由，即鼓励正外部性的生产，禁止或遏制负外部性的生产。当外部性存在时，将会影响买卖双方的决策。如果一个商品或一项服务的成本没有完全包含在价格中时，它将被过度生产；同样的，商品的价格不能完全反映它给社会带来的全部收益时，它的生产将不足。经济学家认为，这两种情况将扭曲资源的有效配置，从而产生低效率。

著名的科斯定理认为，当外部性存在时，如果牵涉的双方能以零成本进行谈判，则资源的扭曲配置就不会发生。在某些情况下，如大片地区被污染，组织谈判的交易成本非常高，政府的干预就是合适的。政府干预的成本很高，却未必会比自由的市场经济更好地解决问题。经济学家哈丁曾提出警告，如果个人不把他们的行为对他人的损害考虑在内，将会带来潜在的灾难。人们越来越意识到这种行为在国内乃至国际上的影响：酸雨、臭氧层破坏、砍伐森林、河流盐度增高和其他环境效应将产生长期的影响，而人们才刚刚开始意识到这种影响并试图解决它。如何解决外部性的问题还没有完美的答案。考虑如何解决外部性问题时要兼顾效率与公平，既分析政府干预的收益——成本，又要考虑谁收益谁受损的价值判断问题。

需求大都是好事吗

的确，只要市场上有一种需求，而这种需求又能够给商家带来利润，就一定会有这种供给，即使这种需求未必文明，这种供给未必合法。比如由对毒品的需求导致的对毒品的供给就是较极端的例子。即便社会采用各种严厉的惩罚措施，但因为满足对毒品需求的供给可以导致暴利，毒品供给者就是冒着上绞刑架的危险也要生产并贩卖毒品。惩罚至多只是抬高了毒品的生产与销售成本，但生产者与贩卖者转而又将这种风险成本以提高价格的方式转嫁给毒品消费者。这就是需求的力量！

某种程度上，这种欲望就是人类的贪婪。人的欲望是产生各种需求的源泉，而欲望又具有无限性的特点，即人们的欲望永远没有完全得到满足的时候。一个欲望满足了，又会产生新的欲望。"人心不足蛇吞象"，这句中国俗语就揭示了这个道理。中国传统道德观把人的欲望看成罪恶之源，主张"存天理，灭人欲"。

图解经济学

商品需求与需求曲线

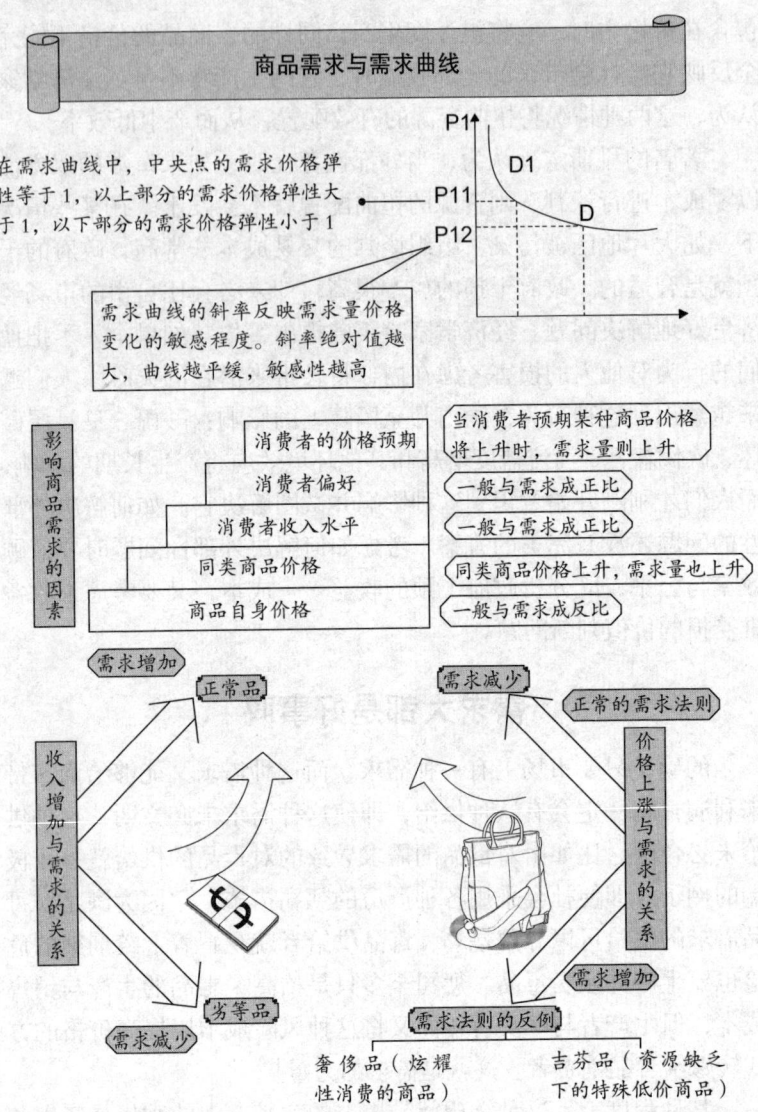

在需求曲线中,中央点的需求价格弹性等于1,以上部分的需求价格弹性大于1,以下部分的需求价格弹性小于1

需求曲线的斜率反映需求量价格变化的敏感程度。斜率绝对值越大,曲线越平缓,敏感性越高

影响商品需求的因素

因素	关系
消费者的价格预期	当消费者预期某种商品价格将上升时,需求量则上升
消费者偏好	一般与需求成正比
消费者收入水平	一般与需求成正比
同类商品价格	同类商品价格上升,需求量也上升
商品自身价格	一般与需求成反比

收入增加与需求的关系:正常品(需求增加)、劣等品(需求减少)

价格上涨与需求的关系:正常的需求法则(需求减少);需求法则的反例(需求增加)——奢侈品(炫耀性消费的商品)、吉芬品(资源缺乏下的特殊低价商品)

其实,正是人类欲望的无限性推动了社会不断进步。但是人的欲望要用各种物质产品或劳务来满足,物质产品或劳务要用各种资源来生产。但谁都知道,自然赋予人们的资源是有限的,一个社会无论有多少资源,总是一个有限的量,相对人们的欲望,资源

量总是不足的，物质产品或劳务也总是不足的。人类欲望的无限性造成了资源的稀缺性。

经济物品的稀缺性并不意味着它是稀少的，而是指它不可以免费得到。因此，通常所说的稀缺性是相对稀缺，即相对于人们的无限欲望，某些资源与物品总是有限的，也即这些资源与物品是稀缺的。要得到这样一种物品，必须自己生产或用其他物品来交换。

稀缺性是人类面临的永恒问题，它与人类社会共存亡。当穷国政府为把有限的财政收入是用于基础设施建设还是用于教育方面而争论不休时，富国政府也为把收入是用于国防还是用于社会福利发愁；当穷人为一日三餐担心时，富人正在考虑是打桥牌还是打高尔夫球。

稀缺性的概念在整个经济学理论中起着至关重要的作用。一些经济学家认为，稀缺性是经济学存在的前提条件，所以往往用稀缺性来定义经济学。由于稀缺性的存在，决定了人们在使用经济物品中不断做出选择，如决定利用有限的资源去生产什么，如何生产，为谁生产，以及在稀缺的消费品中如何进行取舍及如何用来满足人们的各种需求，而这些问题被认为是经济学所研究的主题。只有当物品稀缺时，才能被认为是社会财富的一部分。

从人类可利用能源的角度看，似乎还没有什么限制。但从另外的角度看，人类为此付出的代价却已经够大的了。

鲸鱼油的使用以及后来的匮乏，没有难倒人类，却使鲸鱼几近遭遇灭顶之灾；煤的使用以及匮乏，没有难倒人类，却把一个好端端的地球挖得百孔千疮，地质构造的变形引发了无穷的地质灾害；石油的利用与最终可能的匮乏，也许还难不倒人类，但其后果除了地质灾害外，人类将更贪婪地扑向一种可能出现的替代品……

同时，我们还必须注意到，所谓没有极限的增长，目前只发生于这个世界上的少数中心国家。而支撑这些国家没有极限的增长的假象的，却是大量的外围国家日益面临实质性枯竭的资源。

森林是另外一个例子。1990年到2000年，世界森林的面积平均每年减少940万公顷。

有人算了一笔账：占世界人口1/20的美国，耗费着世界1/3的资源。即使将全世界可能开发的资源都利用起来，并且重新分配资源，全世界的人也不能按照美国人的方式生活。

看来，需求的力量是一种伟大的力量，不断创造着供给；但也是一种毁灭性的力量，使人类在表面进步的同时，正面临着因资源的最终匮乏导致的大崩溃。

什么是恩格尔系数

恩格尔系数用来表示居民家庭食物的支出在总支出中所占的比例。它是以19世纪德国统计学家恩斯特·恩格尔的名字命名的。其计算公式是：

恩格尔系数＝食物支出的总额／总支出的金额

恩格尔系数是根据恩格尔定律得出的。恩格尔定律是恩格尔根据统计资料，对消费结构的变化提出的一种观点。其内容如下：一个家庭的食物支出在总支出中的比例是与该家庭的总收入变化成反比例的。即一个家庭的收入越少，家庭收入中或家庭支出中用来购买食物的支出所占的比例就越大；而随着家庭收入的增加，家庭收入中或家庭支出中用来购买食物的支出将会下降。恩格尔定律已被许多事实所证实。

"吃了吗？"这是中国人见面后再熟悉不过的口头用语。那用意几乎相当于国际流行的"你好吗？"。渐渐地，"吃了吗？"这个口头语我们听得越来越少了，因为吃对于中国人越来越不像过去那样重要了。换句话说，"吃"在中国人生活中所占的比重越来越小了。此现象在经济学上就叫作"恩格尔系数"降低。

中国商业联合会发布的2002年《中国零售业白皮书》显示，到2001年底，城镇居民消费的恩格尔系数由1997年的46.4%下降至37.9%。这是居民消费结构改善的主要标志。它说明，我国人民以吃饱为标志的温饱型生活，正在向以享受和发展为标志的小康型生活转变。

就吃而言，城镇居民吃好、吃精、注重营养、追求方便的倾向更加明显。除了吃之外，居民生活质量的提高还表现在居住条件、交通通讯条件的改善，以及耐用消费品、用于陶冶情操增进身心健康的文化艺术、健身保健、医疗卫生、子女非义务教育和自身再教育的支出大幅度提高。

恩格尔系数对于经济研究的重要价值在于：（1）用来判定家庭的富裕程度。联合国粮农组织提出了一个划分贫困与富裕的标准，即恩格尔系数在59%以上为绝对贫困，50%~59%为勉强度日，40%~50%为小康水平，30%~40%为富裕，30%以下为最富裕。（2）分析不同消费者的消费情况。高收入阶层花在奢侈品和劳务上的金额，相对或绝对地要比低收入阶层多。（3）判定一个国家的经济发展水平和人民生活的富裕程度。在经济增长的条件下，衣着和住宅等其他基本生活必需品的支出，在不断增长的家庭收入中所占的比重是递减的。高收入家庭花在奢侈品和劳务上的费用，则随着收入的增长而不断地增加。在较富裕的国家，消费者支出的相当大一部分，是用在那些对物质福利并非必需的物品和劳务上。也就是说，消费者有一定的可自由支配收入，存在着随意消费的倾向。

麦当劳挨着肯德基的玄机

经常光顾麦当劳或肯德基的快乐一族们不难发现这样一种现象：麦当劳与肯德基这两家店一般在同一条街上选址，或在相隔不到100米的对面或同街相邻的门面。不仅麦当劳与肯德基的布局如此，大多类型相似的商场、超市的布局也同样存在这样的现象。如在北京的北三环两侧不到15千米的道路两侧，已经驻扎了国美、苏宁、大中三大连锁家电的8家门店。从一般角度考虑，集结在一起就存在着竞争，而许多商家偏偏喜欢聚合经营，在一个商圈中争夺市场。这样选址会不会造成资源的巨大浪费？会不会造成各超市或商家利润的下降呢？

假定市场上有甲、乙两个超市,他们向消费者提供的是相同的商品和服务,两者具有优势互补关系;假定甲、乙两个超市的行为目标都是为了在理性的基础上谋求各自的利益最大化;假定甲、乙两个超市的经营成本是一致的并且没有发生"共谋";假如甲乙都选择分散经营,他们各自经营所获得的利润各为3个单位,如果甲选择与其他超市聚合经营,乙选择分散经营,他们各自经营所获得的利润分别为5个单位和1个单位。总效用还是6个单位。

这是因为聚合经营能够聚集"人气",形成"马太效应",从而能够吸引更多的消费者前来购买,进而企业获得更多的利益。分散经营使企业无法获得与其他企业的资源共享优势,从而市场风险明显增大,所以导致其获利能力下降。同理,若甲选择分散经营,乙选择聚合经营,他们各自经营所获得的利润分别为1个单位和5个单位。而甲、乙两家超市都选择聚合经营时,由于两家企业具有优势互补,所以,两者的利润都会增加为8个单位。

聚合选址不可避免地存在着竞争,竞争的结果是企业要生存和发展就必须提升自己的竞争力,连锁企业有个性,才有竞争力。在超市经营上要有特色,方显个性,这就要求明确市场定位、深入研究消费者的需求,从产品、服务、促销等多方面进行改善,树立起区别于其他门店类型和品牌的形象。如果聚合的每一个连锁超市都能够做到这一点,就可以发挥互补优势,形成"磁铁"效果,这样不仅能够维持现有的消费群,而且能够吸引新的消费者。在北京南桥镇聚集了永乐、苏宁、国美三巨头连锁家电超市,聚合的市场使三巨头在激烈竞争的同时也寻求着特色发展之路。永乐电器以 CDMA 手机营销模式促进 CDMA 手机普及,推出了以退换保障、质量保障、价格保障和额外支出保障为基础的四大保障体系,以服务和价格的双重优势吸引顾客。国美电器率先在其连锁店内开设了各类音像制品的销售,从而拓展了经营业务范围,同样也起到了招揽更多客户的作用;同时推广"普惠制",让各类电器的消费者都能够实实在在地得到经济上的优惠,而不是某一类家电的购买者。苏宁电器则倡导"天天促销",让消费者能够每天都得到实惠,并根据刚刚迁入新居客户的实际住房条件和经济条件,为客户量身定制一套合适的家电配置方案,为苏宁带来了销售额的直接增长。

另外,商业的聚集会产生"规模效应"。一方面,体现所谓的"一站式"消费,丰富的商品种类满足了消费者降低购物成本的需求,而且同业大量聚集实现了区域最小差异化,为聚集地消费者实现比较购物建立了良好基础;另一方面,经销商为适应激烈的市场竞争环境,谋求相对竞争优势,经销商会不断进行自身调整,在通过竞争提升自己的同时让普通消费者受益。正因为如此,聚合选址使商家能够充分发挥自己的优势,吸引更多的消费者。

而且商家在选址时一般较注意同类型竞争者的选址,往往愿意与它们聚合经营。其实,商家在选址时可以考虑差异化聚合选址,如食品超市,聚合对象可选择生鲜超市、日用品超市;综合超市可以选择家具超市、家电超市、医药超市、建材超市等,这种聚合更能发挥聚合效应。现在随着国内居民小区的发展,商场、诊所、银行、邮局、餐厅等配套服务设施的健全备受居民关注。所以连锁超市也可以选择诊所、银行、邮局、餐厅等作为聚合对象,这样在连锁门店的经营上就不存在什么强的竞争,同时又为小区居民提供了便利。

"天价"的背后

近些年的中秋节,市场上最活跃的商品恐怕是形态各异的月饼了。有些月饼甚至标出"天价",有的月饼还镶上了钻石,如此高价的月饼依然深受消费者欢迎,众人趋之若鹜。其实,有很多类似的事情:一个尾数7位都是"8"的手机号的价格高达22万元天价,一个后4位全是"8"的车牌号价格为30万元……

这些天价商品的价值在哪儿呢?据调查,买家几乎全部是生意人,他们购买天价商品不仅仅是因为便于记忆和对吉祥数字的崇拜,更重要的是用来"撑门面",当然也可当作礼物送人。

正因为天价商品有市场价值，所以也成了收藏爱好者的收藏对象。

有一个收藏爱好者从事吉祥号码收藏已两三年，一共收藏了20多个吉祥号。其中多数号码都是花钱买来的，像尾数为7个"8"的号码，2年前的收购价就超过10万元。此外，后5位数全是"8"和"6"的号码，手头还有好几个。

"吉祥号码"又称为"个性号码"，其数字往往由于谐音或迎合人们的传统观念而受到人们的青睐。就像图腾崇拜一样，不同的部落和民族，往往有各自不同的崇拜对象。不同地方的人由于有不同的观念和生活习惯，即使是对同一个号码，也会产生不同的吉祥观念。比如说，我国许多地方都有人认为"8"字能给自己带来好运，主要是因为8与"发"谐音，常让人联想到"发财"。何人不希望发财呢？于是"8"就受到人们的喜爱。还有"168"作"一路发"解释，"888"是"发发发"的意思，"666"意为"六六大顺"，等等。

正是出于对"吉祥号码"的崇拜，我国普遍存在"吉祥号码"拍卖的现象。吉祥日子、吉祥时辰早已成为人们迎新嫁娶、开张庆典、签约剪彩等经济活动的首选日子。许多地方也曾经在这些所谓的吉祥日子里出现了交通异常拥挤、喜庆气氛浓厚等现象。相反，一些数字则被人们所厌弃。比如带有4的手机号码，往往可以免费赠送，有些楼盘甚至不设13、14层，迎合了一些业主的喜好。

这些天价月饼、天价号码的价格远远高出了它们本身的价值，这正常吗？

从经济学的角度来说，是吉祥号码数字的需求和供给共同决定了它的高价位，这种供给和需求都是"物以稀为贵"的市场规律的正常表现。

资源的稀缺性，有些是天生的，如金子、钻石；有些是衍生的，如中国的土地，一百年前就是如此大，因为人口越来越多，使今天的土地越来越稀缺。有些稀缺可以创造，上海的地铁磁卡，每天大量供应使用，只值票面价格，永远有求必应，无增值可能。但地铁旅游公司发行的纪念卡，比如《水浒》人物系列，限量发行1.5万套，凭空创造出一个稀缺资源，求大于供，于是80元面值的纪念卡一套9枚，现在的市面议价280元。但是出版一部《水浒》充其量平价出售，可能折价出售，不可能议价出售。因为书可以一版再版无限量供应，无稀缺可言。龙票案例是以毁灭求稀缺，磁卡是创造稀缺以增加文化品种，后者更高明、更有益。

经济学上有个著名的理论：有用的水，不值钱；无用的钻，天上价。水，源源不断的无限性，随地可掬，所以不值钱；钻石，稀罕物，所以值钱。当然也有例外，"上甘岭"上一滴水，比生命还珍贵；水在阿拉伯沙漠里，比油珍贵。

聪明人有意消灭多余，牟取暴利。如果世间只剩两张清朝大龙邮票，各值10万，善贾者必然撕毁一张，另一张不是两枚之和的20万，而可能是30万、40万，因为它的唯一性。唯一比稀缺更稀缺，无竞争比价。

虽然"吉祥号码"的拍卖也许给社会带来一定的负面影响，但是，从经济学的角度来看，它的出现是完全符合经济规律的。

什么叫"看不见的手"

你是否注意到这样一个细节：当你所在的小区的菜摊上西红柿从2.20元/斤上涨到2.50元/斤时，你会发现全市的所有菜市场的西红柿都是2.50元/斤，这就是市场机制的奇妙作用：仿佛一声令下一样，什么都改变了。

西红柿的价格为什么能神速地统一起来？人们为什么能以合理的方式完成繁杂的社会分工？经济学的中心任务之一就是解释复杂的经济规律是如何运行的。为什么某些人做这些事，某些人做那些事？信息是如何在人群中交流的？决策又是如何做出的？这些问题涉及经济的协调机制。不同的经济社会有不同的协调机制，从而形成了不同的经济体制。

其中一种协调机制是计划经济体制。即由一个集中的中央体系发布行政命令，指挥经济的运行与协调。生产什么，如何生产，为谁生产的决策都由中央计划机构做出，每个居民和企业只能执行上级的命令。这种协调机制通过垂直的等级体系由上而下渗透，各经济主体按上级的指令进行经济活动。计划经济体制具有很大的弊端，一是抑制经济主体的积极性，二是很难对成千上万种产品的供给与需求做出正确的计划。资源配置的效率低下，政府官员权力过大，容易滋生腐败与寻租行为。

另一种协调机制是市场经济体制。它是在产权确定的条件下，由价格调节单个经济主体的决策。它像一个非常精巧的机构，通过价格和市场体系，无意识地协调着生产者及消费者的活动。它还是一部传达信息的机器，把千百万个经济主体的偏好和行为汇集在一起，很好地解决了生产什么、如何生产、为谁生产这些基本的经济问题。生产什么？在市场经济体制下，资源会自动流向获利最高的产业和产品，人们的逐利动机像雷达一样的敏锐。如何生产？取决于生产者之间的竞争，为了在竞争中获利，生产者必然会选择效率最高的生产方式,把成本降到最低点。为谁生产?取决于生产要素的供给与需求,要素市场决定于工资、地租、利率和利润的多少。谁应该享有生产的成果,谁应该获得较多的收入,取决于谁是否掌握了较多的生产要素以及这些要素的稀缺程度。市场价格调节着商品的供求,而利润与亏损是胡萝卜加大棒,驱使企业有效率地生产出消费者满意的商品。

"看不见的手"这个经济术语是现代经济学的开山祖师亚当·斯密提出的,它形容在价格机制起作用的情况下,追逐私利的人如何实现人与人之间的合作,从而使社会财富更加充裕。借助于这只"看不见的手"配置资源,效率高、成本低。政府只需保证市场机制正常运转,就可以获得产品充裕、生产者与消费者皆大欢喜的效果。

按照凯恩斯的理论:几乎每一样东西都存在相应的市场,市场是买者和卖者相互作用并共同决定商品和劳务的价格和交易数量的机制。市场通过它自身的内在逻辑体系,使得资源向最优化配置的方向流动。它通过价格和市场体系对个人和企业的各种经济活动进行协调。

市场的运行具有它本身的特性,经济学之父亚当·斯密将市场的运行规律归结为"看不见的手"。他认为,当个体自私地追求个人利益的同时,他就像被一只看不见的手引导着去实现公众的最佳福利。而且在所有可以出现的结果中,这个结果是最好的。亚当·斯密在其经典著作《国富论》中写道:"每一个人都力图利用好他的资本,使其产出能实现最大的价值。一般来说,他并不企图增进公共福利,也不知道他实际上增进的公共福利是多少,他所追求的仅仅是他个人的利益和所得。但在他这样做的时候,有一只看不见的手,在引导着他去实现另一种目标,这种目标并非是他本意所要追求的东西。通过追逐个人利益,他经常增进社会利益,其效果比他真的想促进社会利益所能够得到的那一种更好。"

另一只手

同样是西红柿的价格,当市场价格高出人们的可接受范围时,政府就会出面干预:西红柿价格不得高于某个价格。2004,年中国"非典",期间政府对粮油价格的限制就是一个很好的例子。说起政府干预,不得不说起凯恩斯编造的一个寓言。

一个国家处于一片混乱之中,整个社会的经济处于完全瘫痪的境地,工厂倒闭,工人失业,人们无家可归,饿殍遍野。这个时候,政府采用了一个经济学家的建议,雇用200个人挖了一个很大很大的鱼塘。

这200人开始购买200把铁锹,于是,生产钢铁的企业、生产铁锹的企业、生产锹把的企业相继开工了,接下来工人开始上班、吃饭、穿衣……于是,交通部门、食品企业、服装企业也相继开工了,大坑终于挖好了;然后,政府又雇用200个人把这个大坑再填埋上,这样又需要200把铁锹……萧条的市场就这样一点点复苏了,启动起来了。经济恢复之后,政府通过税收,偿还了挖坑时发行的债券,一切又恢复如常了,人们在灿烂的阳光下过着幸福的生活……

这就是凯恩斯编造的一个经济学寓言,它说明了一个深刻的道理:国家的经济陷入危机的时候,国家要担当起自己的责任,应该采用宏观调控的办法干预经济生活,使经济走上正常的轨道。

20世纪初,在亚当·斯密所说的那只"看不见的手"的指引下,英国的经济首先呈现出高速的发展,然后美国、欧洲的经济都获得了空前的发展。但是到了1929年,形势急转直下,世界范围内爆发了一场空前的经济危机。这个时候人们才发现,亚当·斯密的那只"看不见的手"失灵了,这就是人们常说的"市场失灵"。与此同时,在经济生活中,人们意外地发现了另外一只手,发现有一只人们"看得见的手"在挥舞着,它开始频繁地进入人们的经济生活,这只"看得见的手"究竟是什么呢?其实这只"看得见的手"就是指"国家对经济生活的干预"。就像上述的寓言中所说的那样，在整个社会经济形势不好的时候，国家积极地进入了角色，开始干预经济生活，稳定社会的经济。

国家干预经济生活的理论来源于英国经济学家凯恩斯的一本著作，即著名的《就业、利息和货币通论》，著名的经济学寓言《挖坑》，正是出于这本书中。这个寓言告诉人们，面对市场的失灵，政府并不是无所作为的，政府不能坐而视之，而应该通过适当的干预，刺激市场，启动市场，解决社会存在的经济问题。

第二次世界大战结束后，凯恩斯的这只"看得见的手"开始在人们的经济生活中频频挥舞，它使整个资本主义经济从危机的泥沼中走出来，并使资本主义社会的经济在世界范围内蓬勃发展。

那么国家是通过什么办法调控整个社会的经济呢？

财政政策是政府干预经济的手段之一，它不是现代社会中才有的，只要有国家、有政府，就有许多必需的支出，就有财政政策。传统财政政策的任务就是为政府的各种支出筹资，实现收支平衡是财政政策的最高目标。但在20世纪30年代凯恩斯主义出现之后，财政政策发生了质的变化。为政府支出筹资仍然是财政政策的任务之一，但调节经济实现稳定成为财政政策的主要任务。

综观战后国家干预经济的历史，尽管有许多失误，但国家对经济的调节仍然是利大于弊。与战前相比，战后的经济更为繁荣和稳定，这部分要归功于国家宏观经济政策（包括货币政策）。

政府通过运用财政手段来影响和调节国民经济运行的宏观经济政策，包括财政收入政策和财政支出政策两大类。财政收入政策主要是税收政策；财政支出政策主要包括政府投资、政府购买和政府转移支付等政策。政府通过财政政策调节国民经济运行的目的，主要是为了提高社会总需求水平，以克服经济衰退或通货膨胀，实现经济的稳定增长。

具体采取哪种财政政策需视国民经济的运行状况而定。当总需求小于总供给时，政府可以通过积极的财政政策来刺激总需求水平，如降低税率、增加政府购买和转移支付，甚至直接扩大政府的直接投资以弥补私人投资的不足等；当总需求大于总供给时，经济中存在通货膨胀的压力，政府可以通过增加税收、减少财政支出等紧缩手段来遏制过热的经济发展势头。

同政府的另一重要工具——货币政策相比，财政政策是更为直接有力的经济干预手段，历来备受人们的重视。凯恩斯主义经济学特别强调赤字财政政策在刺激总需求、实现充分就业中的重要作用。

财政政策主要有鼓励消费、扩大投资、增加出口三驾马车；货币政策就多了，比如汇率的变动、利息率的变动、货币发行量的变动、发行国债，等等，都会对一国的经济走势起到宏观调控的作用。

也就是在凯恩斯主义盛行的时代，各国分析和预测经济问题的视角发生了彻底的转变。过去人们重视微观经济问题，也就是个人、家庭、企业对社会经济的影响，而现在人们更看重宏观经济的问题了。比如在股市上，人们虽然注重各种股票的业绩分析、学会了看企业发布的公告和各种消息，但是更重要的是人们学会了观察国民经济的大势，学会了观察利息率、汇率和货币发行量等对股市的影响。人们知道，当国民经济的宏观走势下行的时候，股票的业绩再好也不可能有大的利好消息，因为股市是脱离不了宏观形势的大势的，孙悟空有再大的本事也跳不出如来佛的手掌心，就是这个道理。

一个经济学家这样比喻：比如在电影院里看电影，当一两个人站起来的时候，这相当于微观经济，在座的观众自己说了算；当全场的人都站起来的时候，就是宏观经济了，这个时候任何人都无法左右全场的局面，他只能想办法去适应这个局面。这个时候，只有国家伸出它的那只大手，才能发挥作用。

"同居时代"的背后

越来越多的青年情侣同居了，而且他们不急于结婚，或者近期并没有结婚的打算。这是青年们的一种明智选择吗？选择的背后有什么玄秘吗？

常理来说，婚姻的机会成本非常高，爱情这种纯粹精神的东西在物欲横流的现代社会越来越受到物质财富的冲击。而且现在的生存条件和生活环境越来越严峻，购买房产要按揭贷款，毕业之后的去向也是一个未知数，而且现在一对夫妻只有一个孩子……能不能留在一个城市里也是一个现实的问题。结婚带给人们的难题越来越多，而外部世界的诱惑也越来越多，人们在生活中面临的变数越来越大，生活压力越来越大。

在这种情况下，人们选择了一个折中的办法——同居。两个人可以享受婚姻生活带给人们的一切乐趣和好处，但是没有一纸结婚证书的约束，人们面临选择的时候更加灵活，不必承担婚姻的后果，机会成本小，也没有更多的沉没成本。

首先，人们对未来生活缺乏理性规划。市场经济下，人们的流动性也大，工作不稳定，企业绝大部分实施的是全员聘任制；居住地不再是终生不变的了；人们对未来经济收入的预期也不明朗。这些因素使人们对结婚充满了一种恐惧感。在这种背景下，过早地结婚反而成了彼此的拖累。

其次，女性经济上的独立也是一个原因。对经济独立的女性而言，她们不再需要通过婚姻这个长期的契约来捆绑住彼此的自由，不需要彼此为对方承担责任。就是说，双方没有长期的正规的契约关系，可以说只是一种合作的"意向"，双方都更灵活。所以，在这种条件下，人们更喜欢选择同居这种生活方式。

再次，男女结识成本低。人们结识的途径和方式越来越多，越来越容易，这也是现代男女喜欢同居这种生活方式的一个原因。认识的成本低，所以认识得快，熟悉得也快，分手更快。认识和熟悉的成本不过是一餐便饭、一次聚会或者是一次网上聊天……因为在一起容易，彼此也就不够珍惜，分开也容易。在这种条件下，双方最合适的选择就是同居。

另外，不容忽视的是社会的进步，生儿育女、传宗接代、养儿防老等观念在现代人的头脑里正日益淡化，这些已经不是男人和女人在一起的目的，男人和女人在一起的目的是追求快乐、愉悦。没有了孩子的拖累，两个人不需要承诺，处得好就在一起，处不好就分手。

还有，经济基础决定上层建筑，随着经济的快速发展，经济条件的变化必然影响人们思想意识的变化，人们对同居现象也越来越宽容了。

哲学家说，存在即合理。事实上，这是理性经济人的一种理智的选择，这也没有什么不好，因为人们付出的机会成本低，相对来说，收益就要更高一些。

"谷贱伤农"是哪般

中国有句古语叫"谷贱伤农"，意思是丰收了，由于粮价的下跌，农民则因为收入减少而遭受损害。其原因就在于，粮食是生活必需品，需求的价格弹性小。也就是说，人们不因为粮食便宜而多吃粮食。由于丰收了而造成粮价下跌，并不会使需求量同比例的增加，从而总收益减少，农民蒙受损失。

这里所说的需求价格弹性是表示商品需求量对商品价格变动反应程度的指标。弹性系数（需求的价格弹性系数）等于需求量变动百分比除以价格变动的百分比。具体计算百分比时，分子取新老需求量的平均数，分母取新老价格的平均数，不计负号。

市场经济中出现把诸如牛奶等农产品毁掉的现象，究其原因也在于农产品的需求缺乏弹性，降价不会使需求量大幅度增加，因而会减少总收益，所以企业把这些产品毁掉反而会减少损失。

为什么企业的老板们不把牛奶分给那些还喝不上牛奶的人们呢？其实，他们把牛奶倒掉是有一定的经济学道理的。如果他们把牛奶无偿分给了居民，那么，有些人因为获得了牛奶，在以后一段时间内甚至在以后牛奶供给相对平衡时，也许也不再买牛奶了，无形中降低了牛奶的需求。另外，如果他们今年无偿地得到了牛奶，那么明年他们又怎么想呢？那些有"守株待兔"思想的人肯定会等着企业的牛奶过剩，等着再次喝上"免费的牛奶"。

关于过剩的解释，经济学上有"绝对过剩"和"相对过剩"

两个概念。绝对过剩是指，社会生产出来的东西在让所有需要它的人的需求都得到最大的满足之后还有所剩余。相对过剩是指该种商品的过剩是相对于一定的时间和空间而言的，是相对于人们的购买能力的过剩。也就是说，社会的供给超过了具有购买能力的人的需求。而与此同时，还存在许多买不起该种商品的人。我们说，绝对过剩是以社会生产力的极度发展为基础的，是一种很难达到的境界，而相对过剩则是时常出现的事情。无论是国外的许多发达国家，还是在我国的一些地区，都存在相对过剩的现象。并且相对过剩的发生在一个行业内还具有一定的周期性。牛奶的过剩，就属于相对过剩。正如前边所说，相对过剩的商品，从厂商的长远经济利益来说，是不适合免费发送给那些没有购买力的人群的。毕竟，经济规律是"无情"的。

香烟是一种需求价格弹性较小的商品，对于吸烟上瘾的人来说，价格上涨不会减少消费，对不吸烟的人来说，香烟的价格再低他也不会消费。吸烟对本人、对社会都是不利的，因此为限制香烟的消费，政府对香烟征收重税，但是烟厂的利润依然相当可观，因为抽烟者对香烟有需求，生产者因此可以将其税负转嫁给抽烟者。香烟的税主要由抽烟者来承担。

家用电器是一种需求价格弹性较大的商品，价格上涨会减少消费，价格下跌会增加消费。在当前买方市场的情况下，各个家电企业竞争非常激烈，如果税负转嫁给消费者，就会使价格上涨，价格上涨会减少消费，不利于提高市场占有率，因此家电产品的税负主要由生产者负担。由此得出，需求富有弹性则税负主要由生产者负担，需求缺乏弹性则税负主要由消费者负担。

我们说，物品之所以成为商品，不一定在于它本身具有多大价值，而更主要是看它是否存在一定的需求和供给。没有供给的商品是没有意义的，如"桃花源"。同样，没有需求的东西是没有价格的，因为根本没有人花钱去买它。所以，商品的价格是由需求和供给两方面共同决定的。水的需求大，但是供给也很大，这样，需求价格弹性和供给价格弹性共同作用，水的价格低廉。

回到开头的"谷贱伤农",本来粮食丰收了,农民的收入应该会更高些,应该高兴才对。可是,由于农业的全面丰收,造成了粮食产量的增加,供给急剧上升,超过了需求量。这样一来,粮食的价格就会下降,农民的收入反而减少了。这是由农业生产周期性造成的。由于农产品的储存、加工、保鲜等特殊问题,农产品一般都不能存放太长时间。这样一来,在市场交易时,就给农民带来了天然的讨价还价的劣势。商家会想:"反正你一定要急着卖出去,否则就会坏掉。那么你对交易的要求比我迫切。"于是利用这种心理,拼命地压低价格。而在供给量相对过剩的情况下,农民达成交易的要求就会更迫切,则价格就会被压得更低。

需求定理有例外吗

《读者》杂志曾经刊登一篇经济学家卢周来的题为《点评乡下姑姑的来信》的文章,开头是这样写的:前年我家养了三头猪,那时猪很值钱,一斤毛猪四块多钱,年底姑父把猪卖掉,换了两千多块钱。但去年猪不值钱了,一斤毛猪就两块多钱。我们又没别的挣钱的法子,又要应付度日,只好多养了两头,一共五头猪,到了年底卖出去,勉强维持了前年的收入。

这里出现了一个一般经济学供求定理无法解释的现象。按一般供求定理,市场上某种商品价格高时,供应商会增加供给;价格低时,会减少供给。但文中的姑姑却反其道而行之,猪价格低下来了,反倒增加了供给,由原来的养三头猪,增加到养五头猪。这个现象很值得思考。

那篇文章中还提到一个案例:在非洲撒哈拉地区,当地人唯一的生活资源是养羊,唯一可用来换成货币的也是羊。于是,出现了这样的现象:哪年是灾年,羊的死亡率高,当地人放养的羊头数越多;哪年羊最不值钱,当地人为了维持货币收入不下降,放养的羊也最多。

一般是价格下跌供求下降,但是也出现上面的特例。卢周来认为是有条件的:首先是可供给的品种是初级产品,要么猪,要么羊；其次是供给者没有可替代的货币收入来源。作者的姑姑与非洲牧羊人一样，只能将全部的货币收入寄托在猪或羊身上；最后，一定的货币收入对供给者来说不可或缺，作者的姑姑必须有可支配的收入供开支。

著名的经济学家 M.P. 托达罗在其《第三世界的经济发展》一书中，就曾用模型论证过这样一个道理：这个世界上 80% 以上的购买力，掌握在 20% 以下的少数人手里；而世界上 80% 的人口，其购买能力对于市场需求来说其实无足轻重！在这样的情况下，追求利润最大化的厂商，自然会将市场开拓的重中之重放在少数富人身上。所以，那些广告自然也主要是对着富人打出的，而与大多数穷人无关。

一般需求定律称：某种商品的需求量与其价格呈反方向变动。也就是说，这种商品价格越高，其需求量就越低；而价格越低，需求量就越高。对于穷人，一分钱都难，所以，商品价格每涨一点，穷人在购买时都会多掂量掂量，只能少买一些，故这个需求定律的确对穷人管用。前面我们说过"恩格尔系数"，不管经济学定义如何规范，说白了，就是一个人用于维持生存的钱——主要是吃饭的钱——占其总收入的比例。比如一个月挣 100 元钱，如果花了 90 元用于吃饭了，其"恩格尔系数"就是 0.9。显然，如果一个社会阶层恩格尔系数高，那么这个阶层就越贫困，意味着这个阶层收入中用于维持生存的钱占了绝大部分；反之则相反。而经济学规律又说明，当某种（些）商品在消费支出中所占的比重越大，其价格变化时，需求量变化越大；反之亦相反。这就完全可以推导出这样的结论：因为穷人的恩格尔系数远高于富人，用于维持生存的生活必需品支出在所有消费支出中占的比重越大，所以，一旦这些消费品价格上涨，穷人只能勒紧腰带过日子；除非这些消费品价格下降，穷人才有可能增大需求量。但富人完全不同，因为在他们每日挥金如土的过程中，用于柴、米、油、盐的钱所占总收入的比重少得几乎可以忽略不计，所以这些生活必需品价格上涨他们根本不计较，更不会影响到他们的需求数量。

这一穷一富，正应了时下流行的那句话：穷人看着钱买东西，富人看着东西花钱！

穷人买跌不买涨，富人不问跌还是涨，这种现象已经非常普遍，证明一般需求定律在某些领域内对于富人不管用。

长相与收入有关吗

你听说过靓女先嫁吗？如果你有过找工作的经历，相信你一定不陌生，你的同学里面、竞争对手里面，通常是长相英俊、漂亮的更容易受到青睐。

美国联邦政府的一项研究报告指出，人生际遇和长相密切相关，俊男靓女比普通人更有机会获得高收入。美国一项最新调查表明，长相漂亮不仅收入高，升迁的机会也大，长相丑的人待遇比一般人低9%，长相漂亮的人待遇比一般人高5%。此外，身材也会影响收入，胖女人比一般人的收入平均低17%，身材高者，每高1寸，收入平均增加2%~6%。

无独有偶。美国经济学家曼昆在《经济学原理》一书中提到了"漂亮的收益"，他根据其他经济学家的研究得出长相导致收入差别的结论。

无论是理论和现实都说明了收入和长相有关系。我们该如何看待这个现象？

漂亮能产生更多的收益。在市场经济中，商品的价格取决于供求关系，漂亮的需求来自企业，这种需求的大小决定了漂亮的收入有多少，而需求大小又取决于漂亮给企业带来的效益。简言之，漂亮能得到多少收入取决于它给雇主企业带来的效益。应该说，漂亮的确能给企业带来高效益。有些高效益的行业，如演艺界、电视主持、模特，只有漂亮的人才能从事。脸蛋和身材在这些行业中是至关重要的。在其他行业中，漂亮对成功也相当重要，例如，服务员漂亮的饭店来的客人更多，漂亮的老师更受学生欢迎，病人对漂亮医护人员的服务更满意，漂亮的记者更容易得到更多新闻，连领导开记者招待会，漂亮记者得到提问的机会也更多。在社会上，漂亮是一张成功的通行证。爱美之心人皆有之，人们也就更愿意为漂亮付费，这种付费就成为企业的效益。企业对漂亮的需求大于漂亮人数的提供，供小于求，俊男靓女收入高就正常了。

长相好是先天优势的一个方面。而且，漂亮还会影响人的成功机会。漂亮的人让人喜爱，成功机会就更多。这就是调查报告中所说的，提升的机会多。

但是，长相普通的人也没有必要抱怨父母没有给自己一个好脸蛋和好身材，因而自暴自弃。因为决定一个人成功与否的绝不仅仅是长相。那些成功人士，如政治家、科学家并不见得多么英俊、多么漂亮。

最重要的是，漂亮往往是主观感受，每个人的审美标准并不完全相同。

什么是真正的漂亮，仅仅是长相好就能称为漂亮吗？一般来说，漂亮是内在美和外在美的综合。一个外貌美的人如果缺少气质、内在修养，举止粗俗，也很难成为得到高收入的人。相反，一个外貌普通的人若很有修养、很有内涵，人见人爱，人缘很好，取得高收入也不是奇怪的事。

另外，一个长相普通，甚至有点丑的人，可以通过提高内在美来提高自己的整体形象指数。更为重要的是，外在的美是暂时性的，是青春饭，内在的美才是永久的、散发永恒魅力的。

名牌背后的秘密

很多人都有这样一种想法：要搬新家了，通常会换一套新的家具家电。拿电视机来说，到了商场一看，同样尺寸的不同厂家的液晶彩电，价格相差很大，但很多人买的并不是价格便宜的，而是价格高的名牌产品。这个现象让人很困惑，据行家说，国内家电特别是电视机产品质量相差不大，用的都是进口显像管。

那为什么人们选择价格高的名牌产品呢？因为名牌产品给人信赖感。如果其他产品的质量不如名牌的，这种选择无可厚非。但在产品质量相同的情况下，这种选择显然是不公平的。

人们对电视产品的质量的认识，并不是通过实践得来的。电视机不像日常低值易耗品那样经常更换，购买一台电视机通常要用上几年甚至十几年，因此人们无法积累感性经验。居民的购买行为大多受报纸上公布的评比和调查结果影响，如哪种电视销量最大，哪种电视评比第一，哪种电视寿命最长等。

这种现象在不同的场合、不同的领域都可以见到。清华大学的一般毕业生和其他一般高校的拔尖学生比，其专业水平不一定高，但在人才市场上，用人单位大多选择前者。这种并非由产品质量而是由其他因素引起的排斥现象，称为经济领域的歧视。

在人才市场上，由于各校的评分标准不同，用人单位很难根据各校提供的学习成绩单对学生进行评估和比较，只能根据社会对学校的认识和统计结果来选择学生。大量统计资料表明，清华大学毕业生平均生产率比其他一般高校毕业生高，因此用人单位必然选择清华的毕业生。

当歧视扭曲了某些团体的工作努力和人力资本投资激励的时候，它就特别地有害于经济。歧视的损害效果首先表现在商品和劳务的供给者，他们花费同样的成本，生产出同样质量的产品，却无法按同样的价格卖出去，甚至根本卖不出去。

那么歧视对购买者是否有利呢？得出的结论应该是否定的，因为购买者购买同样质量的产品却要花费更多的钱。最为可悲的是，绝大多数购买者没有认识到这一点，反而乐此不疲。

商品的歧视迫使被歧视的企业花费大量的精力和费用去做广告，宣传自己的产品，使企业的成本大为增加。

因此，虽然企业的品牌建立起来了，但它们的成本都追加到了消费者身上，因此那些名牌彩电能卖得更贵。一旦成为名牌，自然就有了名牌的价格，也就有了高昂的利润。

这就是名牌背后的秘密。

赌博会赚到钱吗

赌博能赚到钱吗？看似非常简单的逻辑，许多人却常常栽在其中。典型的例子就是赌徒在输钱后,总是想翻本。输掉的钱就是沉没成本,它已经永远不可能再收回来,新的"选择"决策是:我是不是还要继续再赌下一盘,我再赌下一盘的收益风险是多少呢?

毫无疑问,纯粹的赌博是不存在理性上的投资收益的。这个问题数学家、经济学家做了无数次的数学模型实验,赌博只不过是数学里的离散游戏而已,只是概率论和经济博弈论的运用而已,每一次玩的输赢概率都是一样的,在概率论数学里称为"伯努利事件"。

所以,为这种傻事去做投资是只有傻子才会去做的事。所以我们的"选择"应该是即使我第一局赌输了,第二局我也不会再继续玩了,妄图翻本,就像一个傻子天真地妄想自己成为世界首富一样荒谬。

聪明人从来不会把投资、回报放在一个小概率事件上,妄图创造所谓的"奇迹",所以我们常说的一句话就是"世界上没有比去赌博更愚蠢的事情了"。所以当你听到人们把某地的股市或其他市场称为"赌场"时,那就意味着这个市场已经没有任何投资价值了。

当然,赌博也不是完全没有投资收益的可能,某些赌博还是可能有永久稳定的回报的,但必须满足4个条件:

其一,庄家凭经验设计的赔率有漏洞。

其二,这是一个一局多项投注的游戏,就是一次开盘,有很多种投注项目玩法。

其三,你能够非常精密地利用不同的赌项间的赔率差做一个投资组合数学模型,并且只有你一人知道。为什么只能你一人知道呢?等你读完全书后自然会明白,但这里可以告诉你的是,所有你看到的、学到的投资组合模型都已经没有任何意义了,因为别人也知道了啊!

其四,你必须耐心地按同样数额的投注组合进行无数次投注。当你投注次数趋向于无穷大时,理论上可能出现赢利。

但事实上,有两个条件是很难满足的,一个就是庄家设计的赔率有漏洞,另一个就是你能否发现其中的漏洞并设计出你自己的投资组合模型。对于后者，很遗憾，如果你不是数学建模方面的奇才是很难做到这一点的，要知道华尔街的那些投资银行、基金公司都雇用了大量的数学、金融博士，这些人每天都在做着作为公司一级商业秘密的各种投资组合数学模型，来保证他们在股市、汇市、期货期权等各种金融投资市场中必然赢利的可能性。而这种工作绝非那种拿着计算器东按按、西按按，然后得出个连自己都不知道怎么得出的答案的简单工作。对于把成功总是寄希望于小概率事件的赌徒，只能再用一句"傻子，你走好"来满足其幸灾乐祸的虚荣心！

可以毫不夸张地说，目前比较流行的什么六合彩、牌九、大小、麻将、24点、赌球、赌马等都不存在长期投资必然赢利的任何可能性，否则那些华尔街金融投资家早就进入了。因为这些赌博都不符合我们上面所说的4个条件，所以妄图靠这种赌博来博取一夜暴富，或者挣点零花钱什么的，实在很荒谬，纯属无稽之谈。

贝克汉姆的发型

世界杯是一个帅哥驰骋的舞台，帅哥出众的面孔、精湛的球技，再配上经典的发型，让人们想不记住都难。贝克汉姆就是其中一个，除了一脚优美的"贝氏弧线"之外，他那变幻的发型恐怕是吸引球迷的一个更加关键的因素。

有"万人迷"之称的贝克汉姆已不再是单纯的足球运动员，自从和维多利亚在一起之后，他正逐渐成为一个时尚界的明星，他对于时尚的敏感度和品位都在逐渐地发生变化——从文身、眉毛故意剃掉一半、莫西干头到染指甲、戴太阳镜等，不一而足，尤其是他的发型更是变化多端。

球星们的闪亮登场不仅仅是为了单纯地吸引眼球，更多的是经济的因素。因为关注球赛的不仅仅是球迷，还有广告商。广告商们更多考虑的是经济的作用。经济学家们说这是一种新的经济模式，叫作注意力经济，俗称眼球经济。

对于球迷来讲，是"从精神上支持你"，但这是没有经济效益的，而一旦被开发商开发出一个广告来，眼球经济马上就会发挥效力。

当我们在"精神上支持你"的时候，球星的价值和我们的注意力之间发生了交换，这种交换跟货币交换没有什么两样。在将来，这种注意力的交易的发生不会比现在货币之间的交易来得更容易。人们渐渐开始衡量付出的注意力所换回来的价值，当然，注意力并非那么简单，并非上面所说的点击量、收视率、发片率那么粗浅，它们表现丰富，例如，投诉你也就是投资你，那就是一种注意力资产。

亚里士多德曾说过：美是比任何介绍信更有力的推荐。美的东西，自然会产生更强的注意力，有注意力，就会有商机。这就是"注意力经济"日渐风靡的道理。

"注意力经济"还可以延伸为名人效应。要不然，市场上怎么会出现如此多的以名人名字命名的品牌，诸如"邓亚萍""李宁""乔丹""逸飞"等等。

当然，并不是所有的名人都会产生这样的效应，也不是所有的商家请了名人后都能脱胎换骨，甚至起死回生。

明星的发型可以解释为性格独特，喜欢标新立异、卓尔不群，因此发型也要与众不同。这种解释有一定的道理，但恐怕不是真正的原因。真正的原因也许是出于经济上的考虑。发型独特，才能吸引球探、球迷、媒体，尤其是广告商的眼球。在当今强调"注意力经济"的时代，谁吸引的眼球多，谁的身价自然就高。且不说转会身价和转会后的薪水，单是担任某个产品的广告形象代言人，那广告收入就很可观。世界杯之后，铁杆的球迷们可能还会记住球星们的球技，但大部分业余球迷却根本记不住，但这并不影响业余球迷像铁杆球迷那样牢记球星们的怪异发型。谁会忘记威斯特的朝天辫，谁又会忘记马西斯的"莫西干"发型和那么多锃亮的光头呢？在球技基本相当、声望基本相同的情况下，请发型独特的球星做广告，和请一个发型平庸的球星做广告，哪个广告效果更佳，这是不言自明的，也许这就是球星们的发型经济学。

第三章 经济理性能力的培养

成功人士的经济学特点

经济学家通过研究发现了以下一些成功者的共同特点:

1. 积极思考,理性行动

毫无例外,成功人士总是向着积极方向思考。他们思考成功,而不是失败。无论情况多么困难,他们总是保持积极向上,保持理性,因此他们始终跨越服障碍克服困难。他们的态度决定了他们的命运。

帕特·莱利在20世纪80年代带领洛杉矶湖人队4次夺得NBA总冠军。他说他永远不会忘记他父亲教给他的道理:"你遇到的事情不是最重要的,重要的是你如何对待它。"成功人士不会让消极的人或者环境打垮自己。

对于要追寻的目标,他们会果断地做出决定,然后制定具体的计划达到他们的目标。拳王阿里13岁的时候体重只有115磅,但是当时他就立志成为世界重量级拳击冠军。

理性行动是实现目标的保证,我们发现领导者和成功人士都是崇尚实干的,他们总是在行动。当今世界零售业巨头沃尔玛公司的创始人山姆·沃尔顿到美国加州圣迭戈拜访索尔·普赖斯时,看到了后者创办的头一家会员制仓储折扣商场。在当晚回到阿肯色之后,沃尔顿就命令建筑师连夜设计出了新的仓储超市山姆会员店。做决定要当机立断,行动也要雷厉风行。

成功者把取得成功的过程看作一场马拉松,而不是百米速跑。他们不会灰心丧气,他们永不言败。

甲壳虫乐队在成功之前遭到过英国所有唱片公司的拒绝。爱因斯坦的数学成绩曾经不及格。迈克尔·乔丹曾经被高中篮球队淘汰。约翰·伍顿在加利福尼亚大学洛杉矶分校篮球队执教13年之后才取得第一个全国冠军。托马斯·爱迪生曾经说过："人生中的很多失败是因为人们没有意识到，他们在放弃的时候离成功只有一步之遥。"

2. 成功人士从不吝啬对自己的人力投资

成功人士总是不停地学习，阅读书籍，勤于学习技能和寻找良师益友。

有一个有趣的现象，通过研究成功人士在幼年时候做的两件特殊事件，就可以预测他们以后是否能取得成功。他们从三年级到高中都做过许多工作和承担过各种责任，他们在年轻的时候都是如饥似渴的读者。传奇篮球教练约翰·伍顿曾带领加利福尼亚大学洛杉矶分校篮球队夺取过10次全美大学篮球联赛的冠军，他曾经说过："只有知道事物的价值所在之后你才会去学习。"

3. 注重成本

这是成功人士的另一个特点，成功人士会节约金钱和集中利用时间，他们很明白效益与成本的重要。成功人士不会让其他人或事干扰自己向着目标前进。正如亨利·福特曾经说过的，一个人对自己的目标应该日思夜想。

为此，许多成功的人发现了不同的或者更好的方法来做事情，而这些方法在进行当中通常会受到批评。西方联合公司的总裁曾经面临着一个让西联脱胎换骨的机会——购买亚历山大·格雷厄姆·贝尔的新发明"电话"的部分权益，但这位先生用这样的话回绝了："我们用这个有趣的玩具能干什么？"山姆·沃尔顿则鼓励其他人"逆流而上，不拘常理，另辟蹊径。如果每个人都按照同一个方法做事，你反其道而行之就很有可能发现生财之道"。

成功人士因为注重成本，所以讲究效率。他们像教练、励志指导人员以及启迪者，可对其他人产生激励作用。戴尔·卡耐基曾就这个问题撰写了一本经典著作《如何赢得朋友和影响他人》（How to Win Friends and Influence People）。

值得一提的是，这些成功人士都是诚实、可靠和负责的人。

他们为周围的人树立了榜样，并且不会对原则妥协。

任何人都可以经过努力成为某一领域内的翘楚。就像那些理性人才一样，如果你学习和实践这些了不起的人物身上的理性优点，你也能取得更强的理性能力。

适度的非理性有时是一种理性

从经济人的行为来说，我们的每个行为都是一种积累。这种积累是多方面的。知识的积累，人际关系的积累，信用资源的积累……为了分析人们过去的积累和非理性在某种意义上是一种资源。我们来分析一下信用资源意味着什么。

从朋友那里借钱（这个时代最难借的就是钱），如期归还。至少在这个朋友那里，你建立了信守承诺的信用。当你答应某个人帮他一个忙，你如期为他将事情办成了。在他看来，你是守信用的……

信用是一种资源，意指信用可以当作资源来使用。如果我们需要一笔钱来从事某种投资服务，我们会去找银行。银行里有钱，但银行不会随便把钱借给你。银行需要抵押，抵押是银行抵御借贷风险的有效方法。如果我们的投资亏本了，贷款还不上，若没有抵押，银行将受损失；而如果有抵押，银行会将抵押物变成它的财产。

如果你没有抵押，银行不会借钱给你。然而，由于你有良好的信用资源，即信誉，你的朋友、同事或者亲戚会借钱给你，尽管人们常说，千万别借钱给他人——既损失金钱，又失去了朋友。因为，他们知道你急需钱，你会还钱给他们。他们相信你，因为他们从你过去的行为中归纳出"你是一个守信用的人"，尽管你过去守信用不代表你将来也必定守信用。你平时积累的信誉等同于一笔可以抵押的资产，即信誉是你的资源。

信誉可以成为一种可资利用的资源，你的非理性行为同样可以成为一种可以利用的资源。

人们进行博弈思维的基础是人具有的理性。然而，在某些情况下，理性思维不能使自己的利益最大，甚至阻碍利益的获得，而非理性思维反而能够获得极大的利益。

一个典型的例子是"最后通牒"博弈：两人分一份总量固定的钱，比如10元。规则是：一人提出方案，另外一人表决；如果表决的人同意，那么就按提出的方案来分。如果不同意，两人将一无所得。比如A提方案，B表决。A提的方案是7：3，即A得7元，B得3元。如果B接受这个方案，则A得7元，B得3元。如果B不同意，则两人将什么都得不到。

A提方案时，他要猜测B的反应。A会这样想：根据"理性人"的假定，A无论提出什么方案，B都会接受，除了将所有10元留给自己而一点不留给B这样极端的情况。因为B接受了还有所得，而不接受将一无所获——当然此时A也将一无所获。此时理性的A的方案可以是：留给B一点点比如1分钱，而将9.99元归为己有，即方案是：9.99：0.01。B接受了还会有0.01元，而不接受将什么也没有。

如果你是B，对方考虑到你是理性人，他可能只在桌上留下1分钱，他考虑到你会接受这个分配。此时你只有接受这1分钱的分配。

但如果你是非理性的，分配就有所不同。

当对方给出这个分配时，如果你是"非理性的"，你会认为这是"不公平的"，而将不接受这个分配方案。对方知道你的这个"非理性"特点，他担心你会拒绝。为了不让你拒绝，他不会提出只给你1分钱的方案。此时，你的所得取决于你的"胃口"，或者取决于你的非理性的程度。

在实际中，人们如何进行人际来往取决于每个人的非理性的程度。在这个博弈中，比的就是"狠"劲。在生活中，流氓之间往往"斗狠"，其实就是看谁更非理性，够狠的人往往做老大。

在实际进行这个游戏时，人们均有一定程度的非理性，并且这也是人们的共识。这也是为什么实际的游戏结果并不会出现9.99：0.01的分配结果。

由此可见，非理性有时会成为人们在博弈中的一个"资源"。这个资源如同人们拥有的其他资源一样，可以利用它来获取好处。俗语"会哭的孩子有奶吃"，就是这个道理。在最后通牒博弈中，你的"非理性"资源与否决权一道构成你进行博弈的基础。

无论我们作为什么样的角色，适度地建立自己的"非理性资源"是有利的。但这不是一朝一夕的事情。人们在积累这样的资源的过程中要付出代价。在你与其他人的博弈中，你的非理性使得你的利益受损，当然别人也受损。这样一来，其他人会"记得"你的秉性，或者他们会"归纳"出你的秉性，其他人与你再次打交道时，便不敢"小视"你，会正视你的非理性特点。

适度的非理性能够带来好处，这一点最能体现在谈判过程之中。谈判是多方之间进行的一场博弈，其中经常发生的是两方之间进行的谈判。谈判是一个合作性的博弈，双方（我们这里分析的只是两方进行的谈判过程）合作比不合作能够获得更大的好处，但如何分配这个合作带来的好处？这是一个讨价还价的过程，在这个博弈过程中，如果双方均是不可缺少的，即任何一方均不能够抛弃另外一方而另寻其他合作伙伴时，这个谈判结果取决于双方的"非理性"的程度，当然，这个非理性的程度要成为双方的"公共知识"。

光有理性也不行

对于人而言，钱并不总是最重要的，人的利益并不总是表现为钱，人的利益是多元化的，心理的满足、精神上的快乐也是人的利益所在，人的行为也不总是那么合乎逻辑的，也不总是那么具有明确目的性的，这就是人，一种时而会变得白痴可笑，时而又智慧无比的动物！

人类从全身毛茸茸的猿猴进化到高度智慧的现代人，经历数百万年的时光，在这如此漫长的进化过程中，人类依靠什么来战胜群兽和恶劣的自然环境呢？那就是强烈求生的本能。

正因为人具有与生俱来的求生本能，人和所有动物一样总是要保护自己，寻求着对自己有利的事物而规避对自己不利的事物，这是所有物种的本能。但人有发达的大脑，依靠这一强大的智力武器，人保护自己的能力得到了突破性的质的飞跃，最终战胜了群兽和恶劣自然环境而顽强地生存至今，并主宰了这个世界。

所以人的"理性"首先便是"人的自利性"。乍看之下，总感觉不怎么舒服。"自私自利"历来都是贬义词，用来讽刺批评那些一心为己、绝不为人的甘为堕落的腐败分子。但不得不承认的是，人脱离不了动物的本性，趋利避害是每个人的本能，这是由人类数百万年进化下来的"物竞天择"的基因决定的。但人的自利又不是单纯的食物、衣物等物质上的自利，随着人类生产力的发展、物质财富的积累，精神思想上的自利变得更为显著。

你可能会去为遭受印度洋海啸袭击的灾区捐款，你可能会去帮助一个失学儿童，你甚至可能倾家荡产去从事环保事业，那你是不是就不自利了呢？

其实，你还是自利的，你之所以甘愿放弃一些甚至全部的物质财富而去从事其他毫无物质收益的事情，仅仅就是因为你在从事这些所谓的"利他、善事"活动中使自己内心得到了满足，得到了快乐，得到了愉悦，而你正是自利地要去满足你自己的这些心理的满足、快乐、愉悦甚至贪婪，从而甘愿去做那些"利他、善事"的事情，所以你还是自利的。这就是人的自利本性，尽管这是一个残酷得让人难以接受的甚至令人发指的事实，但我们只能说，事实上我们只是在保护自己这个动物不被别的动物吃掉而已。

除了"自利性"这个让人难以接受的事实以外，"理性"还有一个特性就是"追求最大化的利益"。古训"害人之心不可有，防人之心不可无"，生活在利益丛林里，还是小心行事为好。

简单地说"理性"就是所有正常的人都是如此想的，即"自利"和"追求最大利益"。人在自私的同时，不必太担心人的自私自利会肆无忌惮。因为决定人真正的行为除了"理性"以外，还有一个称为"心智"的东西。

"心智",也许你可以理解成道德,正是在它的制衡下,人们有了"选择"的思维方式,来约束人们非常个人化的主观意识,使用这种"选择"的思考方法来帮助人们更好地、最大化地来满足自己的主观"价值"的目标。

陀思妥耶夫斯基在《死屋手记》里描述过这样一个人,他说:为什么我要理性地活着?为什么我要往理性的道路去谋生,一天到晚地为金钱努力?为什么我不反其道而行之呢?我就要像飞蛾那样,就为了那一次光辉的体验,我要扑到火上,然后烧死自己。这样生活又怎么了?错了吗?反正我们早晚都会被遗忘,早晚都要遗忘,包括死亡。

当然还有其他很多无意识状态,比如梦等,绝大多数情况是理性与非理性的制衡,所以人才能生存延续。求生是人和所有动物的本能,所以那只是些非理性的极端特例而已,我们不必为此愁眉苦脸,你完全可以让心智、让感性自由飞翔,让心底阳光起来。

下篇

社会生活中的经济学应用

第一章 日常生活中的经济学

"贤妻良母"要三思

如今，女性大概可以分为两种类型：一是甘心贤妻良母型，二是忙事业顾不上家型。从两种类型女人的家务活上，我们可以归纳出一些心得。

某女子生长于传统的相夫教子之家，五年前初为人妻、少涉世事，立志做一名贤妻良母，便一人独揽家中的所有家务，先生下厨、买菜、洗衣被她一一拒绝。她为独揽家务琐事乐此不疲。

丈夫很是庆幸自己能娶到这样贤惠的妻子，并由衷地感到幸福。他欣赏妻子的能干，叹服女人的耐力。岁月流逝，光阴荏苒，就这样过去了两年，丈夫似乎早已习惯了自己躺在沙发上或看电视，或看报纸，等着妻子将饭菜做好，更为可恶的是，妻子耳畔的赞美也销声匿迹了。再后来，妻子自己的事业如日中天，开始繁忙起来，渐渐无暇顾及家务事。一旁的丈夫很是不适应，对此颇有微词。妻子陷入了劳而无功、劳而有过的尴尬境地。

一日，妻子与好友相见，好友谈及某日亲自下厨为其丈夫操办生日，此番举动令她的丈夫好生感动，并由此对她倍加怜惜。相比之下，妻子不由得哀叹上天如此不公。

冷静下来，我们分析一下原因，是妻子忽略了一条基本的经济学规律——边际收益递减。妻子难得下厨，奉献行为稀缺，边际收益很高，而妻子的奉献如江水滔滔，长年累月担负着家务之责，自然淹没了感觉。况且水涨船高，夫妻博弈如同斗鸡，其均衡的模式是你进我退。丈夫由赞叹到麻木直至挑剔，精确地描述了这泛滥的奉献造成的边际收益递减。常言道："久居兰芝之室，不闻其香"。伦理学崇尚克己、奉献、博爱，而经济学注重成本收益的比较。在经济学家的眼里，婚姻更像一张契约书，体现着平等互利、等价有偿，界定着双方的权利义务，即使像七仙女和董永那样的"天仙配"，也得"你挑水来我浇园"。

家庭也像团队生产，如果激励约束不相容，同样会产生偷懒及搭便车的行为习惯。贤妻良母型女性不仅使自己的收益成本不对称，而且会带来较大的外部性，例如造成丈夫的懒惰、儿女的低能等。由贤妻良母导演的家庭悲剧屡见不鲜。边际收益递减规律提醒女性：贤妻良母难做。在为家庭做奉献时是否应该有一个把握的度？

有一本名叫《像经济学家那样地思考》的书，很是发人深思。其实，斯蒂格里茨所著的《经济学》一书中，就提出一个观点：像经济学家那样思考。言外之意，经济学家与一般人的思考不同，对同一问题、同一事件，经济学家得出的结论与一般人得出的结论往往偏差很大，甚至完全相反。像经济学家那样思考，意味着更多的理性、更多的智慧，做家务也是如此。

春运时，为什么一票难求

春运恐怕是最具中国特色的事物了。每到春节，各大火车站、零散售票点都排着绵延几百米的长队。为什么排队？车票短缺。有人形容一年一度的春运高峰时说，国内各大城市火车站的一个共同现象是：一票难求。

在经济全球化的今天，产品的过剩早已成为各国无法解决的难题，扩大内需也成了各国经济得以发展的主题。对中国来说，从1998年开始，扩大内需也成为国内经济发展的最大国策，无论是理论界的讨论，还是政府的红头文件，扩大内需哪一方面不成为人们的共识呢？但是为什么会出现火车票严重短缺？为什么会出现商品房的价格炒上了天？

很简单，就国内目前的情况来看，凡是可贸易的产品（即该产品可以进出口的，如电视机）都供应充足、竞争激烈、产品普遍过剩；而不可贸易的产品（如车票、房子）则出现短缺，价格居高不下。何也？根本的问题就在于制度短缺。

因为，在经济全球化的今天，对可贸易产品来说，要在市场中获胜，就得在全世界市场中寻找最有效率的资源，就得每时每刻都要提升自己的竞争力，就得根据市场供求关系来寻找自己产品市场的生长点，否则迟早会被市场所淘汰。

而对不可贸易产品来说，它的市场永远只能限制在国内的环境下，而国内市场环境与市场的游戏规则也就决定了这些产品的质量与价格。例如，小张从自己多次往返北京的经历中发现，一张由香港至北京的往返机票，如果从香港购买要花1800港元，甚至有时比这还低。但是从北京购买，从来就没有低于3700元人民币。原因何在？因为，在香港机票的价格完全是由市场供求关系来决定的，但在北京则不然，价格的高低由主管部门来指导，根本与市场、企业运作成本无关。

再回到火车票的购买问题上，为什么火车票购买会出现一票难求，而汽车票随到随走呢？问题就在于，政府对某些产品采取了完全垄断的措施。汽车运输一放开，公路交通难点立即化解。而铁路的垄断，一是政府不可能完全预测整个市场需求的情况，即使政府预测到了也不可能在短期内得以调整，这就导致了目前国内铁路运输的严重短缺；二是铁路运输既然是政府垄断，那么国内铁路的投资及运作成本就可以让整个社会来承担，而由于收益单位化，铁路部门一旦获得了社会的资源，就会千方百计地利用这些资源让其单位收益最大化，如一有机会就提高票价，但不会也不愿提供好的服务，加上个别工作人员的内外勾结，购票难的问题更是凸现。

可以说，一票难求是制度短缺的结果，是政府对一些不可贸易产品的垄断。而要解决这种短缺，政府就得放开对不可贸易产品的管制，加快相关行业的市场化。而这种市场化不仅在于产品及服务的市场化，还在于对广大农民的人身管制的市场化，如果中国广大的农民能够以市场的方式在城市里寻找自己满意的生存空间，这种短时间内大规模人口流动的运动自然会减少。或者说，如果城市能进一步放开，消除对进城农民的一切歧视性门槛，民工的返乡潮自然能减缓。这就是制度短缺的根本问题所在！

不吃剩饭的哲学

一位老太太年逾花甲，体态超常，每每买衣服都耗去许多的搜寻成本。一辈子含辛茹苦，吃苦在前享乐在后，如何长出这些多余的脂肪？原来，老太太生性节俭，每当饭菜要剩下，都舍不得扔掉，常常是勉强多吃，多余的卡路里使她日渐臃肿，并从此埋下隐患。

这样节俭的事例在我们生活中再常见不过了，特别是上了年纪的父辈、祖辈们。他们每每看到剩饭总会说：都不知道我们小时候吃的啥，你看你们剩的。

剩饭该勉强吃下还是该扔掉，值得思考。一方面从小我们就接受"谁知盘中餐，粒粒皆辛苦"的教育，家长大多告诫孩子，将碗里的饭菜吃光。即使现在外出做客，也常听到有人相劝"多吃多吃，免得浪费"。从经济学角度分析，剩饭是吃下还是扔掉，二者都是浪费。做熟的饭菜若不便保存及交换便是沉没成本。这是一笔已经付出的开支，无论做什么选择都不可能将熟饭再变成生米。

另一方面，当我们深刻领悟了吃饭吃到撑死的定律，也就是边际收益（效用）递减规律后，我们会发现许多生活哲学，就能得出结论：吃剩饭实在不是一个明智之举。吃得太多，已经味同嚼蜡，毫无享受美食之感，自然也就边际效用递减了，根本谈不上是强身壮体。相反，如果剩饭变质，吃出毛病，赔上医药费不说，还得让身体和精神双倍受损。边际效用递减规律是一个普遍的基本规律，在经济学、生物学、物理学、心理学方面都成立。我们让大家了解这种思维方式，并非是要大家对每一件事都去精确地计算其中的收益成本，而是让大家明白其中所包含的生活哲理。（理性的人在决策时应忽略沉没成本的存在和注意边际效用递减的规律。）

对于剩饭是吃还是不吃，应该比较在已经吃饱的情况下，多吃剩饭的成本与收益。当吃下的成本小于收益时就该吃，否则就不吃。勉强吃下的成本首先是生理上的难受，俗话说胃是自己的；其次，是过量的饭菜对身体的一系列破坏（据说最佳状态是八分饱）。其收益至多是下顿饭少吃半碗。由此可见，将剩饭扔掉看作是浪费，将剩饭破坏性地穿肠而过看作是节俭，显然不是理性的逻辑。

类似于扔剩饭这样熟悉的场景也常出现于其他方面。一段分手的爱情或一个糟糕的婚姻，在外人看来，是失败的，是浪费的，是付出更多者的青春损失，因而，是绝对不经济的。其实，无论多长时间的爱情或婚姻，对智者来说都是一所学校，是一个人生的升华。就像从中学到大学，从大学再到研究生，都是人生必要的历练阶段。人们从中不仅认识、判断、总结了沟通艺术，积累并提升了 EQ 的指数，而且，通过合作、利益共享与利益冲突分割，懂得了团队的力量、团队所应有的核心竞争力及不团结带来的缺憾和损失，因而，可以成为 IQ 指数高的智者。这种历练的价值更在于，它使人从爱自己的人身上看清了自己。正所谓"好友如镜"，无论是自己的优点，还是缺点；也无论是成功，还是失败，在对方给予了评价、褒贬甚至决裂之后，任何人都会去反思自己。因而，全面彻底地认识自己，会使自己变得成熟，为以后的正确判断和抉择奠定了基础。正所谓付出了学费，学会了东西，因而这种浪费是具有经济价值的。

通过这些体验，人们可以更加豁达地结识合作者、朋友，可以更加容忍那些不快的事情，可以更加准确地选择合作与合作方式，更加善用做人的艺术。而这一切正是事业达畅之本，是高效之根，是昌荣之果。

经济学的奥妙就在于：任何庸俗之事，任何可悲之人，任何荒谬之情，都能在经济理论的宝库中找到支撑和存在之理由。经济学思想和理论无处不在，就看我们如何去对号和衔接了。

由此可见，这种形式上的相对的浪费其实产生了巨大的经济价值。所以还是要做个理智的人，适时做出选择，不要一味死缠住剩饭不放。

换个角度看待现实的世界，比如整个东北电力过剩，生产出的电力不能储存，不是消费就是浪费，电能在咱家转成热能，不比白白地损耗掉强？游子之所以打电话不怕花钱，那是因为物有所值。再有坐出租车，国家收税可以干更多的事儿，司机有收入可以吃穿用，而司机的吃穿用是不是又提高了总需求，激活了不景气的经济？游玩的时候，原本有一个三赢的自由贸易，若游客同意坐滑竿儿，可使晚辈尽了孝心获得了安心，而抬竿的几个农民半小时挣20元劳动报酬，要比他们种地强。20元对于游客可有可无，对于农民却意味着种子、化肥、孩子的学费。在农产品价格低、农民卖粮难的今天，若想帮助农民，是应该节约粮食还是浪费粮食？还有像老人穿的衣服也不能新三年旧三年，若全国人民都像他们这般节俭，岂不是有更多的企业倒闭破产……

民航打折的秘密

有的民航公司对两城市间的往返机票实行两种价格：全价与折扣价。对周六在所到达城市住一晚的乘客收折扣价，对周六不在所到达城市住的乘客收全价。这种对同一次航班（服务完全相同）采取两种不同价格的做法就是运用了歧视价格的定价方法。歧视价格就是对同一种物品或劳务在同一时间里向不同消费者采取不同的价格。

歧视价格得以实行，在于消费者分为不同的群体，不同群体的消费者对同一种物品或劳务的需求弹性不同。以民航服务而言，消费者大体可分为两个群体：公务出差者和私人出行者。前者因为公务有时间性，且由公费支出，故出差者只考虑时间的合适性，很少考虑价格变动，价格变动对这部分人坐飞机的需求量影响很小，需求缺乏弹性；而旅游者时间要求不严格，但由私人支出，要更多考虑价格因素，价格变动对这部分人坐飞机的需求量影响很大，需求富有弹性。

如果民航公司不实行打折,私人出行者难以增加,但如果都实行打折,本来不打折需求量也不会减少的公务出差者也沾了光,对民航公司又是一种损失。

但如果民航公司简单地列出两种价格,恐怕没有一个公务出差者愿意出高价,公司以这两种价格售票时,乘客都会以旅游者自称。所以,实行价格歧视的关键是要能用一种客观标准区分这两类乘客。民航公司用的方法就是周六是否在所到达的城市住一个晚上。对公务出差者来说,周六与周日无法办理公务,为省几个钱而在所去的城市待两天,放弃了周末与家人团聚的机会,实在不合适,何况省的又不是自己的钱。对私人旅游者来说,反正是去玩,待多长时间,什么时候去关系不大,而买便宜机票省自己的钱还是重要的考虑因素。这样就可以方便地对两类乘客实行价格歧视。

实行歧视价格增加了民航公司的收益。这就是说,公务出差者仍以原价购买机票,乘客不会减少(需求缺乏弹性),来自这部分乘客的收益不会减少。私人旅游者以折扣价购买机票,由于需求富有弹性,乘客增加的百分比大于机票降价的百分比,来自这部分乘客的收益增加。这样,总收益增加了。而且,这种方法还使客源在时间分布上趋于稳定。公务出差者在工作日外出者多,而私人旅游者为了省钱,会选择休息日外出。这样就不会出现乘客过多或过少的现象,也有利于民航业的正常运行。

要使价格歧视得以实行,一般要具备三个条件:第一,市场存在不完善性。当市场不存在竞争,信息不畅通,或者由于种种原因被分割时,垄断者就可以利用这一点实行价格歧视。第二,各个市场对同种商品的需求弹性不同。这时垄断者可以对需求弹性小的市场实行高价格,以获得垄断利润。第三,有效地把不同市场之间或市场的各部分之间分开。地区封锁和限制贸易自由的各种障碍往往有利于垄断者实行其价格歧视,因此,反垄断限制价格歧视应该尽力消除其实现的环境条件。

价格歧视作为一种垄断价格,理所当然地应该加以限制。但是，限制价格歧视并非要取消一切价格歧视。在具有自然垄断性的公用事业中，对于一些不能贮存的劳务，采用高峰时期和非高峰时期的差别价格，将某些高峰需求调向低峰时期，可以更充分地利用其设备资源，对于社会来说，是具有积极意义的。

竞争有什么好处

烹制沙丁鱼是欧洲人非常喜欢的一道美食。但是长期以来，由于沙丁鱼在运输中经常因环境恶劣而死去，使很多贩运沙丁鱼的商人蒙受巨大的损失，也使人们的餐桌上很难见到新鲜的沙丁鱼。

一次，一位鱼商意外发现了一个绝妙的解决方法。

在运输过程中，由于商人准备的鱼槽不足，商人只好将鲶鱼和沙丁鱼混装在一个鱼槽中。结果，到达目的地的时候，商人意外地发现，沙丁鱼竟然一条也没有死。

原来，这都是鲶鱼的功劳。由于鲶鱼是一种好动的鱼类，在水中总是不停地东游西窜，使水槽不再是一潭死水。沙丁鱼本来是一种非常懒惰的鱼，很少游动。但是鲶鱼的到来使它们非常恐惧，使它们改变了好静不好动的习性，也跟着鲶鱼快速地游动起来，一舱的水被鲶鱼搞活了。船到岸边的时候，这些沙丁鱼由于活力大增，便一个个活蹦乱跳的。

自然界就是在这种竞争和选择中发展的，也正是这种竞争和选择，使我们赖以生存的世界呈现出瑰丽多姿的色彩。即所谓物竞天择，适者生存。

竞争在生活中是非常普遍的现象。比如运动员长跑训练，一个人在运动场上跑就不容易出成绩，几个人一起跑的时候，大家的成绩一下子都提高了，为什么呢？因为人们在运动场上有了参照物，有了竞争的对象。再比如，学校为了进行分层次教学，将学生分成快班、慢班，这是很不科学的做法。这样分班的确能使快班的学生得到额外的关照，但是却使其他班级的学生没有了参照物，没有了领头羊，导致大家的学习成绩都平平常常，没有彼此的竞争,都自甘落后,最后大家的成绩都下降了。如果不分快慢班,情况就不同了,哪一个班级里都自然地形成了上中下三个层次,学生们相互竞争,不甘落后,在这种效应的影响下,班级里所有学生的学习成绩普遍得到了提高。

所以,有时候我们为了使大家产生这种竞争的心理,在工作、学习、生活中就要适当地将一个团体拆分成几个组,然后根据各组的成绩进行表彰,这样常常会产生意想不到的效果。

而在经济领域更是如此。没有竞争,就没有琳琅满目的商品;没有竞争,就没有绚丽多彩的经济生活。

说到竞争,我们感触最深的可能就是中国电信的拆分了。过去的电信市场是一家垄断,当时国家想方设法进行通信设备的投资、改造,又开展各种服务竞赛活动……但是没有用,通信费用始终居高不下,服务质量低劣,安装一部电话甚至要花5000元,而且还要排队等候三五个月,电信部门还要收取装机费,要指定购买电话,要交纳电话费押金,还要托关系走后门。这些都是国有企业一家垄断带来的种种弊端,当时的电信行业就仿佛是船舱中的沙丁鱼,根本就一动不动,怎么能够发展呢?

而现在情况不同了,中国电信被拆分成了几个公司,几个公司之间仿佛水槽中的鲶鱼和沙丁鱼一样,水被搞活了,每一个公司都不可能再待在一潭死水之中坐享其成了。网通公司、中国电信、中国铁通、中国移动都行动起来了,你推出长途优惠服务,我推出假日半费优惠;你赠送话费,我赠送话机;你邮寄话费清单,我就亲自送话费清单;当天登记当天装机……就像驼鹿和狼,你在前面跑,我就在后面追。新鲜的招数层出不穷,消费者得到了实惠,经营者也因此获得了更多的利润,国家的电信事业更是进入了一个高速发展的快车道。

竞争的作用就是这么奇妙,竞争的市场有无数的买者和无数的卖者,而且各个卖者提供的物品大体是相同的;还由于市场是开放的,任何企业随时都可以自由地进出市场。这些条件的存在,使市场上任何一个买者或卖者的行动对市场价格的影响都是微乎其微的，每一个买者和卖者都不可能左右市场，而只能是市场价格的接受者。

要想获得更高的利润，最好的办法是实行差别竞争，也就是提高商品的科技含量、提高产品质量、改进服务手段、增加或者改进商品的性能等。这些手段从满足不同消费者的偏好入手，满足消费者的更高需求，使市场变得异常丰富。这样，不仅不会引起价格的降低，而且由于商品的不同，还可以提高商品的价格。

另外，市场经过反复的博弈，优胜劣汰的市场机制使新的充满活力的卖者不断进入市场，而那些僵化的、不思进取的企业则被挤到市场之外。为什么我们的市场会呈现出一派如此繁荣的景象呢？经济学家说，因为有新的企业、新的资本、新的人才不断涌入，使市场处于一种不断的更新之中，保持了永久的生机。

富人为何买贵不买贱

几年前发生过这样一件事：在某杂志上有一个整版的征婚广告——"优秀男士，诚觅好女孩"。广告上的"征婚者素描"写道："男，未婚，汉族，70年代出生，1米7余，硕士学位；私企总裁，年收入千万，资产过亿，现居上海……"在广告中，还有一篇略带诗意的《爱事业更爱好女孩》的短文。

这是一名富豪征婚的广告。据说该广告共在全国100多家媒体投放，费用高达数百万元。大家不禁要问，难道富人找个结婚对象那么难，要如此兴师动众？

戴一只几百元的手表和戴一只百万元的江诗丹顿手表，其显示时间的功能是相同的。但戴一只用18K金做壳、满是钻石的名牌江诗丹顿表能显示出主人与众不同的身份。经济学家把购买这种价格极其昂贵的名牌商品的消费行为称为炫耀性消费，其含义在于这种消费行为的目的不在于其实用价值，而在于炫耀消费者的身份——通常也称为"显摆"。

"显摆"背后的经济学道理是什么？其实，这反映了一种消费心理——"炫耀性消费"心理是指一种迎合消费者心理的商品价格越高消费者反而越愿意购买的消费倾向。

"炫耀性消费"这个概念,是美国19世纪末20世纪初制度经济学家凡勃伦在其1899年出版的成名作《有闲阶级论》一书中提出的。作为经济学中制度学派的创始人,凡勃伦对先富起来的资产阶级持批判和嘲讽的态度。他认为,这些人有了钱以后从显示自己的优越和荣耀的心理出发,从事浪费性消费,这就是炫耀性消费。

这种消费的目的并不仅仅是为了获得直接的物质满足与享受,而在更大程度上是为了获得一种社会心理上的满足。由于某些商品具有炫耀性的效果,如购买高级轿车显示一个人地位的高贵,收集名画显示一个人高雅的爱好等,这类商品的价格定得越高,需求者反而越愿意购买,因为只有商品的高价,才能显示出购买者的富有和地位。这种消费随着社会发展有增长的趋势。

一般需求定律,即价格与需求量成反方向变动,对于富人而言不仅不起作用,而且还导致一种"反需求定律"现象,即富人买涨不买跌。当某种商品价格很高时,富人趋之若鹜;当该商品价格低落时,富人理都不理。

在某个以生产服装而闻名的小城市,一个服装厂老板这样介绍说,当年他那个品牌的服装并不好卖,高不成低不就,穷人买不起,富人嫌档次低不愿买。后来他听从了一位海外商人的话,想出了一招,将服装价格从原来每套几百元一下子提高到5000多元,没有想到效果奇好,市场一下子打开了。西装还是那种西装,但愿意买的富人多了。原来几百元的西装穿在身上,富人觉得丢人;而现在5000多元一套的西装穿在身上,这些富人觉得很"气派"!当然,这种西装,如果说当初几百元一套某些穷人还有所期待的话,那么,现在他们则完全不会买了,因为他们真的买不起。

现在众多媒体整日鼓噪一个名词——"精神消费",这是有闲阶层或者说富人们发明的玩意儿。因为对于穷人来说,所有的收入几乎都用于维持生计了。而所谓"精神消费",恰恰会出现所谓"边际效用上升"。比如玩名牌,无论是服装还是车,富人们每多购买一套（辆），会直觉地认为自己的身价又增加了两分，因此，增加的满足程度会上升。

穷人与富人的消费行为不同，所以实际上也存在两个市场：一个穷人的市场，一个富人的市场。在穷人的市场上，主要是低档消费品与日用品；在富人的市场上，主要是高档消费品与耐用品。因为世界的购买力主要操纵在富人手中，所以，占有世界生产份额80%的大厂商都将质优价高的商品定位于富人；穷人这边，则是小厂商负责供应。小厂商生产的商品附加值低，为了多赚一点钱，顾不了那么多，于是，假货、勾兑酒、霉米霉面一齐上。受害的多是穷人，因为富人早就不在小商店与集市上买东西。为了解决这些问题，政府会强制执行某些标准。但标准一高，成本上去了，穷人又消费不起。于是，我们就不难理解曾经有这样的报道：中国农村已经成为假冒伪劣商品的最大集散地，当有关政府部门去打假时，竟有农民出来说："我们需要假货！我们也只买得起假货！"

我们为塞车付出了什么

随着城市化进程的加快，各种城市病随之而来，塞车也就成了世界许多大城市的心病。北京是这样，伦敦、巴黎、华盛顿也是如此。

对不少地方来说，减少塞车的办法颇出，或是收进入市区的塞车费，或是给愿意放弃开车而改乘公共汽车的乘客以好处，奖励他们不开车进城，或是筹集更多的资金建城市铁路及地铁。但是这些办法用在北京，不是不能对症下药，就是远水解不了近渴。

那么北京塞车问题的症结在哪里？有人认为，是由于这几年北京的私人汽车发展太快，北京城市居民汽车的拥有量太高；是由于北京的出租车太多，让太多的出租车在大街上遍地跑，把本来就不多的道路占满了；是因为北京的道路发展跟不上私人汽车的发展；是由于北京的道路设计有问题，等等。

北京大塞车的原因，如上面所言，私人汽车发展太快、公共交通不发达、出租车太多、道路设计不合理等都是其中的原因，特别是道路设计不合理，随处可见。一组西直门立交桥，刚造好一两年，车就堵得根本无法走，还有的外地司机竟然在桥上徘徊，因为找不到出口方向；京昌高速公路许多进出口处辅路段，每天车辆都挤得满满的，但里面的高速路上则空空如也，这些都是道路设计不合理所导致的严重问题。但是，从经济学观点来看，北京塞车最根本的问题还不在这里，而在于对作为公共产品的道路使用、占用、收费安排与分配上。

道路作为一种公共产品，它与一般的公共产品不同。一般的公共产品基本上是一个人的享用并不妨碍他人享用，比如路灯。但是道路则不同，一方面它具有公共产品的特性，一条路修好了，所有的汽车都可以使用；但另一方面一条道路为一辆车使用后其他车则不能使用，道路的使用在某个时点上都是唯一的。而正是这种道路使用的唯一性，对道路使用、占用及收费的分配也就决定了道路的堵塞程度。

比如，在北京京昌高速公路回龙观小区边有一个入口，车辆要进入高速公路首先要通过一座二车道对流的桥（二进二出，桥距入口仅1公里），如果两车道能够有秩序对流行驶，那么车流量再大（这里是一个很大的小区，车特别多），车辆也可以在10分钟内走完这段路。但实际上，每天早上出行车总是会占上三车道（早上大家赶上班），而入行车仅剩下一车道。而正是这种抢占，往往会使入行车连一车道都无法使用。而入行车无法行驶，出行车最后也无法通行，这样经常就会出现整个桥的道路根本无法行驶的僵局。而正是这1公里路，如果时间段不合适，车辆花上1个小时才能够通过也成了常事。

其实，这正是公地悲剧的一个缩影。面对一块公地，由于大家都免费地占用，最终公地上最后一点资源都耗竭。在这里，道路作为公共产品，每一个人都希望优先占用。这就如公地悲剧一样，如果某一时点每一个人都想优先使用某一段道路，那么，其结果肯定是每一个人都无法使用这段路。这样，道路的资源、个人时间的资源都在这种占用中消耗掉了。

因此,对北京交通资源实行某种程度的限制(或是规则或是货币),才是解决目前北京塞车问题最为重要的一环。而规则的实行,一切都必须依法而行,并对违法者实行严厉惩罚,这样才能有效地保证车辆安全行驶和道路的通过率,缓解北京塞车问题。

闲暇提供什么效用

在传统观念中,闲暇没有什么好名声。"有闲阶层""游手好闲"均是好逸恶劳的别名,有个成语"忙中偷闲",一个"偷"字也让人觉得理亏气虚。我们的传统观念是崇劳抑闲,提倡劳动光荣,从来就没想过闲暇也光荣。长期的传统教育弘扬蜡烛精神,"燃烧自己,照亮别人"。英年早逝,累死在工作岗位上的英雄永远是媒体宣传的榜样。岂不知列宁早就说过:"不会休息就不会工作。"短期内过度地耗费人力资源,是最大的浪费。"小车不倒只管推"是一种愚昧行为,注意保养、注意休整才能让"小车"走更长的路程。闲暇是充电,闲暇是加油,关注闲暇就是关注人力资源的长期使用效率。况且,在市场经济环境下,人们的偏好与选择理应得到尊重。何时劳动,何时闲暇,是行为主体的自由。

改革开放对个人的影响之一是工作负担加重、生活节奏变快。在"时间就是生命,效率就是金钱"的口号下,每个人都较以往变得更加繁忙。且不说父母官们为了自己所辖的那片热土披星戴月,也不讲登上呼啸战车的商人欲罢不能,就是大学里这群读书教书的先生们也早就没有了"两耳不闻窗外事,一心只读圣贤书"的那份淡泊。电视小品演出了《全都这么忙》,流行歌曲唱着《爱上一个不回家的人》。当市场经济带给我们更多的选择时,时间的机会成本骤然增加。从原来大锅饭时代的混日子、低效率,转变为争分夺秒、投入更多的时间为自己与社会创造物质财富,不用说是一种进步。然而凡事有度,当社会到处充斥着"繁忙"的身影时,"闲暇"就变得稀缺,"闲暇"的效用大大地提升,这个没有计入 GDP 的社会福利需要我们很好地珍视。

人的一生究竟追求什么？追求财富、追求权力、追求知识、追求健康，说到底，是追求一种快乐。闲暇是快乐的重要组成部分。罗素曾说过："人太忙了，和许多美好的事物无缘。"美好的世界等待着能够发现它们的眼睛。人太匆忙，会走马观花。品味生活的美好，需要闲情逸致。在过分密集的现代生活中，给闲暇留点空间，那就留下了一份恬淡，留下了一份从容，毕竟人生不是为了遭遇生活而是为了享受生活。

据统计，我国白领阶层中70%以上处于亚健康状态，白发人送黑发人的悲剧一幕幕地重演。繁忙的时候我们容易忙中出错，容易心情烦躁，容易忽视亲友，容易冷落感情，而这些都在损害着我们的事业，损害我们的身体，损害着我们的亲情友情。没有了他们，你会觉得无论物质生活多么富有，仍旧两手空空。

世上总有干不完的事，一周7日，一日24小时，忙得昏天黑地；一周10日，一日36小时仍然会忙得寝食不安。既然10天与7天没有什么区别，不如索性假设一周只有5天可用，留下两天给自己和家人。

工作繁忙我们应该反思。反思之一，我从事的工作能否发挥我的比较优势，以己之短做人所长自然会事倍功半；反思之二，我的工作是否属于我的职责范围，越俎代庖，大权独揽，均为出力不讨好的傻子。市场经济不承认苦干，只承认巧干，不认可苦劳，只认可功劳。在历史长河中，个人不过是沧海一粟，世界上没有丢不开、放不下、舍我其谁的工作。强调闲暇是强调资源配置的高效，分工协作的合理，时间安排的科学。工作与闲暇既有替代，也有互补。

经济学中的闲暇并不是指无所事事，"做自己喜欢做的事"是经济学中闲暇的定义。闲暇强调的是个性的释放，强调的是选择的自由。在闲暇的时候你可以随心所欲地追逐自己多年的梦想，在闲暇的时候你可以心无旁骛地挥洒潜在的能量，在闲暇中活出一个真正的自我。闲暇是一种快乐，是一种幸福。在我们追逐能够给我们带来快乐与幸福的物质财富与精神财富时，别忘了闲暇，它也有效用。

什么是覆水难收

斯蒂格利茨在其《经济学》一书中指出，经济学家与普通人的区别之一在于，经济学家计算机会成本，而普通人不计算机会成本。其实，他认为经济学家与普通人的区别还有一个，即经济学家不计算沉没成本，而普通人计算沉没成本。

周末，小杨去商场，小李作陪。值得一提的是，小李是经济学专业高材生，因此小李生平最头痛的是在商店里消磨时光。小杨对一件衣服十分满意，所以，简单地问了问价钱，看了看衣服，连试穿都没试，就交了款，拿衣服走人。回到家，小杨一试穿，问题来了：衣服的扣子竟然掉了两个。小杨认为是小李太急才造成的后果，要一起去退货。没有办法，两人硬着头皮到了商店。谁知售货员怎么也不认账，而且商场中同一型号与品牌的衣服也没有货了。最后他们找到商场经理，经协商，商场同意他们再加100元钱，给换一件某著名品牌的夹克，那种夹克的原价是400元。小杨很犹豫，有些舍不得那100元钱，想找两个扣子凑合着行了。小李则痛痛快快地说："很划算，100元买了400元的衣服，这种好事哪里去找啊！"最后，在小李的极力怂恿下，这笔交易总算完成了。

路上，小杨问小李："明明那件衣服花了430元钱，怎么能说是100元钱呢？"小李说："商场不退货，所以，实际上我们先花的330元钱就等于永远不可能再回到我们的口袋了"这在经济学上叫"沉没成本"，经济学家是不会把这笔成本计入成本的，所以，在经济学家眼中，后来那件衣服实际上就只是花了100元钱，因此他会认为这笔交易很值得。如果将原来的330元钱也计入成本，可能会因此不进行这笔交易，那么，不仅穿不上这件合意的衣服，而且实际上前面330元钱也白扔了，因为凑合着穿不合意的衣服完全有可能使你的主观满足程度（即效用）变为零，甚至是负数。

不计算沉没成本，其实就是说：过去的就让它过去吧，反正是覆水难收了。尤其是过去所受的苦难，我们更不要去计较，不要让它们成为我们前进的阻碍。经济学从诞生之日始，就具有一种乐观主义的传统。正因为如此，经济学家都习惯于朝前看，而不回头看。

其实，你想一想自己经历的一些事，你会发觉不计算沉没成本竟也不是经济学家的专利，中国普通百姓也有知道不应该计算"沉没成本"的，尤其是在大事上。比如中国人常讲一句成语，叫"功亏一篑"，就是说因为最后一刻没有坚持住，以至于前面所有的付出都化为泡影。我们经常会看到贫困家庭的孩子收到大学通知书时父母坚毅的目光，因为他们的信念是：好不容易已经将孩子送到了大学门槛，如果现在不让他去上大学，那么不仅毁了孩子的前途，而且过去十几年自己所吃的苦也都白吃了。所以，他们宁可砸锅卖铁，也要供孩子去上大学。

当一项已经付出的投入，无论如何也无法收回时，这种投入就变成了"沉没成本"。

还有一个经典的例子可以说明：

有一个老人特别喜欢收集各种古董，一旦碰到心爱的古董，无论花多少钱都要想方设法地买下来。有一天，他在古董市场上发现了一件向往已久的古代瓷瓶，花了很高的价钱把它买了下来。他把这个宝贝绑在自行车后座上，兴高采烈地骑车回家。谁知由于绑得不牢靠，在途中瓷瓶从自行车后座上滑落下来，"哐当"一声摔得粉碎。这位老人听到清脆的响声后居然连头也没回。这时，路边有位热心人对他大声喊道："老人家，你的瓷瓶摔碎了！"老人仍然头也没回，说："摔碎了吗？听声音一定是摔得粉碎，无可挽回了！"不一会儿，老人家的背影消失在茫茫人海中。

老人的反应是不是很让人惊讶？如果是一般人，肯定会从自行车上跳下来，对着已经化为碎片的瓷瓶捶胸顿足、扼腕痛惜，有的可能会经过好长时间才得以恢复心情。

每一次选择我们都要付出行动，每一次行动我们都要投入。

不管我们前期所做的投入还能不能收回，是否真的还有价值，在做出下一个选择时，我们不可避免地会考虑到这些。最终，前期的投入就像坚固的铁链一样，把我们牢牢锁在原来的道路上，无法做出新的选择，而且投入越大，我们便被锁得越结实。可以说，"沉没成本"是路径依赖现象产生的一个主要原因！

你的一次考试成绩不理想，你的一次求职失败，你的一次恋爱受挫，会不会让你耿耿于怀呢？如果回答："是"，那么有人肯定会笑你，因为时间无法倒流，覆水难收，过去的只能让它过去，就像经济学家总是关注机会成本，而不是账面上的会计成本一样。经济学家总是关注未来，而非过去。这就是经济学家的思维与常人的思维的区别所在，因为机会永远在未来，而不在过去。我们也可以掌握这种思维方式，为自己的未来和现在的选择决策服务。

很多人都知道这样一个故事，美国著名作家、企业家奥格·曼狄诺，出生于一个贫民家庭，但他是幸运的，念完了学校，有了工作，并娶了妻子。但是后来，面对人生的种种诱惑，由于自己的愚昧、无知和盲目的冲动，他犯了一系列不可饶恕的错误，最终失去一切宝贵的东西——家庭、房子和工作，几乎一贫如洗，他只能漫无目的地流浪。终于有一天，他碰到了一位牧师，牧师给了他一本书，他从中发现了自己的潜力，重新做人。他开始重新找工作，从卖报人、公司推销员、业务经理……其中饱受辛酸，但他已经不可战胜了，最后他创办了自己的企业帝国，并撰写了一本名为《世界上最伟大的推销员》的书，这本书说的就是著名的羊皮卷的故事。故事中的主人公的经历就是曼狄诺本人的种种困苦和艰辛的遭遇。这个故事激励了一批又一批的人从失败、错误的阴影中走出来，最终走向成功！

与其为已经过去的种种失败、错误而悔恨，还不如忘记过去，吸取教训，重新选择新的人生道路。因为过去的所有投入、付出都如往日云烟，无法回收。这种已无法挽回的过去的投入、付出的成本，我们常常称其为"沉没成本"，就好像永远沉没在太平洋的海底深处一样，再也不可挽回。对于沉没成本的"选择"，就是不要再去考虑它的存在，因为那已经过去了。不管"沉没成本"是多少，对于未来而言都是毫无意义的。只有彻底地放弃沉没成本，我们才能生活得更好。

司机为何老摁喇叭

中国的老百姓外出都有一种感觉，即只要一走到马路上，就容易被汽车不断的马达声和喇叭声搅坏心情。在小城市，由于汽车摁喇叭的声音特别大，使得一些地方街边的电话都不好用，听电话的人只能听到喇叭声，听不清电话中人的声音。就是在北京、上海这样的大城市，汽车马达声和喇叭声也成为市民公认的一种噪音污染。在广州，规定市区不许汽车司机摁喇叭，成为备受广大市民拥护的举措之一。汽车鸣笛太多，有时害得居民睡觉都睡不安稳，有心脏病的人更是受不了刺耳的喇叭声。所以，汽车鸣笛太多，造成的社会成本还真不少，这种社会成本也是外部负效应，和环境污染差不多。

在市场经济中，政府的一个关键作用就是处理外部性问题，外部性是各种政策的依据，当一些行为与社会成本之间的缺口很大时，个人和市场无法解决这类问题。所以，一般来说，政府应当管制带有负外部性的经济活动。噪音污染并不仅限于汽车鸣笛，建筑工地的噪音污染也比较多，但其影响范围不算大。而汽车鸣笛的影响是普遍性的，所以政府的管制也是一种有效的解决方式。

在我国，汽车司机乱摁喇叭也不完全是汽车司机的错，行人也有错。因为，在我国，对于行人怎样走十字路口或斑马线没有明确的规定。另外，就是不管是行人还是汽车司机都缺乏礼让意识，总认为礼让就是吃亏，从而使行人与汽车的礼让陷入了"囚徒困境"（见下图）。

如图所示，我们将"礼让"和"抢行"进行从"1"到"9"的赋分，进行比对。在这种行人与汽车的交通算计中，如果互相礼让，则大家都可以得7。但如果行人抢行，行人就可以得9，汽车只能得1，如果汽车抢行，则汽车得9，行人得1。所以站在自己的利益上考虑，抢行是优势策略，礼让则是劣势策略。运用劣势策略消去法，可以知道，交通中行人与汽车算计的结果就是大家都抢行，这样，大家都只能得3。因此，交通算计就陷入了"囚徒困境"。正是因为这样，汽车司机只好鸣笛。由于所有司机都这样，这就容易形成一种习惯，也就是说，在不需要鸣笛的时候，司机也认为，鸣笛的成本比较小，行人抢行时司机鸣笛以警告行人危险。汽车要抢行时也要鸣笛，因为司机认为，反正你不敢撞过来。所以，在行人与汽车的交通算计中，行人吃亏较多，行人对汽车鸣笛很容易产生一种厌恶感，所以，在行人多的时候，往往行人集体抢行，汽车也无可奈何。之所以出现这种情况，还在于我国执行交通法规不够严格，对违规行为的处罚不够严厉。因此，司机就会觉得违规的成本很低，才会和行人抢行。抢行，摁喇叭唬住行人，对司机来说是成本最小、利益最大化的习惯行为，这样，司机爱摁喇叭也就司空见惯了。

在一些国家，交通规则十分明确，而且执行严格，一旦司机驾驶违规，并出了交通事故，就可能毁掉自己的一生，哪个司机敢麻痹大意呢？所以，即使在半夜，马路上没有一辆车，人们依旧遵守交通规则，这是现代社会汽车文化培育出来的精

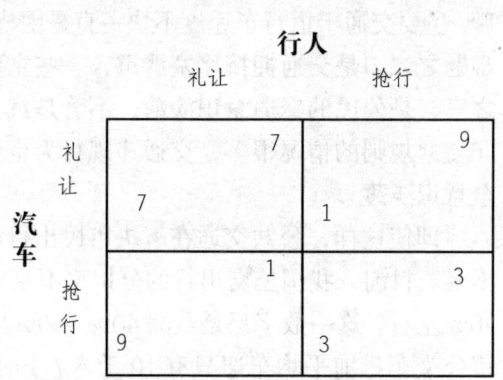

经济学课堂

囚徒困境

　　警察逮捕了两名嫌疑犯——甲和乙，将他们分别带到两个房间进行审讯。负责审讯的警察分别告诉了甲、乙两名嫌疑犯摆在他们面前的选择：第一，如果一方抵抗而另一方坦白，坦白方则因主动承认并指正对方会被无罪释放。第二，如果双方都主动承认，那么他们二人将会被监禁一年。这时候，面对这样的选择，面对困难和危险，二人都有"规避心理"，进行利益最大化的选择，甲、乙的选择看似对自己最有利，但却不是最好的。

神。如果人人都有这种精神,有了这种交通规则意识,司机就没有必要摁喇叭了。从这点看来,我国的汽车文化建设和公民的交通规则意识培养方面还有很长的路要走。

公交车能解决出行难吗

在城市,特别是像北京这样的特大城市,市民出行主要是靠公交车。不可否认,在今后相当长的一段时期内,公交车依然是市民的主要出行工具之一。虽然轿车进入百姓家庭是大势所趋,但由于污染问题、道路紧张问题、汽油涨价问题等,政府还是提倡市民出行以公交车为主。市民出行以公交车为主是世界上许多国际化大都市的普遍做法。但是,目前在我国,公交车在解决市民出行难方面依然存在种种难题。难题之一,是交通设施相对落后,主要交通干道行车速度不快一直是困扰市民出行的一大难题;难题之二,是交通拥挤堵塞严重,一些主要干线经常堵车;难题之三,是公民的交通意识淡薄,不管是汽车司机还是行人,不遵守交通规则的情况很多,交通违规行为也比较多,行人的交通安全意识淡薄。

即使这样,公共交通在解决市民出行难问题上依然显得供给不足。目前,我国公交出行的分担率不足10%,特大城市也仅有20%左右。这一数字只是欧洲40%~60%出行比例的1/3~1/2。城市公交车目前平均车速只有10千米/小时,已低于自行车12千米/小时的速度。

为了解决城市居民出行难的问题,北京市公交线路也进行了一系列的改革。据了解,各线路在"首发日"还专门于上班高峰时段采取加车手段,以尽量满足乘客的需求,同时,个别与城铁有衔接的线路还特意根据城铁的时刻表缩短发车间隔,以最大限度方便乘客。

不过,部分拉活的"黑车"并未因此受到影响。因为几个人一起"拼车",平摊下来才几块钱。既然"黑车"依旧有市场,那么,在不能对公交有所影响、在线路以及总量控制上有所考虑的前提下，能不能把部分社会车辆组织起来，为小区居民提供方便？这样既便于管理，又给予部分"黑车"以出路，还增加了政府的税收，使这个本来是扰乱市场的行为变得规范，并解决了部分小区不适合开通公交车、噪音扰民等现实问题，对解决部分社区出行难的问题，未尝不是个好办法。

世界上的大城市都提倡公交优先，一些国家的大城市有专门的公交车道，即使在公交车道内车辆很少，其他的车辆也不许挤进来。我国的一些大城市虽然也有专门的公交车道，但是其他的车辆特别是轿车一样使用公交车道。加上轿车一般没有礼让意识，所以，公交车的速度缓慢，甚至不如自行车的速度。对于大城市紧张的道路资源来说，一辆公交车的载客量相当于几十辆轿车和自行车，其道路资源的利用率相当高。所以，为了全体市民的出行效率，还是应当提倡市民上班多乘坐公交车，少用自行车和轿车。如果大家都为自己的利益着想，乘坐私家车上班，就很容易降低出行的效率。一些国家在交通高峰时间收取交通堵塞费的效果相当明显，使交通堵塞时期的车辆减少了1/3。

城市公交不一定全部由政府包揽，公共交通一样可以由私人经营。在许多国家，由众多小公司经营一些公共汽车运营线路，它们参与市场竞争，虽然收费略高些，但设备舒适、运行安全、服务周到、到站准时，既方便了市民，又为公交系统增加了竞争的压力，提高了公交的效率。所以，应当允许在公交系统引入竞争机制，允许私人参与到城市公共交通上来，也就是要走多渠道的路子，才能从根本上解决城市居民的出行难问题。

衣、食、住、行中的"行"虽然在我们的生活中排在末位，但其重要性却越来越大。特别是在大城市，人们出行问题越来越突出。很多人并不是喜欢骑车，而是没办法。大多数成熟市场经济国家的大城市虽然高楼密集、人口密集，但他们使用小汽车的并不多，而是充分利用地上、地下的公共交通系统，他们的公共交通系统也相当发达、方便，从地铁、轻轨到公共汽车都相当方便、经济。其城市功能的布局分配也比较合理，人们从生活区到办公区的往返也很方便,这就大大减轻了城市交通的压力。我国在这方面还刚刚开始,需要一定的时间才能形成在大城市以公共交通为主,城市功能合理分布的格局。

马路杀手与社会保险

"马路杀手"是指没有掌握驾驶技能却驱车上路、危及他人生命安全的各色人等,是人们为那些在马路上严重违章、制造恶性交通事故、危害人民生命安全的汽车司机所起的绰号。嘲笑之中隐隐透出一丝血腥的气息,令人不寒而栗。2005年,全国因交通事故造成98,738人死亡,其中,机动车驾驶人交通肇事造成91,062人死亡,占交通死亡人数总数的92.2%。其原因是多方面的,其中,部分驾照发放部门屈从于关系或利益,把关不严甚至徇私舞弊等,是一个重要原因。

"马路杀手"中固然有无照驾驶的违章者,更多的却是手持驾驶执照的"合格者"。培训新驾驶员质量不过关的因素又有以下几个方面:(1)随着市场经济的发展,"驾校"多了起来,一多就难免良莠不齐;(2)各地负责新司机结业考试的单位把关不严格;(3)学车的人多了,知识、文化、道德、法制观念等综合素质差别太大;(4)新司机拿到"驾照"后,许多挂靠单位疏于管理和教育。

个性张扬的改装车也频频成为"马路杀手",安全隐患很大。一是安装保险杠。国贸大厦上班的王女士刚买了一辆崭新的本田车,就碰到了烦心事。一星期前,王女士在深南大道行驶时,被后面的一辆吉普车追尾,本田被撞得惨不忍睹,因为那辆普通吉普车前安装了一个超大型保险杠。二是有的车主为了更好地提高汽车的穿越功能,将私家车改装成越野车。三是越来越多车主给"爱车"改装了大功率的灯泡。近年来,车灯越来越亮,装大车灯只顾自己方便,根本不管对方车辆的司机会不会被照得什么也看不到。目前,汽车改装市场飞速发展,但这个行业却缺乏法律、法规或行业标准予以规范,消费心态仍然不成熟。

长期睡眠不好也是产生"马路杀手"的因素之一。睡眠是大自然恢复体力与脑力的最好方式，也是一种本能。只有充分发挥这一人类本能，睡得好，次日才能精神抖擞地迎接工作。长期睡眠不好，会产生疲劳现象，不但觉得体力没有恢复，而且大脑昏昏沉沉，注意力不集中，记忆力下降。疲劳驾车在发生车祸中所占的比例为29%。在美国，每年发生的200万起交通事故中，约有4万~5万人丧生。引起交通事故的主要原因是司机疲劳驾车，注意力不集中，白天过度困倦。

开车给他人制造的外部效应已经够多的了，排出汽车尾气、噪音制造环境污染，不仅影响了人类，而且污染了整个地球。所有这些外部效应，汽车司机都没有对受损失的人给予补偿，使其付出和收获不成比例。但这些还只是渐进的、间接的损失，不是特别明显。而"马路杀手"却是汽车司机给他人制造的最惨重的损失，不仅给他人造成了直接的、明显的、严重的物质损失，而且制造了生命和精神的巨大损失。世界上每年都有相当数量的人死于交通事故，更多的人在交通事故中成为残疾，影响一生的幸福。即使是汽车尾气污染，其排放的有毒颗粒不仅污染着行人，也是造成全球变暖的主要因素，其有毒物质对大众健康造成的损失是渐进的，也等于是"马路杀手"。这些损失，汽车司机和石油公司都没有付出相应的费用。

我们的出行面临如此大的风险，但是整个社会的保险意识却很淡薄。有钱的人被车撞伤有钱治疗，如果是一个普通的穷人被车撞伤了，就只能靠车主来出钱治疗。但是，真正会出钱治疗被撞伤乘客的车主也不多。比如，从中央电视台新闻中看到一辆满载着乘客的旅游车在安徽被撞，伤了不少人，受伤的人员虽然被很快送往医院治疗，但由谁来出治疗费用却成为一个难题。旅行社为了省钱，连规定该买的保险都没有买，旅行社又没有把具体情况告诉乘客，乘客也不可能买旅行意外险。开车的司机也不愿为此负责。因此，这笔治疗费用又引发了一段纠纷。一些公民保险意识十分淡薄，等到大难临头时却往往悔之晚矣。在市场经济条件下，人们的出行还是面临着不少风险，为了防范风险，国家、社会和个人都需要有保险意识。有钱的人可以购买商业保险，而没钱的人只能靠国家和社会的保险。如果国家和社会都靠不住，那么就会有更多的普通人不愿外出，不愿多消费，不愿休闲，不愿旅游。

为了出行的安全，我们最好给自己买份保险，特别是出外旅游，不该省的还是不能省，由旅行社组织的旅游更需要问他们有没有含保险。也可以在远行时自己购买小额的商业意外险，起码有个安全带。有钱的人可以购买需要连续交费，保额数额大的商业保险。这样，可以使自己的生命有个保障。

你在闲暇时做什么

根据北京市的调查结果显示，2001年，北京市居民周平均每日闲暇时间为5小时45分钟，周平均每日工作时间为5小时1分钟，周平均每日闲暇时间首次超过工作时间44分钟；1986年，北京市民的闲暇时间只有工作时间的46%，到1996年，闲暇时间是工作时间的80%，2001年则闲暇时间超过工作时间15%的。居民闲暇时间大量增加，而工作时间和家务劳动时间则大量减少。闲暇时间增加的主要原因有三个：一是实行双休日等制度因素；二是家务劳动社会化使居民用于家务劳动的时间减少，从而增加闲暇时间；三是提前退休、下岗、失业和无业人口的增加也使闲暇时间增加。

既然居民的闲暇时间大量增加，工作时间和家务劳动时间大幅度减少，那么，居民在闲暇时间都干些什么呢？随着闲暇时间的增加，旅游、娱乐、体育健身、文化传播等

经济学课堂

有闲阶级

有闲阶级是指社会上的一类人，非常悠闲自在，有大把时间，想干什么就干什么，这类人没有生活压力，不需要拼命忙着去找工作，不愁吃不愁穿。与有闲阶级相对应的，当然是无闲阶级。有闲和无闲，并不一定和阶级划分一致，资本家阶级也分为有闲阶级和无闲阶级。就是说，有一类资本家是无闲阶级，他们一辈子都是在拼命地工作。有闲阶级是由美国经济学家凡勃伦详细论证的。

行业迅速发展，使居民闲暇时间内从事的休闲活动越来越多样化，在增加人们的满意度和幸福感的同时，也刺激了消费需求，对经济增长起了积极的促进作用。

不管是城镇居民还是农村居民，旅游需求都急剧增长。收入相对低的做短线旅游，收入相对高的做中长线旅游，甚至是出国（境）旅游。2000年，中国国内旅游人数达7.44亿人次，总出游率为59%，中国国内旅游在旅游经济总量中的份额，已从10年前的不到20%上升至70%以上。特别是在每年三个"黄金周"期间，几乎囊括城乡居民各种休闲活动的旅游业，更是一枝独秀。

从自娱自乐到去娱乐场所娱乐，这是在中国普及性甚高的几种休闲方式。自娱自乐，包括在家里看电影电视，唱卡拉OK，在城镇居民中已基本普及；举办家庭舞会，也早已不是什么新鲜事；集体娱乐场所，包括歌厅、酒吧、茶馆等，现在普及面也很宽。

健康是人类的基本追求，中国城乡居民迈入小康社会之后，人们花在体育和健身方面的消费日益增多。各个城市和许多农村乡镇，这些年增加了很多体育馆、健身房、棋牌室、游泳馆、保龄球馆，吸引了大量城乡居民前来休闲和消费。中国国家旅游局早已把体育健身作为一种专项旅游产品，大力加以开发和促销，既满足了海内外旅游者的需要，也带动了群众性体育健身活动的开展。许多大型体育健身活动，实际上就是旅游者和群众一起参与的活动。

人们在闲暇时间喜欢读书、读报、看电视、听广播；电脑、网吧等休闲新装备、新场所，在中国也得到了迅速发展。在新的时代，终身教育的主要功能之一就是休闲，也就是说，学习知识也是一种娱乐，人们从学习新知识中体验到增值知识的快乐，品味到人生的乐趣。特别是由于人们更多地借助于多媒体和互联网等工具学习，媒体的文字、图形、动作、声音相互搭配，这本身就增加了学习的趣味性和娱乐性。

西方休闲思想有着悠久的历史，至少可以追溯到被西方学者奉为休闲学之父的亚里士多德，他把休闲誉为"一切事物环绕的中心，是科学和哲学诞生的基本条件之一"，认为工作的目的是为了休闲，人唯有在休闲时才有幸福可言，恰当地利用闲暇是一生做自由人的基础。

休闲是人的精神与物质的需要，进而产生许多经济利润点。休闲作为一种社会现象和消费现象，与经济社会发展的关系十分密切。如果这种关系处理不好，休闲就会成为不能增加社会财富的消极行为；如果这种关系处理得好，休闲就会造就出庞大的消费市场，成为一种商机，并可以派生出一系列新的服务和新的产业。在更好地满足一部分人的休闲需求的同时，给另一部分人开辟出创造财富的空间，促进社会经济的进一步发展和繁荣。而且，在当今世界，大多数人群同时具备"劳动者"和"消费者"两种身份。你在这个时间里是劳动者，为别人提供休闲服务；在另一个时间又成为休闲者，享受别人为你提供的服务。一些人在增多的闲暇时间里或旅游、健身、娱乐，使自己的身心在工作之余得到更多的调适、放松，不仅增加了自己的生活情趣，提高了生活满意度，而且使自己的身体得到了更好的恢复和发展，有利于提高工作效率。另外一些人在闲暇时间里继续学习，充实了自己的精神世界，同时也提升了自己的价值。还有一些社会上的无业者，他们在闲暇时间里或有更多的健身、娱乐活动，或者加强学习，不仅可以使自己更容易适应社会，适应未来的工作和生活需要，而且增强了社会的稳定性。

在某种意义上，休闲是现代生活不可或缺的元素。1899年，凡勃伦出版了《有闲阶级论》，标志着探索休闲对于人类文明和社会进步意义的休闲学科的诞生。中国已经进入全面建设小康社会、加快建设社会主义现代化的新阶段，城镇居民的收入将进一步提高，物质生活的需求和精神文化将进一步增长，人们在闲暇时间从事的休闲活动将日益增多，休闲经济必将在中国进一步加快发展。

休闲的成本收益

随着经济自由度指数的缩小，也就是经济受抑止的程度降低，

20世纪90年代,"休闲"一词开始在我国流行,休闲度假、休闲聚餐、休闲购物、休闲旅游、休闲文艺等,休闲热不断升温。休闲的真正含义是指,不被直接生产劳动所吸收的时间,它包括个人受教育的时间、发展智力的时间、进行社交活动的时间等。与之相适应,给所有人腾出时间和创造手段,个人会在艺术、科学等方面得到发展。休闲实际上是人在除了恢复自己的体力之外,还有一种更高的、精神的、心理的、文化的需求,是与人的全面发展联系在一起的。休闲既是一种消费行为,又是一种自我发展和提高的行为,属于比较高层次的需求。所以,在计算个人休闲的成本和收益时,也应当放到一个更高层次上来认识。

休闲的成本主要包括休闲的直接成本和间接成本。直接成本就是直接的货币支出和休闲所付出的辛苦,比如旅游,不管是去国外还是国内旅游,都需要一笔比较大的开支,包括交通费、旅游景点的门票支出、吃住的支出、在旅游区购物的支出等,旅游还要付出旅途的辛苦,包括坐车、船、飞机过程中的身心劳累,在旅游景点游玩的劳累和辛苦。旅游的间接成本主要是指旅游的机会成本,把时间花费在旅游上,就不能把它花在娱乐或自我提高的学习上,就不能把时间花在赚钱上,从而损失其他方面的机会。旅游的间接成本还包括旅游的风险,出外旅游存在一定的风险,包括在旅行过程中的风险、在旅游景点游玩的风险,一些险峻的旅游景点风险还比较大。而旅游的收益就是让个人体验到他乡或异国的生活情调,能够看到美丽的风景,从而给自己身心带来愉悦,并调适自己从事单调工作的烦恼心情,暂时减去工作压力,获得身心的解脱。在他乡或国外购物、吃、住都是一种全新的生活体验,可以让人得到满足感,因为旅游还有利于个人增长知识、见识,使个人得到自我提高,得到他人的尊重。

娱乐的成本也包括直接成本和机会成本。娱乐的直接货币支出是一项比较大的支出,去歌厅、卡拉OK厅、酒吧都是一种高消费行为,对于一般的工薪阶层来说,大多数人不太舍得。不过,为了与情人或朋友一起乐乐,也有许多人愿意慷慨解囊。这在很

工作与休闲的取舍

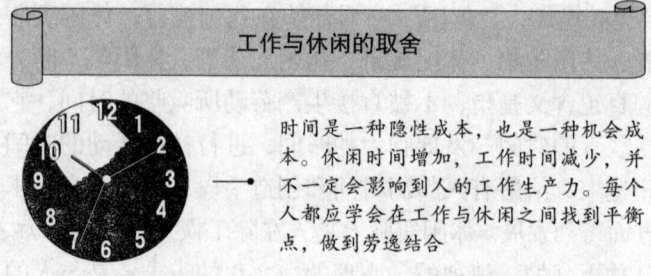

时间是一种隐性成本,也是一种机会成本。休闲时间增加,工作时间减少,并不一定会影响到人的工作生产力。每个人都应学会在工作与休闲之间找到平衡点,做到劳逸结合

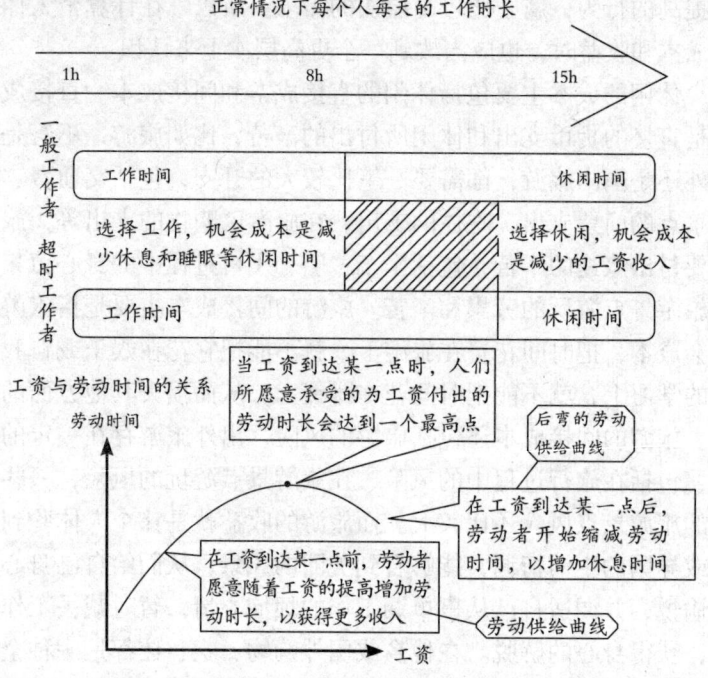

大程度上是满足了自己社会交往和认知的需求,也是一种比较高层次的需求。一些人喜欢在家里或与朋友一起自我娱乐,唱唱卡拉OK、跳跳舞什么的,支出的费用很少,又得到了身心的愉悦,成本比较低而收益比较大。娱乐的机会成本就是从事娱乐活动就不能从事旅游、健身、读书等活动,适度的娱乐,机会成本比较小,毕竟损失的时间不多。但如果沉溺于娱乐耽误了学习和工作,

机会成本就比较大了。娱乐的风险一般比较小，但如果在一些人流比较混杂的娱乐场所，风险还是比较大的。

体育和健身方面，成本也相差悬殊。如果是在户外居民健身场所从事体育健身活动，基本上没有什么个人成本；到一般的体育馆、棋牌室、游泳馆，价格也不算高，成本还是比较低的；如果是到高档的健身房、保龄球馆、体育馆等地进行健身活动，所支出的成本比较高，是一些有钱人出入的场所。健身的机会成本就是从事健身活动要损失一些其他方面的活动，对于一些时间价值大，工作十分繁忙的人来说，没有这么多的时间从事健身活动，也就是其健身的机会成本比较大，对于普通的工薪阶层，机会成本不大。体育健身的收益就是增强了个人的体质，提高了人力资本价值，同时调整了身体的功能，满足了自我实现和发展的需求；从事健身活动还有利于结交朋友，在这种场合结交的朋友没有什么利益冲突，所以收益比较大。

在文化传播方面，读书、读报、看电视、听广播、上网都是一种文化传播方面的休闲活动。个人在这方面支出的成本一般是很低的，一般爱读书、读报的人都会到本地的图书馆办理读者卡，也有不少人会自己购买图书、报纸、杂志。所以在文化传播方面休闲的成本主要是机会成本，就是个人把时间用在文化传播方面，就失去了娱乐、旅游或赚钱的机会。一般来说，从事文化传播方面活动的大多数是年轻人，他们的时间比较多，自我实现和提高的需求比较大，所以，相对来说，他们从事文化传播的机会成本还是比较低的。

我们比较一下上面所提到的休闲活动，不同的休闲活动，成本和收益是各不相同的。相对比一下，旅游的成本一般比较高些，收益相对低些。从事高档次的娱乐活动，成本也比较高。而收益最大的休闲活动就是健身和文化传播活动，它满足的也是人们比较高层次的需求，不仅有心理上的满足，更有提高自身的满足，还有利于提高人力资本价值。

从总体上说，根据人们的经验和有关专家的分析，工作是否令人满意在很大程度上取决于休闲时间的多少和休闲所实现的效用。同时,休闲与幸福之间存在着一种积极的相互关联。因为工作创造非效用与休闲提供效用是相互关联的。确切地说,人们希望有合适的激励和挑战,即他们想要完成任务或履行义务,但他们不希望有过重的负担,而休闲恰恰可以减去人们工作的负担和压力。研究分析表明,提供特定满意度的休闲活动,如体育健身、娱乐、读书等,能够减少抑郁、降低压力。其他有益的社团活动,如参加社交俱乐部、乐队、戏剧俱乐部、体育俱乐部等可以让个人实现更广泛的交往需求,从而增进人们的幸福感。看电视是大多数人的休闲活动,如果适度控制的话,能够有助于满意度的培养和产生,但看电视太多也会产生不幸福感和空虚感。

适度娱乐提升生活质量

实际上,娱乐业是一个非常宽泛的行业,宽泛到难以界定。比如奥运经济既是体育经济,也是娱乐经济。当娱乐产业的新浪潮席卷全球的时候,我国的娱乐业尚处于启蒙阶段。娱乐经济学大师沃尔夫在《娱乐经济》一书中高瞻远瞩地指出:"全世界都在收看、收听美国的电影、音乐和电视,很容易使人们认为美国就是娱乐业的中心。事实上,美国的观众只代表全世界眼球的4%,而中国却是一个潜在的22%。"根据2002年《中国统计年鉴》的资料,2001年,中国第三产业产值只占GDP的38.7%,其中,娱乐业产值只占GDP的0.9%,而娱乐业的就业人数只占全部就业人数的0.2%。而美国1990年全美国消费者在娱乐性商品和服务方面总共花掉了2800亿美元,占全部消费开支的7%,这一数字是消费者1990年购买新车花销的3倍。这种状况固然与我国经济发展水平不高有关,但还有更多复杂的因素。

娱乐是使人快乐或感到有趣的活动。从本质上讲,娱乐是人的天性。古往今来,人们无时无刻不在憧憬着娱乐的天堂,去从事各种各样的娱乐活动,并不断地发现和创造着新型的娱乐活动和方式,在娱乐的幻想和实践中获得一种人生的满足和愉悦。但是，中国人讲究勤奋、节俭，认为娱乐是玩物丧志。老子说："五色令人目盲，五音令人耳聋，五味令人口爽，驰骋畋猎令人心发狂。"也就是说，只会享乐就让人身心受损。

但事实上，越来越多的人已经认识到，娱乐活动在人类发展过程中具有不可替代的作用，人不是工作的机器，而是一个自然的人、社会的人，具有娱乐的天性，需要通过适度娱乐来放松身心，缓解工作压力，提高工作效率。人类本来就是趋好娱乐的，只是由于历史和文化背景的不同而具有不同的表现形式和表露程度。我国受几千年封建专制制度的影响，过去人们不敢娱乐。但在经济全球化和市场化的今天，整个人类都在找回自身娱乐的价值和尊严，人们有更多的可能性去表现娱乐的信念与权利，也有能力去经营娱乐的消费价值。正是在这种情况下，娱乐业成了一个极受欢迎并正在急剧变化的国际性产业。

娱乐的内容包括歌舞类、游戏类、健身类、观赏类、消遣类、综合类等多种类型。其中，歌舞类包括到歌舞厅唱歌、跳舞等娱乐；游戏类包括象棋、围棋、陆战棋、跳棋、扑克牌、麻将牌等，还包括手动游戏、仿真模拟游戏、电子游戏、电脑网络游戏等；健身类包括健身房室内健身、室内外游泳、室内和室外玩球、极限健身场馆健身等；观赏类包括观赏电影、电视、汽车电影、录像、音乐、博物馆、纪念馆、文化艺术类展览、欣赏歌舞、杂技、体育比赛、演艺表演、娱乐性广播、自家音像、游戏等，还包括阅读娱乐性报纸杂志、书籍；消遣类包括在各种酒吧、网吧、足球吧、拳击吧、氧吧、玻璃吧、陶吧、攀吧、茶艺馆、咖啡馆、夜总会等娱乐场所消遣；综合类是到各种游乐园、公园、康乐宫等地游玩。

娱乐需求追求的是一种情调、一种感觉、一种文化，寻找的是一种情感的归宿。娱乐是现代社会的产物，它不仅与产业和经济有着密切的联系，更重要的是它所体现出来的文化意义和社会意义。娱乐不仅标志着人已经从繁重的体力劳动中解放出来，而且标志着人从满足现实的基本生活需要转向对精神生活的向往。娱乐的需求因人而异，是纷繁复杂、变化多端的，根据年龄、性别、职业、性格、气质、爱好、兴趣、修养、文化程度、收入水平、传统习惯、文化积淀、风俗等不同情况和特点，人们会寻找不同的娱乐形式和项目，从娱乐中获得一种身心的舒畅，提高生活的满意度和幸福感。适度的娱乐可以增加个人的智慧，使人们在消费中增长见识、开阔视野、陶冶情操、启发智能、活跃思维。

娱乐还有利于促进人们的身心健康。随着社会的发展，人们对工作与娱乐的关系认识得日益透彻，"紧张中有一份洒脱，松弛中有一份紧张"已经成为越来越多人的生活信条。无数的调查统计表明，心怀坦荡、心情愉悦、情绪健康，并有一定的娱乐爱好，适度娱乐的人，不仅生活质量上乘，寿命比较长，而且学习和工作效率更高，更具有团队精神和合作精神，更善于与他人和谐相处，更会以积极的态度对待人生和工作。因为善于适度娱乐的人，有一种"物我两忘"的高度体验，有一种"这个世界多么美好"的高尚精神世界。这种精神世界不是金钱可以买到的，它大大提升了人们的生活质量，使我们用更少的钱达到了更高的效用。

让你的假期发挥最大效用

随着我国假期天数的增多，"旅游"两字必将被"休闲"两字取代。毕竟，"旅游"是要走出去的，必然涉及交通、住宿等一连串的服务体系问题。而"休闲"则既可以在家里、球馆、牌室、社区内、城市郊区进行，就地取材，随时随地，肯定方便、实在、经济了许多，也可以走出去或名山大川一番，或小桥流水一回，进退自如，无往不利。典型的表现，就是"驴友"这一新兴"样板"的出现，预示着社会发展的前进

经济学课堂

假日经济

有人说，假日经济的本质是旅游经济，因为，只有较长距离的移动消费才能形成假日消费，其他的消费需求，并非"新的"需求，充其量只是通常休息日消费需求的转移而已，较长距离的移动消费主要就是旅游。于是，他们主张，假日消费制度的创新就是要解决旅游供求之间的非均衡性问题。但另外一些人认为，把假日经济看成是旅游经济，显然是只注意到问题的表象，短距离消费也是"新的"消费。

方向——"休闲经济"已经姗姗到来。当然,"旅游"与"休闲"也是互为补充、互为促进的。但"休闲"取代"旅游"则是大势所趋,不可阻挡的潮流。

就拿出行来说,我们完全可以到郊区或更远一点的中小城市、县城、农村去,看看田园风光,欣赏自然界的美丽,品味吃农家饭的滋味,看那些小巧的瀑布、连绵的山川、小桥、流水、人家,对于城市居民来说,欣赏这些纯粹的自然风景也能心情愉悦。

好不容易盼来一个假期,把这几天的时间用在娱乐上,可以更好地带来身心的愉悦,舒展一下自己的筋骨,娱乐一番,让自己在休闲之后能够以更好的精神状态投入到工作中去,岂不是两全其美。

对于一些文化层次比较高的人,几天的假期可以安排得更妥当一些,用几天时间到图书馆看看书,享受一下文化娱乐的愉悦,提高自己的修养;也可以花几天时间和朋友或家人一起到游乐场所放松放松,联络一下感情;再到电影院看看原版国外大片,既放松了心情,得到娱乐的享受,又提高了自己的外语水平;还可以带着一家人到郊区或野外体验一下心旷神怡的感觉。假期经过这样一搭配,不仅花钱少,不同的需求还相互补充,让每一种休闲形式都产生最大的效用,从而增加了对假期的满意度。

经济学讲究资源的合理配置,配置得好,资源就能够得到最有效的利用,以最小成本取得最大收益或满意度。没有物质基础,个人谈不上幸福和快乐,但过度地利用资源,也会使资源的边际效果降低,利用率降低。经过了几个月的辛勤工作,个人的边际生产率在逐渐降低,就需要适度的休闲加以调节。而不同的休闲资源也需要合理配置,让假期的时间资源得到充分的利用,让每一种休闲形式都产生全新的感觉和体验。对于大多数普通的劳动者来说,劳动是幸福,因为,通过劳动可以获得自己的收入,增加客观的幸福资源;休闲也是一种幸福,通过适度的休闲,人们可以放松自己,调节身心,获得更多主观的幸福感和生活的满意度。

休闲效用最佳组合

对不同的休闲资源和自己的时间进行合理搭配，可以实现时间资源和休闲资源的合理、有效利用，产生更大的效用。一般来说，人们休闲都带有自己的偏好和习惯，所以，我们分析休闲资源有效配置时还需要了解人们的偏好或爱好。

所谓偏好就是人的兴趣，兴趣是人们力求接触、研究和认识的某种事物，或从事某种活动的心理倾向，这种倾向和一定的情感相联系，但偏好和兴趣相比，能够更稳定地表现出对一定事物所持有的积极倾向，偏好是消费物品或服务产生效用大小的基础。偏好和居民的收入水平、社会经济的发展水平密切相关，人们只有在基本的、低层次的需求得到满足后，才会产生更高层次的偏好，偏好再加一定的收入基础就形成市场需求。

据有关的研究显示，一般居民对看电视都有比较大的偏好，90%以上的居民将看电视作为爱好之一，看电视是他们获得信息、了解社会的主要渠道；看书、看报、看杂志、读书是大多数居民的爱好之一，而且随着年龄的增长，这方面的爱好更强烈；爱好上网的人群中，高学历和年轻人居多，15~29岁的人上网最多；年轻人有一半爱好看电影；唱歌、跳舞以年轻人和老年人为主；61岁以上的老年人有76%爱好养花、养鱼；20岁以下的年轻人有80%爱好购物。

现在，一般城市居民有一半左右的时间是闲暇时间，如何充分利用这些时间，合理搭配时间资源，把时间资源与相关的休闲资源结合起来，让自己的休闲效用实现最大化呢？这就不能完全按自己的偏好或爱好来进行决策，爱好容易成为一种习惯，把过多的时间资源用在单一的爱好上，休闲所产生的效用不一定高，所谓玩物丧志就是指一个人将某种偏好发挥到了极致，一过就会走偏，而走偏了就容易丧志。也就是说，凡事总有个度，过度就是滥用，其效用必然降低。比如，看电视，如果对什么连续剧着迷了，100多集都要看，可能会使自己的兴趣走偏，耽误了学习和提高的机会，甚至还可能影响正常的工作，这样的休闲就是产生了一定程度的负效应。再比如，上网的年轻人沉溺于网上的新鲜事物、美女、网上聊天，甚至到了废寝忘食的地步，过多消耗自己的精力还是小事，影响工作效率才是大事。所以，合理安排休闲时间、科学利用休闲资源，不能"跟着感觉走"，而应当"跟着理性走"。

那么，怎样合理利用休闲资源和闲暇时间资源呢？动静接合、劳逸结合、不同的休闲方式结合，才能最大限度地利用闲暇时间，充分发挥休闲的效应。比如，爱看电视的老年人，老是待在家里看电视容易缺钙，适当地到户外活动活动，散散步、聊聊天、扭秧歌、跳舞、养花、养鱼，都可以调节身心，达到劳逸结合的目的，使休闲的总效用达到最大化。沉溺于上网的年轻人，可以减少上网的时间，多看些报刊、书籍，提高自己的知识水平。上网和看书结合更容易拓宽自己的知识面、拓展视野，同时从事一些健身、娱乐活动，增强自己的体质，这样，休闲的效用就更大了。书呆子们上网可以开阔视野、增强自己的灵活性，毕竟读书也需要和社会需要结合起来，才能产生更大的作用，不时到娱乐场所放松放松，到野外呼吸一下新鲜空气，换换环境，大脑的反应能力和创造力也容易得到提高，这样就少了许多书呆子的味道了。

休闲还需要根据不同休闲模式的成本和收益的对比进行合理搭配。比如旅游，不管是去国外还是国内旅游，其直接成本都比较大。旅游还存在机会成本，旅游的间接成本还存在一定的风险，而旅游的收益并不一定与所花费的金钱成正比。一般的娱乐方式，成本比较小，而收益又比较大，能够获得身心的愉悦、开阔视野、陶冶情操、活跃思维、降低生活和工作压力。对于脑力劳动者和工作比较紧张的人来说，是一种效用很大的休闲方式，集体娱乐更容易增强自己适应社会的能力，可以在娱乐中交友，增加意外的收益。对于身体素质不太好的人来说，健身娱乐是效用很大的休闲方式，到一般的体育馆、棋牌室、游泳馆去调剂一下自己的身心和身体，花费也不算高，成本也比较低，有利于增强个人的体质，提高人力资本价值，同时调整了身体的功能，满足了自我实现和发展的需求。从事文化传播方面休闲活动，如读书、读报、看电视、听广播、上网成本不高，收益却不小。

那么，不同收入水平的人，就需要根据自己的支付能力，合理搭配休闲方式。收入高，可以到国外去体验新生活，到高档的娱乐场所潇洒一番，到健身中心去减肥，舒展一下身心。收入一般的人，可以享受一般的娱乐方式，一家人去博物馆、纪念馆、公园、游乐园可以体验其乐融融的感觉。下棋、玩牌也可以调节身心，获得一种满足感。总之，根据不同休闲方式的成本收益比较，根据自己的收入水平，合理配置闲暇时间，多种休闲模式相结合，就能够以比较少的货币支出和时间支出，得到更大的休闲效用。

规避休闲风险

关于休闲风险，我们在前面已经涉及了。在各种休闲方式中，旅游的风险是最大的，也是最不可预测的。到人生地不熟的地方旅游，可能出现一定的风险，在旅游区游玩也有一定的风险。2006年，一辆旅行社的"大巴"在安徽境内发生交通事故，伤了几十个人，虽然被及时送到了医院治疗，但医疗费却无人承担，造成的影响不小。旅游景区的风险也不同程度地存在，登黄山被别人踩到脚还是小事一桩，游客爆满的宾馆、旅店的安全问题也让不少人提心吊胆。到庐山旅游的一位游客，在拍照时被突然来临的大风一下吹下了万丈悬崖。当然，这并不是说，旅游存在一定的风险，我们就不去旅游了。发生风险的游客也只占万分之一，甚至于十万分之一。我们谈论旅游的风险是说，在规划自己的旅游时，需要多些理性，及早预见那十万分之一的可能性。如果是旅行社组织的旅游，保险费是不能省的，不能为了省钱把自己的安全抛之脑后。自己或与他人一起单独旅游时，也不要忘记加上一两百块钱的保险费支出。

出外旅游，特别是出国旅游，需要事先了解旅游目的地的社会安全状况。比如东南亚国家在1997年后的金融危机中，不少地方社会治安很不稳定，还产生"排华"事件，因此，去那里旅游安全问题没有可靠的保障，很容易产生风险。就是现在，像印度尼西亚、马来西亚、泰国等东南亚国家的安全状况也不太好，俄罗斯、非洲的一些国家，治安状况也不太好，所以，去这些国家旅游需要事先考虑治安风险。为了规避风险，可以通过旅行社与我国在这些国家的组织取得联系，这样一旦发生危险可以找到依靠。

还有一种风险就是旅游过程中的健康风险。一般出外旅游，一些旅游者旅游的兴趣高昂，但容易忘记自己的适应能力，比如有的人在北方生活惯了，不适应南方的潮湿气候，忘记带些备用的药物，等到突然发生意外时，措手不及，从而产生风险。所以，出门旅游最好对自己在旅游目的地的健康风险有所预防，带些常用的药物，因为在旅游景点的医疗费不仅比较贵，而且往往由于病人多，医院的服务可能不到位。而自己备用一些药物，有利于及时缓解病情。有老年人和小孩的情况下，更需要事先防范健康风险，毕竟老年人和小孩适应能力比较差，容易产生健康风险。

在休闲中产生的风险，更多的是自己粗心大意、好逞强而产生的。年轻人脾气比较急躁，自己的利益受到损害就吵架，甚至于打架，这样当然容易产生风险。不管是旅游部门损害了自己的利益，还是娱乐场所的工作人员损害自己的利益，通过正常渠道解决问题才是上策，避开风险总比不避开风险好。

好逸恶劳是人的天性，玩是人生的根本需要之一，是人的一种本能。它能使人处于一种放松和自由的状态，但是如果一个人特别是年轻人把玩发挥到极致，过度放纵自己，就必然走向反面了，就容易把劳动当成一种负担，劳动的时候无精打采，而在玩的时候却生龙活虎、精力充沛，甚至于在玩上走向极端，有意无意地造成休闲风险，产生社会成本。比如，有的学生电脑特别熟练，玩网络游戏还不过瘾。为了锻炼自己的电脑操作才能，通过网络破解他人的电子邮箱密码，盗取他人的私人信息，甚至在网上破解他人的存折密码，盗取他人的存款。前几年公安部门就抓获了几个这样的学生,那几位学生竟然只是想试试自己的电脑网络操作技巧,或者说纯粹是觉得好玩。这种玩法就使自己走入歧途,是一种过度放纵的玩,或放纵的休闲,产生了不应该产生的风险。要规避这种风险,学生本人及其父母都有责任,在玩的过程中锻炼和发挥自己的聪明才智固然没错,但学生和父母都需要具有风险意识,违法犯罪的事情哪怕是玩也一样会受到惩罚。

健康就是财富

2004年7月7日,著名华裔经济学家杨小凯患癌症逝世,享年55岁;2005年1月5日,中国社科院边疆史地研究中心学者萧亮在睡梦中辞世,仅32岁。击倒这位年轻学者的是过度的劳累和生活压力,以及他内心郁积着的焦虑;2005年4月10日,56岁的著名画家陈逸飞因劳累过度,导致胃穿孔、肝病去世;2005年8月5日,浙江大学36岁的博士生导师何勇,因弥漫性肝癌晚期不治而去世;2005年8月18日,46岁的演员高秀敏因心脏病突发辞世。

据2004年发布的"健康调查报告"显示,导致早死的原因是:疲倦、莫名的烦躁、容易生病、白天疲乏、晚上睡不着,从而导致身体功能弱化,疾病难以根治。

从上面的例子可以看出,生命的加速折旧是一种典型的"过劳死",是长期慢性疲劳后诱发的猝死,即由于工作时间过长、劳动强度加重、心理压力太大而导致精疲力竭,引起身体潜藏的疾病急速恶化,继而出现致命的症状而死亡。一般来说,"过劳死"是由"亚健康"诱发的,由于长期积重难返而引起身体疾病急速恶化,救治不及而死亡。"过劳死"的人大多数是不知道保养身体,事业心十分强的工作狂、超长时间工作的人、上夜班多且工作时间不规律的人、长时间睡眠不足的人、自我期望太高的人、容易紧张的人、几乎没有休闲活动和嗜好的人。2004年,中国青年报社的调查显示,每天工作不足8小时的人仅占34.4%,而工作时间在8小时以上的人占65.6%,工作时间超过10小时的人占20%以上。

这些"过劳死"的人都还很年轻，大多数是知识分子，从小学到大学，再在工作岗位上锻炼，国家和社会、死亡者家庭都为其人力资本投入了相当多。生命的加速折旧，不仅是个人和家庭的损失，也是国家和社会的损失。可见，不注意健康，超负荷工作，导致健康的损失，就是损失了家庭和社会的财富。

只有体验了不健康的苦恼的人，才知道健康是人生第一财富。健康的经济含义在生活水平较低时，人们认为无病就是健康。随着社会的发展和人们生活水平的提高，我们知道没有病不等于健康，在健康和不健康之间还有亚健康，在身体健康之外还有精神健康和心理健康。现在，较为普遍接受的观点是世界卫生组织（WHO）对健康的定义："健康是个人身体上、心理上和社会上的完好状态。"也就是说，健康包括身体健康、心理健康和社会适应能力良好，只有在这几个方面都健康的人，才是真正健康的人。

个人健康作为一种经济物品是个人人力资本价值的主要构成之一，因此，个人的健康也需要投入。也就是说，健康是一种使用市场投入和个人时间而生产出来的一种经济物品。投入包括两部分：一是市场投入，二是个人投入。国家的公共卫生服务、医疗和保健费用支出、医院的设备使用、医生的劳动等，都属于市场投入；个人投入是指每一个人用于日常保健、休息和锻炼的时间。当然，也包括个人医疗的花销。

一个身体健康的人，往往比一个身体不健康的人更容易快乐；一个精神健康的人，有较好的自我调适能力和人际关系处理能力，心情愉快的时候会比精神不健康的人多。同时，身体健康和精神健康又是互相影响、互相依存的。可以说，健康带给我们的舒适感，并不是虚无缥缈的，它和食物、水一样，是我们生活中较为基本的需求之一。当然，这种需求的层次比单纯生存的需求层次要高。生存需求得到满足后，人们才会有健康需求，才会花费时间和财富，为自己的健康进行投资，从而享受健康带来的舒适和快乐。

人是一种有价值的资本，个人的人力资本是经济增长和财富创造的源泉，也是个人财富的源泉。一个健康的人，才能正常地从事工作，创造财富。或者说，健康的人比不健康的人工作效率更高，劳动价值更大。教育带来了知识和技能，却不能代替健康。作为人力资本的重要组成部分，健康影响着人力资本的产出，它使一个人工作的时间增多，工作效率提高，间接地参与了社会生产和再生产。正是因为这样，健康的人比不健康或亚健康的人，其人力资本价值更大，潜在的财富更多。而不健康的人，由于生命的风险更大，其人力资本价值会降低。因为，不健康的人，其人力资本发挥的作用会受到其健康状况的制约，甚至于自己创造的一部分财富被不健康的身体耗费。所以，健康是个人的真正财富。毕竟有了健康的身体，即使暂时财富比较少，也可以通过自己的劳动创造更多的财富；而不健康的人，即使财富多，也可能因为健康差的原因，使自己的财富被医疗费或生命风险剥夺。

那么，健康的价值有没有一个量化的标准？健康保险的引入，为健康的估价提供了一个有力的依据。从世界范围来看，在健康保险比较发达的国家和地区，健康保险的投保金额等于人们享受医疗服务的限度。人们认为自己的健康价值多少，就会投保相应的保额，为自己的健康买单。

亚健康与工作

一个人没有生病不等于健康，在健康和不健康之间还有亚健康。健康是个人身体上、心理上和社会上的完好状态。或者说，如果一个人身体机能不能正常地发挥作用，疲倦、莫名的烦躁、疲乏、失眠、长期睡眠不足、身体机能不能正常地得到恢复、心理适应能力差、压力大等，都是处于"亚健康"的状态。"过劳死"是长期的亚健康没有引起注意和重视的结果，积累到一定程度就容易引发生命危险。所以，亚健康必须引起足够的重视。

亚健康主要与工作有关，首先是与个人所从事的工作性质有关。从上面的探讨我们知道，我国的知识分子是亚健康的主要群体之一。为什么知识分子最容易处于亚健康状态呢？这有多种原因：由于我国科研体制仍然受传统的计划经济体制的影响比较大，科研人员受到来自上面的压力大，一般的知识分子不太善于处理人际关系。知识分子的人际关系比较复杂，科研环境不宽松，知识分子忧虑比较多，心理负担重；知识分子长期从事脑力劳动，用脑过度和长时间的精神紧张容易引起身体功能紊乱；知识分子一般成就感很强，容易长期处于身体的亢奋状态；许多知识分子不太注意锻炼身体，不愿意休闲、放松自己，很多人体质比较差，又不注意劳逸结合，从而导致免疫功能降低。

随着住房制度改革、高等教育收费改革、医疗体制改革和人事制度改革的逐步推进，竞争的加剧，个人特别是年轻人，在城市生活和工作的生存竞争压力越来越大，要想生活得舒适一些，就必须多赚钱，金钱是生存和生活的基础，没有这个基础，谈恋爱、结婚、买房、消费、交友、升迁、自我发展和提高等方方面面都无从谈起。所以，现在的城市年轻人特别是来自农村的大学毕业生，都面临着过重的学习、工作和生活压力，许多年轻人在各种压力大的情况下，不得不拼命赚钱。只要有足够高的奖金和工资，不少年轻人都愿意加班加点。甚至一些人认为，年轻的时候可以拿生命换钱，年龄大了再拿钱换生命。正是在这种情况和思维条件下，超时工作、亢奋工作、不愿休闲和放松，才容易导致生命风险。

我国仍然处于体制转轨时期，完善的市场经济体制依然没有形成。只有完善的市场经济制度，才有利于交易市场容量的最大化，才有利于经济的深化，才能降低交易成本、管理成本、社会成本。

经济学课堂

健康的内在价值和外在价值

健康的内在价值是指健康的生产成本，即需要多大成本才能维持一个人的健康，也就是生产健康所需要的货币和劳务投入。健康的外在价值，也就是健康的使用价值，它表现在健康能带给我们多少舒适和快乐，一个身体健康的人，往往比一个身体不健康的人更容易快乐，精神和心理健康的人，也更容易快乐，有更高的劳动生产率。

而市场经济制度不完善，就容易造成普通民众时间的浪费和过高的精力、货币支出。因此，我国民众需要付出过多的成本，才能取得维持生存和生活的经济基础。

亚健康影响了工作的效率，工作效率又与收入高低息息相关，于是，一些年轻人在生存压力下，不得不更加超时、超负荷地工作，导致身体状况的恶性循环，等到发现问题时，为时已晚，生命也走到了终点，生产资本报废，造成巨大的沉没成本和社会成本。所以，年轻人应该重视自己的生命风险，虽然社会环境因素个人无能为力，但自己的生命毕竟比金钱更重要，生命的加速折旧是很不值得的事情。虽然金钱很重要，但生命更重要。在当前条件下，保护自己生命的最好办法就是不能对生活的期望太高，特别是在我国人口众多的条件下，人们争夺有限资源的竞争将可能长期激烈。人口多，生存资源有限，是我们的基本国情。降低自己的期望值，不为钱而生活，为自己而生活，才能使自己获得解放。只要生命保存，总会有赚钱的机会。更何况有钱不一定就幸福，幸福是一种感觉，有时穷也有穷的幸福。更重要的是需要将健康的内在价值和外在价值统一起来，如果只是重视健康的外在价值，往往会得不偿失。

亚健康是人体在健康和病态之间的一种状态。据世界卫生组织最新资料显示，真正健康的人在全世界只有15%左右，而真正有疾病的人也只有15%左右，其余70%的人均处于亚健康状态。其中，尤以青年白领阶层最为严重。所以，我们大多数人都有必要摆脱亚健康状态。由于人们对防治亚健康状态没有引起足够的重视，致使受亚健康困扰的人数日益增多。

要防止亚健康状态的产生，必须从我们的衣食住行、生理健康、心理健康等多方面进行调整。因为人是一个统一的整体，人和大自然也是统一的整体，我们应当遵守人类通过几千年总结出来的24小时起居规律，养成主副食搭配、荤素搭配、戒烟酒的饮食习惯，学会顺其自然、适度放慢生活节奏，懂得释放和发泄、沟通和倾诉、放弃和享受，把生活当作是一种快乐，特别要懂得通过娱乐、健身、旅游等休闲方式放松自己的身心，并保持一种平和淡泊的心态，坚持少吃多动的健身之道。

如何以最小的成本保持健康

要保持身体的健康状态，关键是及时发现自己是否处于亚健康状态，在重视健康的外在价值的同时，把健康的内在价值放到首要的地位，增加对健康的投入。健康是人力资本的主要组成部分，一个人只有在健康的状态下，才能更好地投入到工作中去。

既然健康是人力资本的重要组成部分，那么，要保持身体的健康就需要投入，包括时间的投入、精力的投入和金钱的投入。如果等到自己的身体已经出现亚健康状态，甚至是超负荷运转状态，等到自己得了什么疾病的时候再进行投入，就等于身体这个机器已经损坏比较严重了，非得进行"大修理"不可，这时的投入必然很高，而且不一定见效。个人生命的风险从一出生就存在，而走上工作岗位后，生命的风险逐渐增大，人的身体功能一般在35岁就到达了顶峰，此后就开始走下坡路了。预防生命的风险必须尽早开始，才能以最小的成本保持身体的健康。

身体健康包括身体素质，即体质的健康和心理健康，那么，预防生命的风险，保持身体健康状态就需要从这些方面着手。从年轻时开始养成良好的学习、工作和生活习惯，是以最小成本保持身体健康的最好方式。所谓习惯成自然，养成良好的习惯只需要21天，但毁掉一个良好的习惯只需要一天甚至一个小时。一些年轻人之所以身体素质比较差，是因为在学校学习的时候就爱开夜车，为了考上大学，废寝忘食，一天学习十几个小时，超负荷学习，不仅效率降低，也影响身体功能的恢复，造成身体素质低下。学习并不是时间越多越好，关键还在于持之以恒，每天坚持学习，哪怕学习时间少，长期积累，学识就会很渊博。每天坚持学习，在学习之余，也花些时间放松放松，让学习和休闲合理搭配，这样既能够提高学习效率，又最容易保持健康的体魄，付出的成本也比较小。

从参加工作开始就需要养成良好的工作习惯。在工作上，首先制定好一个周详的计划，给自己制定一个工作守则，按部就班地开展工作，有条有理，循序渐进，今天的工作今天完成，绝不拖拉，同时保持足够的睡眠和休息时间，让自己的身体功能能够及时恢复。这样，工作效率自然比较高，做工作也更容易开心，就不容易把工作看成是一种负担或负效用。如果平时工作拖拖拉拉，敷衍塞责，到了需要交差的时候就会手忙脚乱，不得不开夜车、加班加点，而一旦工作效率降低，被领导批评，或加班加点时间太长，工作就成了一种负担。长此以往，恶性循环，时闲时忙，不仅工作效率降低，自己的身心也受损。

良好的生活习惯更是一个人保持健康身体的基础。生活习惯首先是卫生习惯，俗话说："病从口入。"我们大多数人得病都是因为吃的方面没有把握好，如吃得不干净、吃得太多、吃得太油、吃得太生、吃得太熟、吃得太单一。现在，虽然蔬菜、肉、蛋、奶等食物供应十分充足，但很多蔬菜都有残留农药，越是长得好的蔬菜，越容易残留农药。所以，自己做菜时需要多加注意，最好在水中浸泡半个小时，洗干净一些。肉、蛋、奶中，有的添加了激素，有的含"转基因"，吃得太多，对身体不好，适量才是健康的根本。吃太多油腻的食物、过量吃生食、偏食、多食也是导致一些疾病的原因，所以，定时、定量、多样化、荤素搭配、适量放油、炒菜时间不长等，是养成家庭合理饮食习惯的主要环节。个人卫生习惯也很重要，保持身体的卫生，保持厨房、卧室、床铺的清洁卫生都是健康的必备条件。

人一过了35岁就需要注意保养，及时对自己身体内的零部件进行"修理"。比如，经常使用电脑、看书的人，通过多眨眼，在旁边放一杯热水，可以保持眼睛的湿润。城市空气污染严重，空气中有毒物质含量比较多，所以，需要经常用冷水给鼻子洗澡，保持鼻子的清洁。经常活动髋骨、腿骨、腕骨、臀骨、踝骨，可以防止骨质疏松和缺钙，可以保持脚的健康状态，防止脚老化。不时吃些苦味、甜味、酸味的食物，可以调节肝、脾、心、肺、肠道等功能，防止内脏功能的减退。身体功能出现问题，不能因为学习忙、工作忙就拖拉，不及时治疗，时间一长，容易出现大问题。当然，身体的保养还需要劳逸结合，适当休息、休闲。

坚持锻炼身体，慢跑、骑车、登山、游泳、打球、在健身场所锻炼都是必要的。只有加强身体锻炼，使自己的体魄增强，才能增强身体的免疫力，减少生病的概率。生病吃药也需要通过肝脏排毒，增加肝脏负担，所以，为保持身体的健康，应尽量少吃药。

看病挨宰与不完全信息

在计划经济时代，中国人看病的费用很低，医院奉行救死扶伤的人道主义宗旨，医院的大部分支出是来自财政的拨款，所以，医院里的大夫极富同情心，对一些贫穷工人兄弟和农民阶级兄弟，不会见死不救。病人也不用为额外的检查和程序付费，医疗价格是固定和统一的，这是社会主义优越性的最明显的体现。

改革开放以来，由于医院实行差额拨款和后来的医疗体制改革，医生的收入不同程度地与收取病人的医疗费挂钩。经济责任制在提高医院经济效益、医院工作人员的收入水平的同时，部分医院的部分工作人员也出于自身利益的考虑，将救死扶伤的优良传统抛之脑后，大夫和护士收取"红包"，见死不救，拿钱换生命，以生命为抵押牟取私利等行为时有发生。医疗费和医药费也节节攀升，看不起病的穷人只能"坐以待毙"，医生的神圣职责、人道主义精神与人们的逐利动机相互矛盾。有人说"市场经济不讲道德"，而医生不讲道德就容易宰病人。

市场经济最重视激励机制，只有激励机制才能提高经济效益。但无论人们设计出多么好的激励机制，追求利益最大化是人的普遍行为，总是有一些聪明或不那么聪明的人试图寻找种种方法为自己牟取更大的利益。欺骗或许是人的本性，它无疑是人类活动中最为明显的一个特征。欺骗首先是一种经济行为，即用更少的代价换来更多的回报。所以，不仅是那些声名赫赫的大人物，比如CEO、吸毒的政治家，在比赛中作弊的运动员会欺骗，商场经理会欺骗,会计师会欺骗,普通的服务生也会欺骗,就连中小学的学生也会欺骗。有些欺骗行为会留下痕迹,有些欺骗行为不会留下任何痕迹。

在人们的交易活动中,一方总是比另一方拥有更多的信息优势,善于欺骗的人总是会利用手中优势的信息资源,传递一些对自己有益的信息,不让对方了解对其有益的信息。如果一个人去医院看病,他对自己得了什么病一点也不知道,只是对大夫说:"我头晕、头痛、耳鸣、胸闷。"如果这位大夫看到他的病人穿着、神态很普通,他可能会告诉他的病人,这病不要紧,吃点阿司匹林、头孢氨苄和感冒药就可以了;如果大夫看到他的病人穿着、神态不凡,对自己的病情和医学一无所知,那么,他可能会建议他的病人去做CT、胸透、脑电图之类的检查。因为,通过这样的检查,他可以获取更高的奖金,然后,他根据病人检查的情况多开一些昂贵的药品。

过去,我们偶尔感冒发热,到医院看病,由于医院的设备没有现在这么多,大夫看病看得十分仔细,望、闻、问、切都是少不了的,最后大夫根据病人的病情轻重,要求病人打几针,再吃些药。病情轻的也就花一两块钱;病情重点的,

经济学课堂

公费医疗

公费医疗是根据1952年政务院发布的《关于全国各级人民政府、党派、团体及所属事业单位的国家工作人员实行公费医疗预防的指示》建立起来的,医疗费用由各级人民政府领导的卫生机构,按照各单位编制人数比例分配,统收统支,不能分给个人。门诊、住院所需的诊疗费、手术费、住院费、门诊费或住院期间经医师处方的药费,由医疗费拨付,住院的膳食费、就医的路费由个人负担。

劳保医疗

劳保医疗,顾名思义就是为保护劳动者的基本健康、国家统包的医疗制度,是公费医疗的主要组成部分。它是适应新中国建立以后实行的计划经济体制需要建立的城镇职工医疗保障制度,这种制度在计划经济体制下对保障职工身体健康、促进经济发展、维护社会稳定发挥了重要的作用。但由于其制度性弊端,导致既不适应市场经济体制的需要,也不适应我国社会主义初级阶段的基本国情。

可能需要几块或十几块钱。但是，现在只要去医院看些感冒、呕吐、拉肚子之类的常见病，动不动就四五项检查，再给开些贵重的药品，一次常见的病需要花费几百元钱。如果病人稍微懂得一些医学知识，对大夫的治疗有一些质疑，大夫会以他的专业特长把病人的想法进行一番有理有据的解释，让病人觉得自己十分愚蠢，不得不承认大夫的治疗是正确的。

病人总是要求尽可能好的治疗和护理，医院和大夫总是尽可能减少成本和付出，而病人要证明大夫是否进行了合理的治疗十分难，或者说证明的成本太高。医疗产品和一般的产品有很大的不同。我们购买电视机可以通过观察电视机画面的清晰度来比较电视机质量的好坏，比较电视机的性能，而大夫对病人看病是否真正尽心，治疗和手术到底哪种更好，根本无法比较。所以，大夫的道德和良心依然是个重要的因素，医疗市场不能按一般商品市场的配置规则进行资源配置。

富了医院，苦了病人

20世纪末的后20年里，美国的卫生费用以9%~16%的速度上涨，1993年卫生费用占GDP的比重已达14%。1978~1988年我国人均医疗费用增长了310%，2000年卫生总费用更是达到4764亿元，占GDP比重由1991年的4.11%上升到5.33%（《中国卫生年鉴》，2001）。随着经济的发展，医疗费用是逐步提高的，医疗费用占一国GDP的比重是衡量一国医疗保障水平的重要指标。然而，过多的医疗费用无疑增加了普通居民的负担。

由于一些享受公费医疗的居民对医疗价格缺乏敏感性，一些享受大病统筹保障的居民也对医疗价格存在一定程度的非敏感性，而医疗的供给数量在既定的时间内缺乏弹性，即基本上比较固定，增减幅度十分小，那么，医院必然抬高医疗价格。这样，许多没有享受医疗保障的个人就遭殃了。

但是，没有享受医疗保障的城市民营企业职工、城市打工者、广大的农民，面对高速上涨的医疗费用，人人都怕自己得病，"没什么千万别没钱,有什么千万别有病"。一家人如果其中一个得了什么大病,一般的治疗费用动辄几千元、几万元,一个大手术十几万元、几十万元。一人得病,全家遭殃,辛辛苦苦十几年的积蓄全部被医院吃进去了,甚至还可能欠债,一家人的生活质量迅速滑到谷底。

近年来,一些人看不起病也与社会医疗保障水平低下有关,现在的医疗保障只包括行政事业单位、国有企业,一些给职工上了"三险"、"五险"的企业等单位的工作人员,如大病统筹等,绝大多数农村居民没有医疗保障。目前,国家正进行新的医疗体制改革,能否将更多的居民纳入医疗保障的范围,关系到居民的生命保障问题。任何一个国家,不管其卫生保健是如何组织和提供,其医疗体系中都必须满足三个基本要求:一是应分配多少资源给医疗服务,医疗服务的构成如何,也就是产出的决定;二是如何选择生产一定数量医疗服务的最佳方法,即如何以最优方式生产医疗服务;三是选择一个在人们中间分配卫生服务的方法,即决定产出的分配。到底分配多少资源给医疗服务,主要取决于经济发展水平,而最优的分配方法也就是如何确定一个在个人和社会之间的合理比例。美国之所以医疗费用占GDP的比例很高,就是因为其医疗费的筹集靠健康保险,这种渠道交易费用很高。新加坡由于强制实行公积金制度,医疗费用由个人公积金支付,这对医疗费用的增长有明显的抑制效果,其医疗费用占GDP的比重为1.3%,比其他发达国家低了许多。当然,新加坡人口年轻化,不能代表一般国家的情况,但其公积金制度是医疗费用低的主要原因。

经济学课堂

大病统筹

大病统筹是我国医疗保险的一种模式,各地对此项制度有不同的做法,例如北京的大病统筹、上海的住院医疗保险统筹,但其制定都是遵循"小病分流,大病统筹"的原则,即规定一个起付线,从几百元到几千元不等,完全根据当地的经济承受能力和医疗待遇水平而定,起付线以下的医疗费用由职工个人负担,超过起付线以上的部分由社会保险机构按比例支付,保证本企业职工和退休人员患大病时得到基本医疗,均衡企业医疗费用负担。

市场经济也需要讲道德，没有道德的市场经济，必然产生许多社会矛盾。市场经济并不是运转良好的机器，在医疗市场，信息不对称永远是客观的存在，完全按市场机制运作，弱势群体只能"望医兴叹"。世界银行1993年报告表明：中国农村最贫困的1/4人口只花费了卫生总费用的5%；大量的传染病和寄生虫病等疾病集中于贫困和偏远地区；高达90%的贫困儿童感染慢性蠕虫病；在处于或低于贫困线的家庭儿童中，大约有1/2的人患有轻度的营养不良。这些农村和贫困地区的健康状况显示了对基本公共卫生的巨大需求，而改变这一状况必须依靠政府增加公共卫生和预防保健的支出。可见，进一步加强对医疗保障的市场化水平的协调和政府干预，增加政府的预防保健支出，仍是一项十分艰巨的任务。

未雨绸缪，规避健康风险

在家庭理财中，应当把规避健康风险放在一个突出的位置。不管是买房、家庭投资都需要考虑家庭成员的健康风险，留下一定的机动资金以应付家庭成员的健康风险。这样，即使谁得了什么病，也不会手足无措，十分被动。

对于有钱人来说，未雨绸缪，规避健康风险的最好办法是购买健康保险。目前，我国健康保险市场刚刚发展，也就十几年时间。西方发达国家的健康保险市场已经发展了几百年。

目前，在我国的健康保险市场上，对被保险人的要求并不严格，有很多被保险人并没有要求进行健康检查，也没有询问是否有家族病史，只是在填写投保书的时候要求自己填写，这样，许多真实的信息保险公司并没有获得。这是我国保险市场不够成熟的表现，这种市场对于投保人和被保险人都是有利的，一旦保险市场更加成熟，投保就没这么容易，所以，目前一些有钱人，特别是在非公有制企业工作的员工购买健康保险是十分划算的。

不过，这引出了一个问题，如果一些人在知道自己有了病之后才争相去购买健康保险，那么谁愿意提供这样的保险呢？如果交易的一方了解信息,而另一方没有这样的信息,那么,市场就不会像我们希望的那样良好地运行。

当然,保险公司不会这么傻,保险公司会努力修复信息。他们会向投保人进行问卷调查,或进行其他间接的调查。比如,投保人是否吸烟、其父母有谁死于遗传性疾病、他们所从事的工作安全程度如何、他们接触危险品的概率多大、他们出事故的概率多大等。如果保险公司继续缩小这种信息差距,那么,他们乐意向更多的人提供商业保险。

对于保险公司来说,为个人签发保单是一种谨慎得多的承诺。保险公司担心,那些对保险需求最多的人是那些需要它的人,不管保险公司收取多高的保费,情况都是这样。

当然,保险公司也有一些技巧,如拒绝为那些病人或将来可能生病的人提供保险,这常常被看成是保险公司残忍和不公平的操作,是恶意行为。

保险公司还有一个十分微妙的工具,他们可以设计保单或审查机制来尽可能多地获取利润。例如,他们使用扣除条款,那些认为自己会保持健康的顾客将会签下一张有高扣除的保单。作为交换,保险公司会给予更便宜的保单,而那些自己知道他们可能有昂贵账单要付的人可能会回避扣除

经济学课堂

健康保险

健康保险是一种抵御由于被保险人患病、伤害和失去工作能力而造成财务风险的保障方式,主要包括两种形式:给予被保险人因治疗疾病和伤害而发生医疗费用的保障;为因疾病和伤害而丧失工作能力者提供一种收入补偿。健康保险是对疾病或意外的经济补偿,也指意外伤害和健康保险或者疾病和意外伤害保险,健康保险覆盖了许多健康保健费用保险,包括医疗、意外伤害、外科手术和牙科等费用保险,健康保险也包括由于疾病或伤害导致的收入损失的保险。

社会保障体系

社会保障体系是指社会保障各个有机构成部分系统的相互联系、相辅相成的总体。我国的社会保障体系,包括社会保险、社会救助、社会福利、优抚安置和社会互助、个人储蓄积累保障。这几项社会保障是相互联系,相辅相成的。社会保障体系是社会的"安全网",它对社会稳定、社会发展有着重要的意义。社会保险在社会保障体系中居于核心地位。

条款，其结果就是投保人支付了更高的保费。

保险要把数字弄正确。一些人实际上不需要医疗保险，另外一些人可能患有慢性病，需要许多钱来治疗。通过决定所有保单持有者的平均医疗费用，然后再索取比平均医疗费略高的保费，保险公司可以获得一定的利润。

比如，当美国友邦保险公司在中国的分支机构，为2万个50岁的人确定保单交费额时，这些人平均的医疗费用为2700元，那么保险公司设定的保费可能是3000元，在每个保单购买者身上赚取300元。当然，保险公司可能在一些人身上赚钱，在另外一些人身上亏损，但总体上，保险公司是赚钱的。

保险公司通常为巨大的群体提供保险，而这里的人是不允许选择进入或退出的，保险公司会设计一个足够高的进入和退出成本。如果投保人已经投入了两三年的保费，他要选择退出，就必须付出高昂的代价，损失近90%的投入，而选择进入的人同样面临一个很高的门槛。还有另外的情况，例如，美国友邦保险公司为所有微软中国公司的员工签发保单，那么这就不会有逆向选择。这种保险是与工作职位联系在一起的，所有的工人，健康和不健康的工人都包括在内，他们没有选择。友邦保险公司可以计算出这个大群体的平均医疗成本，然后索取足够高的保费，以确保盈利。

目前，我国保险市场的健康保险品种逐渐增多，如重大疾病保险、意外伤害保险、个人住院医疗保险、人身保险附加住院补贴保险等。这些保险品种对保障个人健康都提供了有益的选择。从某种意义上说，个人购买健康保险就等于给自己的健康确定了一个价值，给自己的生命确定了一个价值，提高了个人生命的意义。

作为公民要老有所养、病有所医，主要还是要靠国家的公平分配政策适当向低收入阶层倾斜，需要完善包括医疗、养老、失业等在内的社会保障体系。

第二章　教育中的经济学

人力资本的价值取决于教育

　　村里有两户人家，其中一户有两个儿子、一个女儿，两个儿子都考上了大学。而另一户人家有八个儿子、两个女儿，没有一个考上大学。以前，这两户人家的生活水平相当，但现在这两户人家的生活水平发生了很大的变化。有两个儿子上大学的人家早就达到了小康水平，一个在县城工作，一个在省城工作，其后代可以在县城和省城接受良好的教育，让附近的村民都很羡慕。而那户有八个儿子的人家却只能在家耕种着几亩田地，兄弟之间为了建新房子的地皮而争吵不已，其后代的教育差了一大截。很显然，那户八个儿子都没有上大学的人家的总收入还不如其邻居两个儿子的总收入。所以，村民在对比这两个家庭时说："儿子不要多，只要精。"

　　村民的言外之意是："精品"儿子创造的价值自然高于"非精品"儿子。这个"精"指的就是具有较高价值的人力资本。

　　在这里，我们有必要解释一下什么是人力资本。马克思说："资本是能够带来剩余价值的价值。"所以，我们说资本是一个价值概念，而作为资本的一个特殊形态的人力资本当然也就是一个价值概念了。它是为了获取剩余价值而投入商品生产的劳动力，它具有其他资本共有的特性：投资性、逐利性、价值性、有限性和增值性等。与物质资本一样，不是所有人力资源都能成为人力资本，只有从事技术革新和技术发明、生产经营管理等，创造出更大剩余价值的那部分人的劳动力，才能称为人力资本。也就是说，人力资本是通过人的有效劳动创造的价值体现出来的，失去劳动力的人或不参加劳动的人，因为不能创造价值，因而也就失去了

```
                    教育投资收益
                         │
        ┌────────────────┴────────────────┐
┌───────────────────────┐      ┌───────────────────────┐
│ 满足受教育需求        │      │ 获得知识技能          │
│ 满足个人的求知欲望    │      │ 提高个人的知识能力水平│
│ 实现个人价值          │      │ 获得更多的就业机会    │
│ 使个人更能适应社会需要│      │ 获得更高的报酬        │
└───────────────────────┘      └───────────────────────┘
```

人力资本。如果一个人一生的劳动价值能超过对他的投资成本，则他具有的人力资本就产生了收益，否则他的人力资本就亏损。

现在我们探讨人力资本投资问题，即如何通过人力资本投资增加人力资本的价值。

放羊娃的故事一度流传得非常广泛。"放羊做什么？""挣钱。""挣钱做什么？""娶媳妇。""娶媳妇做什么？""生娃。""生娃做什么？""放羊。"在这简单的轮回中，放羊娃以及他后代的人力资本的价值基本上没有什么提高，虽然他们也具有一定的价值。

现在我们设想有一个村子，在这里，大量的农民耕种着自己的土地，生产出仅够养活自己的粮食，这个村子里的每一个人都能吃饱，但没有一个人比他人过得好。这时，如果有一个同样没有任何技术的外人到这个村子找工作，那么他不可能在这个村子里找到工作。但是，如果去这个村子找工作的外人是个农学博士，他发明了一种新的技术可以提高粮食的产量，那么他就可以出售自己的农业技术换取其生活所必需的粮食，这样，整个村子就会由于这个农学博士的到来而改变很多。农民生产的粮食不仅够自己吃，还可以出售赚钱。这个博士完全可以用他的农业技术换取农民的钱，而不是粮食，并使整个村子的生活水平也随之提高。生活水平提高以后，他们可以请较好的老师来教育他们的孩子，这样，他们的后代又可以超过他们自己。

这就给出了一个让人力资本增值的方法——个人教育投资。

前面我们已经说过，人作为一种资本是最具有投资性的。人是最廉价的，也是最高等、最复杂的机器。人吃进去的是五谷杂粮，产生的是高度的文明智慧，而这之间起着主导作用的是教育。人力资本的创始人舒尔茨曾指出，人力资本的取得并不是毫无代价的，其费用主要包括教育投资、保健投资和用于劳动力流动的支出等，其中最主要的是教育投资。

教育投资也是一项回报率最高的投资。舒尔茨曾做过这样的测算：在美国半个多世纪的经济（GDP）增长中，物质资源投资增加4.5倍，收益提高3.5倍；人力资本投资增加3.5倍，收益却提高了17.5倍。而在人力资本投资中，学校教育又是关键一环，"知识是生产中最强大的引擎"。舒尔茨通过对1929年~1957年美国教育投资与经济增长关系的定量研究测算出：各级教育投资的平均收益率为17%；教育对国民经济增长的贡献率为33%。

教育投资是回报率最高的投资，这一点同样适用于个人。个人为了获取较高的经济收入，通常情况下都是通过提高教育水平来实现的。因为一个人对社会财富分配的多少取决于自身对财富创造的多寡，知识越多，创造财富的本领就大，获得的财富也就越多。在美国，1976年大学毕业生的收入平均比高中毕业生高出55%，1994年这一比例已提高到84%。同样是在美国，博士平均月收入3637美元，硕士2378美元，学士1827美元，职校毕业者1088美元，中学毕业者921美元。在我国也是一样，学历不同，月薪也有三六九等之分。

其实，绝大多数人已经意识到了这一点，否则教育就不会成为现代人首要的投资对象。有资料分析表明，居民存款的动机主要有两个：一个是养老防病，另一个是为子女上大学做准备。而且，后者的动机强于前者。

那么，个人教育投资是如何使人力资本增值并获益的呢？

从我国的现状看，不仅个人为满足自己的求知欲需要教育，为获得并胜任本职工作需要教育，而且为在社会中有一席之地更要拥有娴熟的知识技能。目前，我国就业市场的绝大部分的职位都要求具有相当学历，高中学历是基本的，大学学历是普遍的，研究生学历是理想的。随着21世纪知识经济、信息时代的到来,个人的知识量与工作的稳定性已经变得密不可分,人们只有掌握更多的知识,更好地运用知识,提高自己的工作能力,才能够跟得上时代的发展。

另外,不管是从历史还是现实角度,个人的收入与其所受的教育成正比这一点是不容怀疑的。在我国更是这样,因为存在城乡差别以及干部与工人工资制度和待遇的差异,从农村考入中专以上学校的学生,毕业后在就业、户口、工资、住房、医疗、独生子女保障上都优于未受教育者。除此之外,还会有一些特殊的照顾。并且,从政治地位看,受教育程度高的人也要明显高于受教育程度低的人。

不仅如此,教育还可以提高个人的眼界和见识。一个接受了中专教育的学生,他的想法通常会比一个没有受过这种教育的普通人高明一些,胆子也会更大一些。比如一般的农民只会按传统的方式种植庄稼、养鱼、养猪等,而学过农学的中专生就会想到怎样选择最优良的作物品种,怎样搭配饲料养鱼、养猪,甚至他会想到办一个养猪场。如果他是一个农学博士,他可能会考虑怎样运用最先进的农业技术,如果有足够的资金的话,他还会考虑办一个大型的蔬菜生产厂或大型的立体养殖场,从而使其产值在若干年后达到一个相当的数量级别,而不仅仅是诸如"盖个小洋楼"的一般理想。

由此可见,人力资本的价值的确取决于教育,教育与个人终生所从事的职业、个人的前途、生活状况以及个性发展有着紧密的联系,因而个人是必须要接受教育的,个人与家庭必须要把教育当作投资来对待。

既然个人教育是一项投资,那么投资者和被投资的对象——学生就一定要力争实现提高效率的投资目的,这是一个不争的事实。可是,事实却很让人失望。很长一段时间以来,因为我国的高等教育一直是严进宽出,分配工作,致使一部分学生在经过严格的高考后有了在大学阶段"喘息"的思想,因为学好学坏无关紧要，即使学业成绩不佳而留级，对个人的经济损失也不大，所以一部分大学生的学习积极性并不高，以为进了大学就万事大吉了，出现了"为上学而上学"的盲目现象，甚至家长也没有意识到教育投资的本质和深远意义。

不过，随着我国教育制度的改革，随着大学的扩招，已经打破了大学生"进了大学就等于进了保险箱"的思想，严峻的现实已经摆在了他们面前——毕业也不一定能就业了，个人教育投资已经与学生的经济利益紧密地联系在了一起，这迫使大学生们不得不珍惜现有的学习机会。为了将来能够偿还预先垫付的资金（学费）发愤学习，掌握扎实的专业知识，以提高自身的能力，使自己的人力资本增值。这样一来，个人教育投资才有机会获得收益。

还有一个问题，如果没有能力接受学校教育的话，那人力资本是不是就不具价值了呢？当然不是，教育的内涵很大，除了学校教育，还有许多渠道可以提升我们的人力资本价值，全看你是否用心。

大学生到底要花多少钱

根据《三峡商报》的记者采访，从宜昌、武汉、北京三所高校就读的20余名大学生的日常基本消费情况来看，各地有很大的差别。宜昌三峡大学张洁同学（女）记录的总费用11,080元/年。武汉的方洁同学（女）的总费用是10,470元/年。北京市中国人民大学的余明（男）的总费用20,320元/年。在宜昌、武汉就读的学生花费情况差别不大，在北京就读的花费则增加了1倍，这和当地的经济及消费水平有很

> **经济学课堂**
>
> **教育投资**
>
> 教育投资也称教育资源、教育投入、教育经济条件等，是指一个国家或地区，根据教育事业发展的需要，投入教育领域中的人力、物力和财力的总和。
>
> 教育投资是开发智力、发展教育事业的物质基础，是经济和社会发展的重要因素，是现代化建设成败的一个关键。从长远看，教育投资是效益最大的一种投资。当今世界各国普遍重视对教育的投资。

大的关系。据估算,现在城市家庭从小把孩子供养到大学,单就各种学习和教育费用一般需要 10 万元钱,多的需要 15 万元以上。对于普通家庭来说,这是一笔不小的费用支出。

教育投资是一种人力资本的投资,受教育者本人或其家庭之所以要负担部分教育投资,是因为他们受教育可以获得经济的、非经济的收益。根据利益获得原则,家庭必须支付部分教育费用。所谓利益获得原则是指:谁从教育中获得好处和利益(无论是直接还是间接),谁就应支付教育经费;获得的好处和利益越多,所需要支付的费用就越多。反之,获得的好处和利益越少,支付的费用便越少,它集中体现了市场经济中等价交换的原则。因为,受过高等教育的人可以获得显著的人力资本优势,在将来能够从事报酬更高的工作,所以,受教育者本人为其教育付费是必然的,也是必需的。

其实,个人对教育投资就像投资炒股或炒期货一样,就是你的投资要在将来必须给你带来收益,收益越高,这种投资就越值得。想一想,如果某个人对他的未来进行投资,难道这种投资需要完全由国家或社会来投入吗?这正如你炒股,总不可能让别人来为那个炒股的人预付资金吧。当然,国家和社会也从教育投资中取得了好处和利益,所以,国家也负担了一部分教育费用。

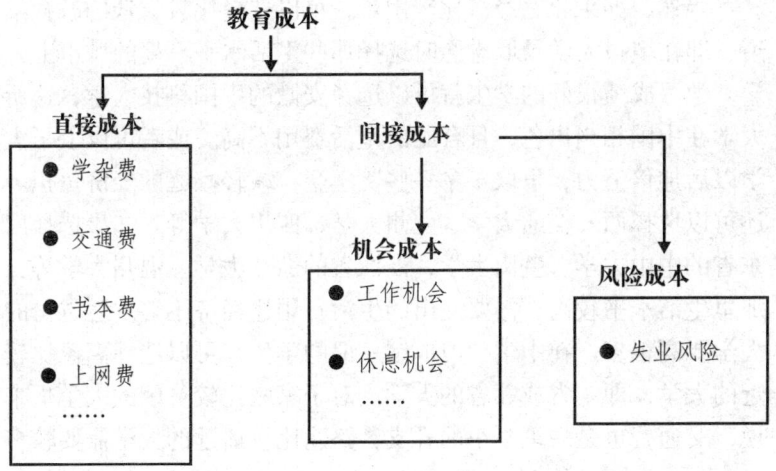

这里说的为教育付费就是教育的成本，这些成本包括直接成本和间接成本。直接成本主要是指为教育支付的学杂费、学生购买书本和学习用具的费用等直接与学习有关的费用。教育的直接成本根据不同的学习阶段和不同地方有一些差别，在比较低级的阶段，费用比较低，越往高级费用越高。从小学、中学到大学，再到研究生，费用不断上升，即呈现成本不断递增的趋势。也就是说，其边际成本是递增的。小学一年级的各种教育费用支出只要二三百元，到中学就需要六七百元，而上大学就需要几千元，甚至上万元钱。

　　间接的成本包括学生的交友成本、机会成本和风险成本等。教育的机会成本主要是指学生选择上学而放弃的工作机会，或放弃的休息、玩耍、结婚等机会的成本。风险成本是指学生上学后如果不能毕业，或者毕业后找不到工作面临失业，从而使教育投资没有得到预期收益而产生的成本。比如有的学生考了几次大学都没有考上，只好留在家里待业，那么其对教育支付的费用就损失了，因为没有产生预期的收益。或者上了大学但毕业后没找到工作，其投资也没有产生预期的收益。在这里，教育风险和教育的机会成本问题暂时不详细讨论，留待后面专门探讨。

　　我们可以通过左面的图表，更直观地看出教育的各项成本。

　　当然，如果家庭经济比较困难，可以选择比较省钱的教育渠道，即在填报大学录取志愿时选择那些生活水平不高的城市上大学。学习成绩很好的学生就可以选择安徽的中国科技大学，这所大学在中国相当出色，且合肥的生活费用不高。或者可以上了大学以后加倍努力，争取多拿一些奖学金，减轻家庭的经济负担。还可以选择西安交通大学、兰州大学、四川大学等。如果选择广东省的中山大学、暨南大学，浙江省的浙江大学、温州大学等，那里生活水平较高，需要支出的生活费用比经济不够发达省份的大学要高很多。在中学学习成绩一般的学生，可以选择离家比较近的大学，即本省或邻省的大学。对于家庭比较贫困的大学生来说，交通费也是一笔不小的开支，路途比较遥远的大学需要较多的交通费。

上大学能不能尽量少花钱呢？学费和生活费肯定少不了。但是，学生可以在学校和寒暑假期间勤工俭学，赚些钱贴补自己所花的费用，比如做家教等工作。在一些发达国家，即使家庭相当富裕的学生也要勤工俭学，不依靠自己的父母。寒暑假打零工不仅能够减轻家庭的负担，而且还能锻炼自己的工作能力，有利于更快地适应社会。只要不怕苦、不怕累，能放下大学生的架子，为自己赚点学杂费肯定是没问题的。

为什么哈佛的毕业生那么牛

人们只要谈起哈佛大学必然会肃然起敬，能够上哈佛就意味着这个人是"顶尖级"的人才。中国经济学的一代宗师陈岱孙先生就是哈佛大学毕业的博士，他的同班同学俄林、张伯伦等都是美国经济学界的杰出代表，在经济学说史上有其显著的位置，而陈先生在哈佛的学业还要超过他们。在美国，哈佛大学就是能够产生许多政界高官、商业奇才、科学巨匠，哈佛的MBA就比一般大学的博士后还要牛。

为什么哈佛的毕业生那么牛呢？哈佛的神秘力量来自于建校以来校友们的卓越成就，哈佛颁发的学位具有至高无上的声望。对哈佛的校友来说，服务于政府部门已经成为一种传统。他们同华

经济学课堂

品牌

品牌其实是产品概念对应的消费群体的情感需求，是该产品对应的消费者情感价值的具体体现。所以品牌就是满足产品对应的消费者的情感价值的东西。品牌是覆盖在产品上的一种情感认同，它是产品对应群体的情感价值的满足。这种被认同的价值是很多元素组合的结果，是需要时间的，因为这不是一个简单的利益价值认同，而是一个心理情感的价值认同。

无形资产

无形资产的"无形"不是绝对的无形，它是相对有形固定资产而言。无形资产是指一定主体所控制的、不具实物形态、对生产经营长期发挥作用且能带来经济利益的资源。无形资产主要是以知识形态存在的，是集经济、技术、法律为一体的重要资源和生产力要素，包括专利权、商标权、厂商名称、著作权、设计权以及技术秘密和经营秘密等众多内容。

盛顿外交政策的制定工作有密切的、牢固的联系。哈佛学生在毕业后进入社会要害部门，且形成一个联系紧密的群体，发挥着群体的巨大力量。哈佛大学由于其学生都是很拔尖的人才，他们走上社会后，大多有比较大的成就，所以，对于哈佛大学毕业的人来说，他们的那些同学也是他们事业中起重要作用的人脉资源。

世界名牌大学的牛还体现在其大学毕业生毕业后的高收入上。据美国普林斯顿大学的调查，美国的哈佛、耶鲁等名牌大学的毕业生年均收入为9.2万美元，而美国一般大学毕业生的年均收入只有2.2万美元。美国名牌大学毕业生的收入比一般大学高4倍多。

教育投资和任何投资一样，也是要追逐利润或收益的。哪里收益高，投资就趋向哪里。市场经济就是可以给人们提供更多的机会和选择，选择得好，就能够取得较高的收益，选择不好，收益就比较低。在企业投资中，越是高收益的行业和产业，就越容易获得投资。教育投资也是如此。通过以上的分析，我们知道，名牌大学的预期收益比一般大学高出许多，所以，教育投资也必然趋向于名牌大学。但名牌大学毕业生的收益率不会趋向于平均收益率。

有的人会说，为什么非得上名牌大学呢？名牌大学只是牌子响亮而已，有很多名牌大学的毕业生不是也成绩平平吗？现在，上大学主要是为了找一份好工作，只要学比较热门的专业，一样可以找到好工作。当然，热门的专业对找工作肯定有好处，但凡是比较热门的专业都热不了几年。20世纪80年代，会计专业很吃香，很多人都去学会计专业。但到了20世纪90年代，会计专业的人才就相对过剩了。而且，热门的专业竞争也很激烈，报考的难度也是比较大的。况且，从准备选择专业到大学毕业，要经过四五年的时间，经过了四五年后，往往热门的专业就不再热门了。而且选择比较热门的专业，不一定就适合读这个专业。因为专业的选择与特长的关系更大，即有某方面天赋的人学与其天赋相一致的专业才是最好的。比如，有绘画天赋的人学建筑专业就更容易出成果。

但是，报考名牌大学就不一样了。一是名牌大学牌子比较响亮，有品牌价值。名牌大学的品牌也是无形资产，对其毕业生一生都有比较大的影响。当问某个人是什么大学毕业时，如果他回答说是北大毕业，大家就可能对他刮目相看。因为，判断一个人的能力并不容易，需要很长的时间，而名牌大学的品牌给他人的就是一个高层次人才的感觉。二是名牌大学里面的那种良好的文化环境有利于提高大学生的全面素质。例如，我国的清华大学，其名声主要来自于清华有一批出类拔萃的、甘愿奉献的大师。新中国建立前，清华的校长梅贻琦先生早就指出："大学非大楼者，乃大师之谓也。"清华就是由于有陈寅恪、王国维、闻一多、吴晗等一批顶尖的大师，才使清华享誉海内外，正是这些大师使清华能够"人文日新"。更重要的是，长期以来，清华一直奉行严谨、认真、务实的精神，对学生要求十分严格。这些对于学生们来说，都是比一般大学优越得多的学习条件。而且，清华优越的科研教学条件、丰富的图书馆藏书、良好的学习氛围、优质的同学资源也在潜移默化地陶冶着其学生的综合素质。

一旦能够考上像清华这样的名牌大学，只要大学生在大学里善于抓住难得的受教育机会，就可以迅速提高自己的文化素养和整体素质。另外，在名牌大学上过学的学生，其理想和抱负比在一般大学的学生要高许多。因为，他在名牌大学接触的都是比较出色的老师和年轻人，这些年轻人之间也会相互影响。

在我国，从各大学到中科院等研究机构，从各个大型企业到各级中高层政府机关，都有像清华这样的名牌大学的毕业生，一些还是其专业领域出类拔萃的人物。对于名牌大学的毕业生来说，他们一毕业就有比别人优越很多的人脉资源，或者说他们的事业起点远高出一般大学的毕业生。中国的一些名牌大学的毕业生在走向工作岗位后，比一般大学的毕业生在收入上起码要高出一倍以上，甚至有的技术性专业的名牌大学毕业生的收入要高出一般大学毕业生好几倍。因为名牌大学的毕业生较易进入一些知名度高、效益高的企业。一些大型跨国公司就专门到北大、清华、复旦等名牌大学猎取高才生。这些大型公司的收入比一般企业高出好几倍。而毕业于一般大学的人，通常就只能进二流甚至三流的企业和其他单位。要在这个社会更具有竞争力，就需要有比别人更高的起点，而名牌大学的毕业生，其起点就是比一般大学的毕业生高。

正因为这样，现在社会上存在一种崇拜名牌大学的浪潮。有的学生不惜一切代价，宁愿一年一年地复读，也要上北大、清华等名牌大学。

大学生就业为什么这么难

近年来，大学生就业难的现象引起了社会的广泛关注。从某种程度上说，大学毕业后有很多人没有得到就业的机会。

下面是来自保罗·萨缪尔森《经济学》（第12版）一书中的一组数据。

1983年美国男性的失业率

年龄（岁）	16~17	18~19	20~24	25~34	35~44	45~54	55~64	65以上
失业率(％)	22.6	18.7	13.8	9.0	6.4	5.7	5.6	3.2

从表中可以看出，就是在美国这样成熟的市场经济国家，大学毕业这个年龄也正是高失业年龄。所以，新的大学毕业生不要有太高的期望，应该说，在这个年龄阶段，充分就业反而是不正常的，是违反经济规律的。

为什么会存在大学生就业难的现象呢？教育投资是人力资本的投资，一个人的人力资本，表现为知识、技能、体力（健康状况）、道德价值的总和。这个世界是个不确定的世界，任何投资都存在一定的风险，虽然教育投资比一般投资风险低很多，但也具有一定的风险。这些风险具体包括八个方面：一是不适应社会变迁导致的风险，特别是投资学习很快就过时的专业技术。这种教育投资回收时间短，往往很难收回全部投资。二是投资于社会适用面窄、投资收益率低的领域，特别是一些比较细的专业适用面太窄，必然导致投资的回报率低。三是由于政府政策的变化而导致的教育投资风险。四是由于科技发展迅速，科技人才知识更新跟不上时代的发展，从而导致教育投资风险损失。五是市场变幻莫测，教育投资期又过长，学到的专业知识得不到市场承认。如一些思想政治教育专业往往在一些地方得不到市场的承认。六是结合个性特点进行的教育投资往往收效显著，反之则不然。强迫子女学习各种技术，这种教育投资量大，投资期限长，风险也大。七是教育投资结果在其使用的环境里得不到发挥，制约了个人的能动性。比如一个学经济学专业的学生，让他去从事农业技术推广工作，就只使用了这个人的短处，没有发挥他的长处。八是"意外风险"。即因为意外事故产生的风险，包括意外的交通事故、生病和其他意外伤残事故而导致的风险。

这些风险我们可以用下页的图示来直观地表示。

由此可以看出，大学毕业生就业难的现象是教育投资风险的体现。作为学生家长和学生本人，在进行教育投资的过程中就必须尽早了解这些风险，并对自己和社会的状况进行分析，着力规避这些风险。

要规避这些风险，首先家长和学生都需要有规避风险的意识，即把子女送去上了大学并不一定就能够取得所预期的收益，要在

教育投资风险

| 社会变迁风险 | 适用面风险 | 政策风险 | 知识更新风险 | 市场风险 | 个性发挥风险 | 环境使用风险 | 意外风险 |

将来取得较高的收益,还需要不断的努力。这就如投资办厂或开店一样,不是说,把资金投入了就一定会有收益,要使开办的工厂或所开店铺有利润,还需要勤于经营、善于管理。教育投资也是如此。在报考大学专业和学校的时候,需要慎重选择,根据学生自己的个性特点选择专业和根据市场需求选择专业比赶热门更好些。家长把孩子送上大学之后,还需要采取一些正确的方法引导和督促孩子努力学习。学生也需要继续努力,好好地经营这项投资,提高投资的质量。

现在的大学基本上还是"严进宽出"。如果学生认为,经过了高考的拼搏之后可以喘口气,上大学时可以好好地休息一下,放松放松,那这种投资所生产出来的产品,其质量就不会过关。现在社会竞争十分激烈,学生毕业后必然会面临激烈的人才竞争。要在这种竞争中不被对手击败,就需要毕业生的素质、知识和能力具有相对的优势,做到"人无我有,人有我优"。就是说,别人也学了这种知识,我们也学了这种知识,但我们所学的知识必须比别人更扎实,我们才有优势,即人有我优。或者别人有他的能力,我们也要有自己比较独特的能力,即人无我有。

大家都知道,稀缺的东西值钱,最为稀缺的东西则最值钱。大学生也是如此。随着大学生的增多,特别是近年来扩大招生规模后,大学生不再稀少了,于是大学生也就成了普通的劳动者,不再受到社会的偏爱。但是,我国经济发展这么快,大学生并没有过剩,主要是适应市场需要的大学生不足。比如,现在社会上需要的灰领人才就远远满足不

经济学课堂

素质教育

素质教育是指依据人的发展和社会发展的实际需要,以全面提高全体学生的基本素质为根本目的,以尊重学生主体性和主动精神,注重开发人的智慧潜能,注重形成人的健全个性为根本特征的教育。实施素质教育是我国社会主义现代化建设事业的需要,它体现了基础教育的性质、宗旨与任务。

应试教育

应试教育是指偏离了人的发展和社会发展的实际需要,单纯为迎接考试、争取高分和片面追求升学率的一种教育。

了社会的需要。所谓"灰领"人才是指，既有扎实的基础知识，又有专业技术和较强的动手和操作能力、善于创造的人才，比如高级技工。所以，动手能力的培养对于大学生来说比单纯地吸收知识更重要。

现在，社会上复合型人才也比较稀缺，所谓复合型人才就是具有比较渊博的基础知识和扎实的专业知识的人才，以及跨专业的人才。比如学理工专业的学生，如果有比较好的文科知识，那么他的写作能力和分析能力就更强，就有一种比较优势，即人有我优。而一些跨专业，特别是跨文理的人才，更具有创造能力，具有人无我有的优势。有了这种优势，在人才竞争市场上就有更多的需求者，就有更多的机会，更容易找到称心的工作。现在，一些重要的发明、发现，一些创造性能力的形成都是在跨领域中产生的，因为在这个"知识爆炸"的时代，所学的专业知识并不是最重要的，更重要的是在原有知识的基础上进行创造和革新，只有创造和革新才能有新的、更广阔的市场。企业是很势利的，如果你能够给它带来收益，它就会对你热烈欢迎，如果不能，就不会接受你。

随着知识更新速度的加快，掌握学习方法比掌握专业知识更重要。因为，在当今"知识爆炸"时代，所学的很多知识很容易过时，而掌握了学习方法就可以在毕业后、在工作中不断地学习。学习方法越多、越好，越有利于增强自己的竞争能力，取得比他人更多的优势。

说到底，要形成自己的竞争优势，最主要的是必须着力提高受教育者的综合素质，这种综合素质包括广博的基础知识、比较好的专业知识、文化素养、动手能力、创造能力、分析能力、解决问题的能力、交际能力、写作能力等。现在，国家和社会都提倡把素质教育放在第一位，摒弃过去那种应试教育的做法，因为应试教育不利于学生创造能力和其他能力的提高。综合素质的培养既需要较好的学校文化氛围，又需要良好的家庭环境和学生持续不断的努力，需要充分发挥学生自己的能动性、主动性和创造性，还需要增强学生抗风险的能力，包括心理上更加成熟、坚持锻炼身体、主动适应社会、了解国家政策和市场需要等。

望子成龙莫心切

如今，"望子成龙"是家长们的最大心愿。因此，在城市中就出现了一道特殊的风景：经济条件稍差些的家长，节衣缩食殚精竭虑地为孩子积攒教育费用；条件好点的家长，则拼命地赚钱，让孩子上一流的学校，甚至出国深造。真是可怜天下父母心啊！

"望子成龙"到底收获如何呢？下面是一位留学澳大利亚阿德莱得大学经济系的一位学生的真实感受：

"对不少温州孩子来说，家里花个几十万、上百万元让小孩出国留学已经不是什么难事。但可能大多数要出国的孩子对于自己出国的目的是什么，会面临哪些困难考虑不多。从我的切身体会来说，其间的酸甜苦辣，只有真正尝过才知道。我在澳大利亚一年多了，很是辛苦。我认识的一对夫妻是山西的煤矿工人，两个人一个月也就两千元的固定收入，想送孩子出国念书简直是天方夜谭。可他们却不停地打电话，求中介和各种留学渠道帮助他们申请。这样送孩子出去到底能收获多少？也许很多家长觉得孩子出了国就万事大吉了，其实情况远非如此。我在出国前后就有着巨大的心理反差，给予孩子好的教育条件本没有错，但如果方式错了，那初衷也就错了。家长更应该保持清醒的头脑，盲目或许会害了你的孩子。"

为什么盲目会害了孩子呢？通过上面的分析，我们知道，家庭教育投资也具有一定的风险。教育投资为什么会有风险呢？主要是因为教育投资回收期较长，不可能在短期内见到效益；不同人的可塑性各不相同，即不能否定人的天分，你没有这方面的潜能，投资就是低效的。比如某个孩子本来有艺术方面的天赋，而他的家长硬要他学外语，这种投资的效率就低了；人们对现实社会的情况和未来的发展趋势往往估计不足，即对未来的预期不准确；家长和学生本人对教育投资不够慎重，比较盲目，喜欢跟风，也就是投资缺乏理性。

　　教育投资和其他投资一样,需要进行成本收益分析,即以比较小的成本取得尽可能大的收益。而盲目不加分析就容易导致投资的低收益,甚至是投资的亏损。需要正确地看待和分析投资的回报周期,有的教育投资回报周期比较长,如果家长的收入不够高,或者孩子的学习跟不上,就很容易到中途出现麻烦。这正如建房子,如果这个房子需要的投资超出了本人的资金承受能力,那么,到中途就缺乏资金了,房子就建不起来。这样的投资肯定是亏损的。所以,教育投资最好要根据家长自己的经济承受能力和孩子的学习能力、心理承受能力,做到有的放矢,目标明确,看钱吃饭,量体裁衣。目标可以由小到大,一步步来,先把眼前的目标尽快达到,再根据自己的能力瞄准更高的目标。

　　比如,上最好的学校,进最好的班级,孩子的学习就一定能有较快的进步吗?未必如此。好的环境固然能对孩子的学习产生积极的作用,但如果这个孩子原来的基础很差,他在好学校和好班级学习反而可能让他产生自卑的心理。如果周围的同学大多数都比他出色,久而久之,他的学习信心就容易受到打击。基础比较差的学生在好学校、好班级往往由于压力太大容易使自己的精神受到不良的刺激,大脑不能正常休息,学习效率反而降低。教育投资有一定的规律,因为孩子的心理、智力和个性发展都有一定的规律,只有遵循这些规律,教育投资才能产生比较高的收益。只有当孩子达到了某一个阶段的水平后,才能再往下一个阶段前进,超越阶段的过高期望很容易导致投资的低收益,甚至亏损。即不能"揠苗助长"、急于求成,否则,就容易让幼小的禾苗干枯。

　　再比如,出国留学是一项比较大的教育投资,既然是比较大的投资,就应当有比较大的预期投资收益。稀少的东西比较值钱,以前,"海归"在中国比较稀少,所以,"海归"们的收入也很高。但随着改革开放的时间增长,"海归"不再稀缺。既然"海归"不再稀缺,那就不会很"值钱"。当然,国外的不少名牌大学确实比国内的强,如哈佛大学、牛津大学等,如果能够上这种大学肯定可以大大提升自己的价值。但如果上的是国外一些只顾收费赚钱不入流的大学，在那里基本上是花钱买文凭，国内的一般大学都比这类大学强。而且，国外的生活环境与国内相比差别很大，文化氛围不同、生活习惯不同、语言不同、气候不同，这些都需要经过一定的时间，才能适应。很多人单就是在国外吃饭都需要相当长的一段时间才能适应。因此，当我们结合投资周期进行教育投资的成本收益核算时，就会发现，可能出国留学不一定能够获得比较大的收益。

总之，教育投资需要有明确的目的，即需要根据孩子的特长和需要，着力开发他的天赋和潜能，让他的知识、能力和综合素质都得到提高。分清轻重缓急，分清长期投资和短期投资，而不是为投资而投资。投资必须根据家长的经济承受能力、孩子的学习与心理承受能力选择恰当的方式和方法。并不是有好的投资愿望，就会有好的结果，如果方式错了，很容易好心做坏事。此外，还需要分析孩子去那个地方接受教育会面临什么样的困难，孩子本人能不能克服这样的困难。先进行理性的分析，再做出投资决策也不晚，不能盲目。这正如企业新上投资项目也需要进行项目可行性论证是一样的道理。比如，最近，在哈佛大学有一位中国留学生自杀，其自杀的原因竟是无论他多么努力，都争取不到班级的前几名，心理上承受不了这种感觉。这样心理素质的孩子怎么能够出国留学呢？

教育投资一般是回收期比较长的投资，需要分阶段进行。在不同的阶段，需要根据实际情况和孩子的各方面的条件不断进行调整。而且主要是根据学生本人的情况进行调整，在学生本人具备了更好的条件之后再进行更大的投资决策，并尽量让孩子自己决策。教育投资不是短期内就能够见效的，让孩子自己决策更具有目的性、针对性和可行性。家长代替孩子决策往往容易好心办坏事，投资效果不理想。因为教育是终生的事业，所以，家长不能急功近利，也许短期内投资收益不大，但只要让孩子自己持续投资，并及时调整自己的投资决策，其长远的收益很可能就比较可观了。一句话,"心急吃不了热豆腐"。

是读研还是参加工作

下面是发生在某大学经济系宿舍的一个真实的故事。

一天,晚自习回来,学生小周问同宿舍的小李:"年前考研考得怎么样?"小李说:"考什么研,没考。"小周不信:"你以前对考研不是兴致很高吗?"小李说:"那是以前,我后来想想,考研的机会成本太高,划不来。你想想,读几年研究生,不就是学历高点,以后考职称更容易一些,但读研要花几万元各种费用,而且这几年都赚不了多少钱。而进入社会工作,一方面可以赚钱,另一方面,又锻炼了自己的能力,而所损失的机会成本远远低于读研的机会成本。比尔·盖茨1973年进入哈佛大学法律系,19岁就退了学,与同学一起创办电脑公司。这样,他就没有拿到哈佛的大学文凭。但如果当年他把大学读完,也许世界上就不会有他这样一位世界首富了。如果采用机会成本这个概念分析,他拿到哈佛大学文凭的机会成本就是世界首富的地位,这个成本多大呀!我读研的机会成本虽然没有这么大,但也不会太低。况且我读本科所产生的机会成本也够大的了。"

现在,在大学里这种情况很多,一些大学生为是考研继续深造还是参加工作而难以抉择。近年来,大学毕业生就业越来越困难,一些大学生怕难找工作,就考研,希望研究生学历能够增强

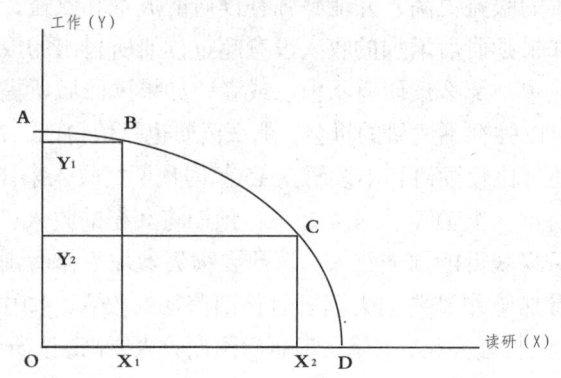

他们在市场上的竞争力。另一些学生则认为，现在是市场经济，用人单位看重的是个人的能力，而不是学历的高低，所以，与其读研不如早点在社会上去锻炼锻炼，读研也避免不了就业难这个问题，迟早都要走向社会、走向市场，与其推迟面对市场和社会，不如早面对。尽早走向社会，既可以锻炼自己的能力，又可以赚钱。

　　读研到底值不值呢？个人有哪方面的能力在很大程度上取决于个人的天赋。这就需要大学生客观准确地认识自己，要比较全面准确地了解自己的优点和缺点，做到心中有数。毕竟，对于个人来说，时间是最宝贵的资源，具有稀缺性，所以，是否读研要在充分认识自己的天赋条件、个性偏好的基础上进行选择。

　　对于不同的人，其读研的机会成本是不一样的。适合于创业的人，读研的机会成本要大些；适合于当科学家、研究人员的人则读研的机会成本比较小，参加工作的机会成本可能更大些。这就需要对未来进行预期，并进行读研的成本和收益分析。读研需要花费比较大的成本，这些成本包括直接成本，如学杂费、购书费、上网费、生活费等。这些直接成本大概需要几万元。还包括间接成本，主要是机会成本，即读研要损失工作的机会、结婚的机会，还要损失一些时间。但读研后再参加工作，其收入更高了，即其工资收入比本科毕业要高出一个档次，找工作的机会更多，自己的专业知识也更加扎实。也就是说，有了研究生学历，参加工作后，其起点就比较高。如果读研后再工作比大学毕业后马上参加工作所获得的收益更高，并能够弥补读研的成本和收益，那么读研就值。如果读研后增加的收入没有超过读研所付出的成本，或低于这个成本，那么读研就不值。或者，如果读研后所提供的更多的机会可以弥补不读研的机会，那么读研也是值得的。在这里，我们可以通过比较读研和不读研在15年内预期的收入来比较。

　　如图所示，纵轴Y代表参加工作预期将获得的收入，横轴X代表读研后将获得的预期收入。读研要损失参加工作所预期获得的收入，参加工作又要损失读研后预期获得的收入。图中OD的长度比OA的长度要长，也就是读研后预期收入要高。读研要3年，那么我们假定前面例子中的小李做的是15年的预期。这样，小李读研的机会成本就是长方形OY1BX1所表示的区域，即他读研要损失尽早参加工作而带来的预期收入OY1BX1。如果他尽早参加工作，那么他也要损失读研后的预期收入，即上图中OY2CX2所表示的区域。但在这里，还必须将读研后的预期收入扣除读研的成本，再进行对比。即读研获得的预期收入OY2CX2需要扣除读研所付出的成本（假定是4万元）。显然，在小李看来，他尽早参加工作，即工作15年预期可以获得32万元收入；小李预期读研后再工作12年收入为35万元，这个收入要扣除4万元的读研成本，剩31万元，这个收入比参加工作所获得的预期收入32万元低。那么，他读研后所获得的收入没有超出参加工作预期所获得的收入，甚至是低于参加工作所获得的预期收入。所以，小李不打算考研。在这种选择中，对未来的预期很重要，如果预期准确，那么自己所做出的选择就是正确的，如果预期不准确，则所做出的选择可能就不正确。

在这里，需要注意的是机会成本并不是小李实际支付的成本，而是他在决策中必须考虑到的一个重要概念，即做出一种选择就要放弃另一种选择的机会。因而可以将这一概念推广到任何有关个人行为的决策过程中去。实际上，我们做出任何决定都有取舍，我们要在现在的物品与未来的物品之间取舍，要在休息与金钱之间取舍。当我们把一定数量的钱购买了一本书时，就意味着不可能再去购买别的什么东西。时间是最稀有的资源之一，生活中是必须要有取舍的，这就是经济学。

学习型人才最有前途

前面已经探讨了教育投资存在许多风险，特别是社会变迁风险、市场风险和知识更新风险十分明显，而要增强个人抗风险的能力，就必须持续学习，终身学习。

有一个年轻人连小学都没有念完，但他勤于自学，博览群书，一有时间就看书学习，一有机会就向周围的人请教。他特别喜欢阅读一些历史著作和名人传记,一些历史和文学名著他总要看好几遍。时间一长,他掌握了渊博的历史知识,后来竟然成了一位著名的历史学家。

这个小学没毕业的人为什么能够成为历史学家呢?就是因为他能够不断学习。由于他不断学习,从而可以跟上社会和时代发展的步伐,并使自己的知识不断升华,运用知识的能力可以得到持续性的提高,抗风险的能力也得到了提高。知识丰富的唯一途径,就是不断地汲取新知识。那些在各项领域中的成功者,不仅能通过各种途径学习新的知识,还可以使自己的胸襟在这种学习中变得更加博大,使自己的目光越来越敏锐,能够应付人生中各种各样的难题。也就是说,在这样的不断学习、终身学习的过程中,个人的人力资本价值可以不断提高,竞争力也会大大增强。

对个人来说,知识和学问就是个人的财富。谁都知道,用已有的财富可以创造更多的财富,所以,有较高知识水平的人就会有较高的预期收入。随着现代通讯技术特别是网络技术的发展,全球的时空范围大大缩小,知识和技术的传播越来越快,知识和技术的更新也越来越快,有人称之为"知识爆炸"。如果不学习,就会跟不上时代的步伐,就要被时代抛弃,就要成为落伍者。随着社会的发展变化,人们的观念也在不断变化,以前比较先进的观念,过了几年又成了陈旧的观念。随着市场竞争越来越激烈,原来有竞争力的人才,如果不时时参与到市场竞争中去,就会成为没有竞

经济学课堂

学习型社会就是有相应的机制和手段促进和保障全民学习和终身学习的社会,其基本特征是善于不断学习,形成全民学习、终身学习、积极向上的社会风气。学习型社会是时代发展和社会进步的产物,它对学习的要求比以往任何时候都更强烈、更持久、更全面,全社会的人只有不断地学习,才能应对新的挑战。学习型社会不是自然而然形成的,而是需要人们根据实践发展的要求,努力建设学习型家庭、学习型组织、学习型企业、学习型社区和学习型城市等。学习型社会是20世纪60年代由美国学者哈钦斯首先提出的。20世纪70年代,联合国教科文组织提出:人类要向着学习化的社会前进。此后,许多国家相继开展了学习型社会创建活动。

争力的人。即使你是名牌大学毕业，但只要不加强学习，不继续学习新的知识，也会被时代抛弃。据估计，现在在大学里学的知识只有10%是将来真正有用的，其余的90%都要过时。即使是搞学问，每年的学术前沿问题都在变化，原来的前沿问题，过了一年，甚至几个月就成了过时的问题了。如果还是研究一些过时的学术问题，其研究成果肯定得不到社会和市场的承认。

已有工作的人，需要结合社会、市场、工作的需要继续学习。首先，要构建合理的知识结构。知识的积累是成才的基础和必要条件，但单纯的知识数量并不足以表明一个人真正的知识水平，人不仅要具有相当数量的知识，还必须形成合理的知识结构，没有合理的知识结构，就不能发挥其创造的功能。现代社会需要的是复合型人才。所谓复合型人才是指，既要有广博的基础知识，又要有某一方面的特长。比如，你学的是经济学专业，但还要有历史知识、文学知识、哲学知识，还要知道一些自然科学和艺术方面的知识。只有在这样广博的基础上，才能产生创造性的思维。而一些学自然科学专业的人也应当学习一些人文和历史知识，加强艺术熏陶，才能产生创造发明的灵感。只有成为创造型、复合型人才，才能提高自己的人力资本价值，为自己带来更高的收益。

同时，我们必须根据社会和工作的需要、市场的需要、技术进步的需要，及时更新自己的知识，调整知识结构。比如，加入WTO以后，中国经济直接与国际经济接轨了，国际竞争国内化。从事经济工作的人员就需要学习一些国际法、国际贸易、国际金融等方面的知识，要了解国际上企业竞争的规则，了解一些国际组织的情况，了解一些国家的情况。这样，在工作中一有机遇，就可以到国际市场上去搏击，你就会有更多赚钱或提升的机会了。又如，现在互联网发展十分迅速，及时学习一些网络知识、电子商务方面的知识，对于提高自己的竞争力肯定大有帮助。

当然，继续学习不一定非得上各种培训班，完全可以在工作之余自己学习。自学的成本比较低，但如果能够持之以恒，其收益是非常高的。因为，知识的积累就如水滴，一时学一点可能没有什么用,但如果长期积累,持之以恒,就会达到水滴石穿的效果。假如一个家庭有了各种书籍,一家人自然就会加深对书籍的感情,在不知不觉中增长了自己的知识。家中备有各类书籍,往往让我们不容易虚度光阴,因为有书籍我们就很容易养成每天阅读的良好习惯。耶鲁大学校长海德雷说:"在各界做事的人,无论是商界、交通界还是实业界,他们最需要的人才是高等学府培养的、能善于选择书本并活用书本知识的青年。而这种善用书本、活用书本能力的最初培养,最好是在家庭中,尤其是在那些具备各类书籍的家庭中进行。"一个人只要经常读书,久而久之,他会发现自己有了很大的提高。在家中,还可以上网学习,网上的知识比较丰富,但需要鉴别,因为网上的垃圾也很多,而且诱惑太多。只要善于把握,网上学习也是一种成本少、收益大的学习方式。可见,在家中忙里偷闲地学习,投入很少,但收益却很大,对于大多数人来说,这是一种十分经济的学习方式。

规划人生,减少沉没成本

陈先生毕业于暨南大学会计系,在顺德一家不太大的民营进出口公司担任会计。刚刚参加工作时,他就对自己的人生和职业进行了规划。他的职业理想是希望以后在大的外企做个出色的财务总监。实现这一职业理想需要什么条件呢?第一,流利的英语;第二,全面的财务管理知识;第三,优秀的沟通能力;第四,良好的工作背景和业绩。大学毕业两年后,他已经对自己的职业发展有了明确的目标。实现这一职业理想的关键,是接下来担任会计主管、会计经理、财务总监,一步一步走过去。他先在一个小公司工作两年后担任了会计主管,接着被"猎"到一个中型企业担任会计主管,一年后又被"猎"到一家英国企业担任财务经理,月薪由原来的 3500 元升到了 9000 元。

正是有明确的发展目标与实施步骤,陈先生才以最快的速度走向成功。当然,这离不开他自己的努力,但是有了人生规划让他少走了许多弯路。

下篇 社会生活中的经济学应用

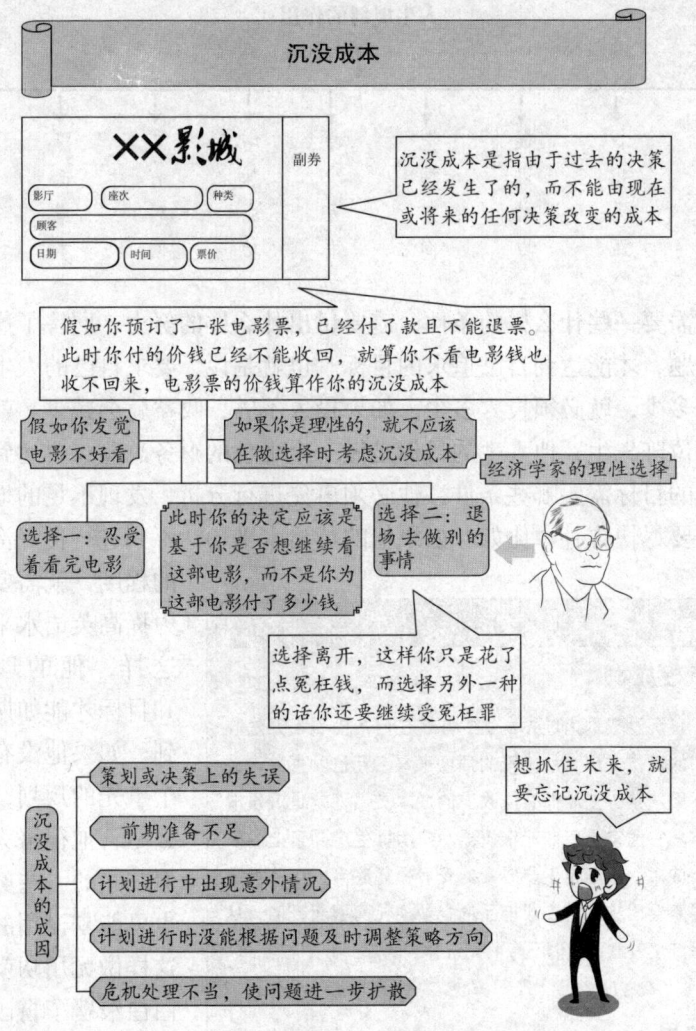

由于有一个明确的人生规划，陈先生避免了盲目性。目标明确，把握了方向，对他在短期内取得较大的成绩起了很大的作用。企业需要有财务成本的核算，才能在经营中尽可能降低成本，增加利润。人生的奋斗也是如此。有一个规划就等于有一本自己人生的发展路径，能够做到心中有数。

在人生的奋斗过程中，自己准备追求什么样的成绩，这些成

```
                        人生规划的作用
                              ↓
  ↓      ↓      ↓      ↓      ↓      ↓      ↓      ↓      ↓
 选择   找出   提供   把握   减少   增加   节省   降低   提高
 职业   差距   动力   方向   无用功 成功   时间   成本   效率
```

绩需要一些什么样的条件，需要付出什么样的努力，回答了这些问题，才能达到自己追求的目标。也就是说，要求自己的人生收获多少，就必须投入多少。如果投入不够，收益就会减少。就像这位陈先生，他人生的目标是做一个出色的财务总监，要达到这样的目标需要哪些条件，他必须事先进行分析，发现不足的地方就要尽快弥补。比如，如果他的英语水平还达不到进行良好沟通的程度，就需要着力提高英语水平。这样，他的理想和目标才能如期达到。如果他没有一个事先的规划，那么尽管他很努力，但其中的一些努力也可能是没用的，这样做无用功就会白白浪费了自己的时间和精力，造成沉没成本。所以，进行人生规划就是要在人生奋斗的过程中，做到心中有数，有的放矢，以

经济学课堂

沉没成本

沉没成本指过去发生的并在任何条件下都无法收回的成本支出。从决策的角度来看，凡是发生的，又不因决策的变动而有所改变的成本支出，就是沉没成本。它通常是厂商花在机器、厂房等生产要素上的固定成本。从固定生产要素的无形损耗来看，这些固定要素会因技术进步或产品的更新换代而引起贬值，从而产生其账面价值下降而无法补偿的那部分金额。

效用

效用是对消费者获得满足或幸福程度的衡量。一种商品对消费者是否具有效用，取决于消费者是否有消费这种商品的欲望，以及这种商品是否具有满足消费者欲望的能力。效用这一概念是消费者的一种主观心理评价。根据功利主义的看法，效用是所有公共和私人行动的最终目标。

减少沉没成本。

对于个人来说,一生是很漫长的,但是,在人生征途中,关键的却只有几步,有时候,走错了一步,就很难挽回,这就需要正确的规划。

具体来说,人生规划对个人成功的作用包括选择好适合自己的职业,找出自己还存在哪些知识和能力上的差距,这样,才知道需要在哪些方面付出更多的努力。人生规划的具体作用如图所示。

既然人生规划这么重要,那么,该怎样进行人生规划呢?

人生规划应该从一个人终生的职业发展角度着手,才能够面对未来,克服困难,及时调整自己,以避免或减少沉没成本。

具体说来,人生规划要紧紧结合职业选择。首先必须进行自我评估,主要包括对个人的需求、能力、兴趣、性格、气质等方面的分析,以确定什么样的职业比较适合自己,自己具备哪些能力,自己擅长做什么工作。最后,确定自己的人生理想和职业理想。

在规划中,需要分析一下自己所从事的职业需要什么样的习惯,自己的哪些习惯不适合,要改过来;从事这样的职业需要具备什么样的知识和能力,自己现有的知识和能力有哪些不足,需要提高。良好的习惯是个人事业成功的催化剂,养成良好的习惯会给他人带来身心的愉悦,从而给他人带来正效用,即好的感觉,这就有利于自己事业的发展。反之,不好的习惯就会给他人带来负效用,就会遭到别人的排斥。

实现人生的最终目标并不容易,半途而废的例子比比皆是,所以我们需要确定自己人生奋斗的长期目标、中期目标与短期目标。把人生奋斗分成一个个时间段,每一段时间都有一个目标,并各有侧重,在哪个时间段需要学习什么知识、锻炼什么能力都要规划好。在规划的过程中,必须根据个人的专业、性格、气质、价值观以及社会的发展趋势等确定自己的各个时段的目标,然后再把这些目标细化。

路径依赖：男怕入错行

晓斌在大学里是学财经专业的，毕业后到了一个地级市的企业当会计，作为一个从农村出来的大学生，能够有一份会计这样的白领工作，他觉得比较满意。但工作一段时间后发现，自己不太适合这份工作，因为他心不够细，常常会出点小差错，有时一点小误差让他核对了大半天才纠正过来，他感觉做这种工作很累。由于经常出小差错，领导对他的印象也不太好。他感到很委屈，因为他知道自己擅长理论，干会计工作没有发挥自己的长处。于是他经常发牢骚，并为自己选错了专业、选错了行而烦恼、悔恨。

晓斌一开始参加工作，就选错了行业，虽然学财经专业的人一般比较适合于做会计工作，但晓斌的个性却不太适合，因为他心不够细。但他知识广博，擅长讲理论，所以，做会计工作对他而言又累又做不好，即选错了行，不能发挥自己的长处，而是使用了自己的短处。其人力资本的价值不能真正体现出来，造成人力资本和时间资源的浪费，不仅不能给单位和自己带来比较高的效益，心理上也很不舒服。

在职业选择上，一开始就选对职业的人其实并不多，而选错职业的人倒是大有人在。当我们选错了职业时，在工作中会产生许多烦恼。中国有句俗话："女怕嫁错郎，男怕入错行。"说明选错行业的烦恼是很大的，这时，自己的人生就陷入了路径依赖之中，似乎难以自拔。一旦做了错误的选择，惯性的力量会使这一选择不断自我强化，并让他轻易走不出去。也就是说，由于自己的选择错误，想走出这种惯性也很难，而且，离自己的人生理想也越远。

在这种情况下，有的人就会悔恨不已，就像上面这位晓斌。但是，光是悔恨没有用，过去的事情已经是历史，历史是无法更改的，我们谁也不可能穿越"时光隧道"。当我们选择错了职业时，该怎么办呢？我们应当把它当成是一种沉没成本。就像企业在短期经营中，那些已经支出的固定成本，企业不能去考虑它，或者当它不存在，主要考虑的是可变成本的支出，只要在企业经营中边际收益高于可变成本就可以继续经营。前几年的彩电降价就是这样，这是一种抢占市场占有率的经营策略。选错了职业也是如此。既然选错了，沉没成本已经发生了，就不可能收回来。要弥补这个成本的损失，只有靠自己提高现在的学习和工作效率，充分利用每一天的时间，争取以后取得更大的利益和成绩。

要充分利用现在的时间，首先就需要让自己冷静下来，理性地分析一下主观和客观的原因，找出问题的症结所在，认真思考自己所走过的人生之路，总结经验教训。同时进行成本和收益分析，即目前工作的成本和收益怎么样，自己觉得更适合的其他职业的前景怎么样，自己的能力在多大程度上适合那种职业，目前的生存问题解决了没有等。如果这时自己还不具备从事另一种职业的条件，就只能暂时忍受一下，培养适合于自己未来职业的能力。在生存问题解决以后，就可及时寻找新的工作。

在人生之路中，沉没成本是一个极其有用的概念。人在考虑问题时，总是处于悔恨当中，是一种非理

经济学课堂

路径依赖

路径依赖指一旦人们做了某种选择，就好比走上了一条不归之路，惯性的力量会使这一选择不断自我强化。它首先由保罗·大卫在1985年提出，后来诺斯将前人有关这方面的思想拓展到社会制度变迁领域。制度变迁如同技术演进一样，这种机制使制度变迁一旦走上了某一条路径，它的既定方向会在以后的发展中得到强化。沿着既定的路径，经济和政治制度的变迁可能进入良性循环的轨道，迅速优化，也可能顺着原来的错误路径下滑，也许还会被锁定在某种无效率的状态之下，要脱身而出就会变得十分困难，往往需要借助外部效应。

社会成本

社会成本指生产一种商品或者采取某种行动给社会带来的成本。科斯认为，社会成本就是私人成本加上交易成本。科尔内则把社会成本定义为"一切涉及社会个别成员和集团的负担、损失、痛苦、牺牲或辛苦的现象"。社会成本包括：一是生产成本；二是不能直接以货币形式反映的企业账面上的外部成本；三是社会的分摊成本；四是反映大量经济现象的人们的意向、满意度和普遍感觉。

性的行为。经济学提倡的理性思维其实也是一种豁达、开朗的人生态度。亚当·斯密说过：幸福不是来自财富本身，而是一种感觉，是"心灵的平静"。杯子破了，没法用了，只能扔掉，旧的不去，新的不来。人生也是如此，沉没成本不可能完全避免，总会产生，重要的是要看到未来的市场，只有把握今天，在总结过去的基础上，掌握更加正确的方式、方法，充分利用每一天的时间，才能创造未来。

当有机会再次选择职业时，应当果断地、毫不犹豫地选择真正适合自己的职业。

茅于轼先生大学时是学机械专业的，但他后来觉得自己更适合于研究经济学，于是，在大学毕业20多年后，也就是在近50岁时改学经济学。他大学时学的专业对经济学学习和研究都有很大的帮助。作为学工科的学生，他的数学肯定比学社会科学的学生要强，而机械设计的理念也对经济学研究大有帮助。而且他在工作和社会中的阅历对于经济学这门社会科学来说更是一种财富。他前20年工作的体会就是，只有把书上所学到的理论运用到日常生活中去，才能真正掌握它。所以，他在学经济学时所产生的学习效率就要高得多。他在学习机械专业中所接触的量的概念在他脑海中形成了一种真正适用的概念，在他后来经济学的研究中就可以得心应手地运用了。而自然科学的逻辑思维和条理化，有助于他对日常生活中的现象进行深入的思考。

从茅先生的例子知道，假如一个人干错了行，也不可怕，只要乐观地看待沉没成本这个概念，并把这种沉没成本当成一种必要的付出，善于总结经验从中吸取教训，重新选择职业，把这些经验教训运用到新的职业中去，让沉没成本成为新职业的垫脚石，成为自己的智慧之源，从而提高学习和工作效率。或者根本不去考虑这些沉没成本，放下包袱，轻装上阵，看到自己人生之路的前面还有更广阔的空间在等着自己去发展。这样，其时间的利用效率自然会相当高。

目标为人生提供动力

哈佛大学有一个关于"目标对人生影响"的跟踪调查，调查对象是一群智力、学历等各方面都差不多的人。调查结果发现，27%的人没有目标，60%的人有较模糊的目标，10%的人有清晰的短期目标，只有3%的人有清晰的长期目标。25年的跟踪调查结果显示，3%的人25年来都不曾更改过目标，他们朝着目标不懈努力，25年后他们几乎都成了社会各界的顶尖人士。10%的人生活在社会的中上层，短期的目标不断达成，生活水平稳步上升。60%的人几乎都生活在社会的中下层，他们能够安稳地生活与工作，但似乎都没什么特别的成就。27%的人几乎都生活在社会的最底层，25年来生活过得不如意，常常失业，靠社会救济，并常常抱怨他人、抱怨社会。

从哈佛大学25年的跟踪调查可以看出：有清晰而长期人生目标的人，他们朝着目标不懈努力，成为社会各界的顶尖人士；主要追求短期人生目标的人士，其生活水平也处于中上层；只有比较模糊人生目标的人也只能过着平平淡淡的生活；没有人生目标的人就只能生活在社会底层。为什么长远而清晰的人生目标对个人的成功有这么大的作用呢？追求自身利益是人的本性。当然，一个人在正当追求自身利益的同时，也会对社会做出贡献。即主观为自己，客观为社会。当一个人有了自己的人生理想和清晰而长远的人生目标之后，在他心目中就有一个长远的利益在激励着他为此而奋斗。即在他的一生中，学习、工作和生活都会围绕这个远大的目标。这就减少了很多无用的努力，其时间利用效率自然会比较高。对于一个人来说，时间就是金钱，节约时间就等于增加了自己的财富。这也就等于既增加了自己的动力和财富，又减少了成本，所以，其人生才是最成功的。而只有一个个短期的人生目标、没有长期人生目标的人，当他的一个个短期人生目标实现后，就容易沾沾自喜，满足现状，小富即安，其生活会稳步上升，但也不会非常出色。而没有任何人生目标的人,他一天到晚需要忙些什么都不知道,学习、工作和生活都不会有什么动力,其时间利用率自然就很低,在不知不觉中就浪费了自己的时间。浪费时间就等于浪费了财富,所以,只能过比较差的生活。

人生目标对人生有着巨大的导向性作用,这就像是在大海上航行,如果前面没有指路灯,航行的船只就会迷失方向,甚至走向相反的方向。人生也是如此。前面一个个的路标是一个人前进的方向,也是他前进的动力。所以,著名的成功学大师博恩·崔西说:"成功等于目标,其他都是对这句话的注解。"

美国的弗洛伦斯·查德威克曾经成功地横渡加利福尼亚州南部的卡塔利娜海峡,创下了世界纪录。从那以后,查德威克就一直暗下决心,试图要打破原有的横渡英吉利海峡的世界纪录。在经过了充分的准备之后,她和教练们选定了挑战的日子,并且她正处于极好的运动状态之中。然而,有一个因素被忽视了,那就是海上的大雾。当起雾时,海上的能见度只有几米。海天的交界处,以及远处的海岸,全被大雾吞没了。游着游着,查德威克开始变得不知所措。由于四周什么也看不到,冰冷刺骨、汹涌起伏的海浪似乎也变得愈加猛烈了。最终,她让教练们把她拉上了船,放弃了这次准备已久、信心十足的横渡计划。

随行的记者扼腕叹息,因为他们透过可视望远镜已经知道,查德威克距离终点只有200米的距离了。当记者们把这个残酷的事实告诉刚刚缓过劲来的查德威克时,她回答说:"即使教练把这个情况告诉我也是一样,因为我看不到目的地,甚至没法肯定我是不是真的还有这个目标。"

既然确定人生目标这么重要,那么怎样确定人生目标呢?

确定人生目标首先需要确定一个长远的奋斗目标,即人生理想。要实现这样的人生理想需要什么样的知识和能力,需要养成什么样的习惯,自己需要在哪些方面付出更多的努力,都要有一个规划。然后,再将这个规划按年龄分成几个阶段,每个阶段需要达到什么样的目标,付出什么样的努力,都要规划好。可以以年龄为依据，每10年作为一个阶段比较合适。

20~30岁时，要走好人生的第一步。这一阶段的主要特征，是从学校走上工作岗位，是人生事业发展的起点，要确定一个事业起点目标。如何起步，直接关系到今后的成败。这一阶段的主要任务之一，就是选择好职业，同时加强与职业相关知识的学习，特别是要加强业务知识的学习，才能得到领导的信任，树立自己良好的形象。

30~40岁时，这个时期是一个人风华正茂之时，是充分展现自己的才能、获得晋升、事业得到迅速发展之时。此时的任务，除发奋努力，展示才能，拓展事业以外，对很多人来说，还有一个调整职业、修订目标的任务。看一看自己选择的职业、所确定的人生目标是否符合现实，如有出入，尽快调整。

40~50岁时，是人生理想的实现阶段，是人生的收获季节，也是事业上获得成功的人大显身手的时期。对于到了这个年龄仍一无所得、事业无成的人，应深刻反省一下原因何在。重点在自身上找原因，对环境因素也要进行客观分析。只有正确找出了主客观原因，才能解决人生发展的障碍，把握今后的努力方向。此阶段的另一个任务是继续"充电"。

50~60岁时，是人生的转折期，无论是在事业上继续发展，还是准备退休，都面临转折问题。主要内容应包括以下几个方面：一是确定退休后的二三十年内，你准备干点什么，然后根据目标，制定行动方案；二是学习退休后的工作技能，最好是在退休前3年开始着手学习；三是了解退休后再就业的有关政策；四是寻找工作机会，确定一个收入目标。这样，才能使自己在退休后的老年生活有所寄托。

下面，我们通过列表，将中长期的人生目标及其实现方式列出来，有利于进行对比。

目标可以给人的行为设定明确的方向，使人充分了解每个行为的目的；使自己知道什么是最重要的，有助于合理安排时间；目标可以促使自己未雨绸缪，把握今天；可以使人清晰地评估自己每个行为的进展，正面检讨每个行为的效率；能够使人把重点从工作本身转移到工作的成果上来；使人在没有得到结果之前，就能看到自己的成绩，从而产生持续的信心、热情与行动力。

人生阶段目标

人生阶段（岁）	阶段目标	主要任务	努力方向
20~30	起点目标：准备从事什么职业	培养所从事职业需要的知识和能力	针对知识和能力上的一些不足努力
30~40	中期目标：有一定成就。修订目标	职位提升和收入增加的具体任务	及时调整知识和能力结构，瞄准晋升
40~50	收获人生理想，下一阶段目标	充电、整顿自己，并找出主客观原因	努力实现人生理想，找出自己的差距
50~60	进一步检查人生理想。退休后准备干什么，怎样寻找工作机会	继续实现人生理想。确定退休后的收入计划、休息计划	塑造自己的人格。学习退休后需要的知识和技能

当制定好自己各阶段的目标任务之后，就要按照这个目标和任务，认真实施，持之以恒。只有持之以恒，坚持不懈，才能摘取胜利的果实。

培养核心竞争力

李斌，中专毕业后被分配到一个基层税务所工作。由于他勤奋好学，业务十分出色，在税务所工作才两年就被调到县税务局去了。他查账效率很高，成了税务领导的得力干将。1992年后他不满足于原来的生活，一个人到广州去打工。在广州，他同时做三个单位的会计。没多久，他就到一个大公司做会计主管，就在这个大公司，他考取了注册会计师资格。现在，李斌事业如鱼得水，已经过上了十分富裕的生活。为什么他这么"幸运"呢？因为他有特别的才华，有出色的会计业务能力，任何错综复杂的账务经过他一处理，就井井有条了。正是这种出色的业务能力使他成为各公司争相抢夺的人才。

像李斌这样的抢手人才，不管在竞争多么激烈的社会里，都有他发挥才能的天地，因为他就是闪光的金子，他走到哪里，就能给哪里带来效益。他的闪光之处就于，在他的个人素质里面有一种别人缺乏的、不可能模仿的核心竞争力。人只要掌握了稀缺性，就掌握了财富，因为越是稀少的东西越值钱，李斌的业务能力是别人缺乏的。一般的会计只能按部就班地做账，而李斌却可以轻而易举地以最快的速度、有效地处理账务。

随着经济全球化的快速发展，我们每个人都要面对国际竞争国内化的挑战，人才竞争越来越激烈。在日益激烈的市场竞争中，个人如何面对挑战呢？唯一的途径就是提高自己的竞争力，形成一种人无我有、人有我优的优势，而且这个竞争力应当如企业一样具有一种核心竞争力，即个人所自身所拥有的核心资源是"偷不去、买不来、拆不开、带不走、溜不掉的"。现在，在国内城市中，特别是大城市中，大学生满街都是，甚至博士、硕士都可以随便抓一大把，这么多的人掌握的都是一般的基础知识，而在现在这种信息流快速、多样的社会，一般的基础知识并不见得能够给企业带来多大经济效益。而如果某人有一种独特的知识和技术运用能力，有特别的风格，并且，这种能力和风格是企业真正需要的，能够为企业带来比较高的经济效益，那么，他在人才市场上就具有一种核心竞争力。

那么，一个人怎样形成核心竞争力呢？只有知识，并不能形成核心竞争力。知识要转化为自己的核心竞争力，还需要在实践中灵活运用，并独具一格。

现在，市场上需要什么样的人才呢？在现代社会，知识只是现成的、死的东西，而善于

经济学课堂

核心竞争力是一种超越竞争对手的内在能力，是企业（个人）独有的、比竞争对手强大的、具有持久力的某种优势。这是在1990年由美国著名管理学家普拉哈德和哈默尔提出的概念，他们认为，随着世界的发展变化，竞争加剧，企业的成功取决于企业的核心竞争力。现代企业的核心竞争力由三个环组成：核心是知识，第二个环是企业制度，第三个环是资源要素，包括人才、技术、资金、自然资源等。核心竞争力具有三个特征，即整体性、不可重复性和排他性。

运用现有的知识进行创造性的开发、发现、发明，才能给企业带来经济效益。当今社会，许多发明、发现都是产生在学科交叉的领域，理工交叉、文理交叉、行业交叉、技术和管理交叉等领域都容易产生新的发明、发现，形成高效的管理模式，形成独特的技术运用方式等。而这些，都是别人学不到、模仿不了的核心竞争力。所以，现在，拥有跨学科的基础知识和某一方面的专业知识，并能够灵活运用这些知识进行创造的人才特别受到市场的青睐。

另一种受到市场青睐的人才就是掌握了一定的基础知识，电脑、外语熟练，综合素质高，有比较好的写作能力、交际能力、推销能力、管理能力、组织能力、协调能力、技术运用能力等多方面能力的复合型人才。这种人才往往八面玲珑、干劲十足，做工作很容易拓展新局面，企业就需要这样的人才来迅速拓展国际、国内市场，提高企业管理效率。

现在，中国经济已经全面走向国际市场，国际上的大型跨国公司也大都在中国设有分公司。因此，市场上特别需要那些掌握国际商业规则、懂得国际法、外语熟练的高级金融工程师、精算师、理财规划师、信息咨询师、经济咨询师等高端人才，这些人才都很受市场青睐。

还有一种受到市场青睐的人才是掌握了扎实的基础知识和专业知识，具有某方面专业技术运用能力，善于进行技术改造和技术开发、动手能力强的高级技师，即"灰领"人才。

从以上受到市场青睐的几种人才可以看出，个人核心竞争力的基础是知识，核心是创造和能力，其他像个人品格、习惯等是外部因素。知道了形成个人人力资本核心竞争力的主要因素之后，就可以在自己的学习和工作中，在日常的生活中，不断积累这些核心竞争力需要的综合素质。多学习一些跨学科的知识，着力培养自己的创造性思维能力、综合运用知识的能力、推销能力、交际能力等各方面的能力，形成自己独具一格的创造能力；或者在现有知识的基础上，学习相关的技术，着力培养自己的动手能力；或者在外语基础好的条件下，学习国际上最新的、适应市场需要和企业开拓国外市场的前沿知识;或者多学习一些跨行业、跨系统、跨专业的前沿知识,并着力将不同领域的知识综合运用,产生新的思维、新的方法。

总之,有意识地形成自己的核心竞争力,必须在"人无我有,人有我优"上下功夫。大家都学到的知识,我可不可以比别人提高一步,在此基础上产生新的东西;大家都有的技术,我可不可以再上升一步,在这种技术上更加拔尖;能不能发现自己独特的潜能,着力开发这种别人没有的潜能;有没有掌握国际上最前沿的知识和能力。有多少个人就有多少种独特的潜能,但我们绝大多数人都没有很好地开发它。所以,学习基础知识和专业知识只是一个开端,要使自己在市场上受到青睐,就需要着力开发自己独特的潜能,并使这种潜能形成一种别人缺少的才能。正是基于此,世界成功学大师奥里森·马登说:"我们每一个人都可以成为天才。"

执着与勤奋来自对成功的渴望

有一位将军在前线作战连续失败了8次,将士们抱怨的情绪越来越强烈,将军自己也十分沮丧,感到无颜见江东父老。一天,他很无聊地躺在床上,呆望着乱糟糟、没来得及收拾的房间。突然,一只蜘蛛吸引了他。他看见墙壁上一只蜘蛛在往上爬,爬到快到屋顶时又摔下来,或者爬到中间又掉下来,掉下来了又往上爬,一次又一次,一共爬了19次。最终,那只蜘蛛爬上了顶点。将军见此情景,心头思绪万千:"一只蜘蛛尚且不怕失败,在一次次失败后仍坚持往上爬,我一个将军难道还不如一只蜘蛛吗?我不能在失败面前倒下,跌倒了,再爬起来,我们一定能胜利!"于是,将军再次召集下属研究敌我形势,并把他看到的蜘蛛爬墙的故事讲给战士们听。在将军的带动和鼓舞下,这支军队一鼓作气,反败为胜,终于取得了战争的最后胜利。

为什么蜘蛛的行为对将军产生如此大的激励力量呢?蜘蛛之所以一次次跌下还要往上爬,完全是为了生存,爬上去是它求生的本能,也是它利益最大化的唯一选择。作为一只比较低级的动物尚且如此执着，一位将军怎么能面对失败就灰心丧气呢？作为将军的下属，听了这个故事也会有同样的感触。所以，就这么一个小小动物的形象就唤起了将军和战士们的斗志，最终反败为胜。

人人都渴望成功，都希望以最小的付出获得最大的收益，但真正成功的人并不多。为什么会这样呢？人生的成功需要有规划、正确的方式和方法外，更需要持之以恒的努力，天上不可能掉下馅饼，我们为自己的人生付出了多少努力，就有多少回报。有投入，才有产出。投入少，产出少；投入多，产出也多。人生也要善于经营，一分耕耘，一分收获。

人生成功和经营企业是一样的道理，只有那些有远大理想和长远奋斗目标的人，才具有持久的动力。在人生路途中，总有许多不可预测的风险和困难，有许许多多不良的外部条件和自身的条件常常阻挡自己前进。有一个清晰而长期的人生目标，并自始至终不更改这样的目标，遇到困难和障碍时，自己就会想方设法克服困难，排除障碍。或者在某一个阶段，发现自己的知识和能力还有不足的地方，就会及时改进，增强这方面的知识和能力。这样，由于方向准确，大多数的努力都不会白费，即使暂时走了一些弯路，也会加倍努力，及时赶往前面的目标。而且，有了自己的人生目标，并执着地实现这样的目标，其时间利用效率容易逐渐提高。虽然，有时会感到很累，但继续坚持下去就会有一种"那人却在灯火阑珊处"的感觉。如果没有对成功的渴望和执着，没有一个长期而清晰的目标，就容易在小小的成绩面前沾沾自喜，止步不前，或者遇到一定的困难就退却。半途而废往往就容易前功尽弃，造成巨大的沉没成本。我们常常看到，很多人学习英语，开始时，雄心勃勃，但由于没有一种对成功的执着和渴望，到了一定程度就被困难吓倒，或者满足于现有的状况，而使英语水平难以再提高，一段时间过去了，英语水平又降低了。

由此可见，有清晰而长远的人生目标，并坚持不懈地为之奋斗，能有效地利用时间，使自己一生中的时间都发挥最大的效率，这其实就是增加了自己的财富，也更容易走向成功，而真正能够长期坚持的人很少。所以说，执着和勤奋是个人成功的必备要素。

第三章 职场中的经济学

饭碗从哪里来

在改革开放以前,城市人的工作由国家和当地城市解决。大家都有饭吃,工资不高,工资增长也比较缓慢,但工作稳定,基本上是铁饭碗。当然,那时要安排比较好的工作,就需要有点背景。大学生一毕业就是国家干部,由国家统一安排工作,自己只有填工作志愿的份,没有多大选择余地。要么托关系,找点门路,可能安排得好些。大多数大学生都是一次安排定终身,一辈子都干这一项工作,以后要变动就得靠自己努力表现,争取提拔、升迁。

随着改革的逐步推进,人们有了更多选择自己工作的机会和权利。从20世纪90年代中期开始,国家对大学生就业实行学生自主选择职业、双向选择的政策,大学生不再由国家统一分配了。大多数人参加工作要自己找工作,而不是等着国家和政府安排。自己找工作就要看市场需不需要这个人,在找工作的过程中,一方面是自己挑选工作单位,另一方面是用人单位挑选应聘人员。在当前中国这样一个人口众多、市场竞争激烈的社会,用人单位的主动权远远大于个人的主动权。

现在,大家找工作首先想到的是报考国家公务员。国家公务员虽然收入不高,但工作稳定、福利待遇好、社会地位高,基本上类似于铁饭碗,所以,报考国家公务员竞争十分激烈,能够考上的人比较少,毕竟每年录取国家公务员的名额有限。

然后是一些大中型企业,很多大中型企业也要通过笔试和面试选拔工作人员,所以,要进入一些经济效益好的大中型企业也不容易。大中型企业工作比较稳定,学习、升迁机会比较多,进入大中型企业的竞争也比较激烈。再就是外资企业、中外合资企业和大中型民营企业,这些单位工作不是那么稳定,不提供住房,然而工资高,学习和升迁的机会也不少。但一些大型的、高工资的非国有企业对招聘工作人员的要求更高,一些国际跨国公司就专门到北大、清华、复旦等名牌大学挖高才生,甚至以高工资挖行政事业单位、国有企业的在职工作人员。而且一些非国有企业要求新录用的工作人员必须有一定的工作经验,这样,可以省下不少培养费。对于刚刚走向社会的年轻人来说,这些都是高门槛,不容易迈进。

一些年轻人可能会想到自己创业。自己创业需要相当数量的资金投入、社会经验、社会关系等,而年轻人往往缺乏社会经验和社会关系,自己创业也不容易。现在,市场竞争越来越激烈,不像改革开放初期,卖什么什么赚钱。现在的个体经济和私营经济也只能获得社会平均利润,并且,这个社会平均利润还在逐渐降低。搞个体和开公司的利润空间逐渐缩小,而风

经济学课堂

待岗

待岗就是暂时没有安排工作岗位,但保留了其重新走上工作岗位的权利,在时机合适的时候可以重新安排工作岗位。一部分待岗人员可以在时间许可的情况下做些额外的工作赚取生活费。待岗人员一般保留了一部分工资和福利待遇,并没有断绝收入来源。

城镇登记失业人员

城镇登记失业人员是指非农业户口,在一定的劳动年龄(16岁至法定退休年龄)内,有劳动能力,在报告期内无职业,并根据劳动部《就业登记规定》在当地劳动部门登记的人员。城镇登记的失业人员总数除以劳动年龄人口的总数就是城镇登记失业率。在我国,这个数据一直是表示城镇失业率高低的基本数据。

结构性失业

结构性失业主要是由于经济结构(包括产业结构、产品结构、地区结构等)发生了变化,现有劳动力的知识、技能、观念、区域分布等不适应这种变化,与市场需求不匹配而引发的失业。我国所出现的结构性失业现象,受诸多因素影响,既有宏观经济发展、技术进步、产业结构调整引发劳动力需求方面的原因,又有劳动者个人素质、技能、就业观念等微观层面劳动力供给方面的原因,既是生产发展、技术进步引发的必然过程,又受到体制转型的特别刺激。

险却逐渐加大。看来，搞个体和合作开公司也不是那么容易的事情。

还可以从哪里找到自己的饭碗呢？到农村去，到基层去，到西部地区去，那里条件艰苦些，不过，将来的发展机会也可能比较多。因为，艰苦的地方可以锻炼自己的能力，发展空间广阔。而且，现在国家正在进行西部大开发，大力投资于基础设施的建设，将来的条件会逐渐好起来。

不管是行政事业单位、大中型国有企业、外资企业、中外合资企业、外商独资企业、民营企业还是其他什么单位，其工作岗位都与宏观经济经济发展息息相关，经济发展快，工作岗位多，经济发展慢，工作岗位少。个体私营经济提供的就业机会也与经济发展息息相关。工作岗位还与国家政策和改革有关。近年来，我国行政事业单位和国有企业都在进行改革，采取减员增效、竞争上岗等措施，使一些人下岗、待岗。另外，由于近年来我国经济结构和产业结构的调整，许多原来掌握一定技能的职工也加入了失业的行列，产生结构性失业。这些都加剧了就业的紧张状况，使得饭碗越来越难找了。现在，许多城市的城镇登记失业率都比较高。

哪些因素影响劳动价值

劳动是人区别于一般动物的本质特征，劳动创造了人，劳动创造了物质产品和精神产品，并推动人类社会的不断进步与发展。劳动是指人的体力和脑力的付出，它是人类社会存在的基础，是一切人类社会主要物质财富价值的来源。

劳动的价值就是指劳动所产生的价值，也就是个人劳动被社会承认和接受的部分。人作为一个社会性的总体，个体劳动必须转化为社会劳动，只有转化为社会劳动的，才有价值。如果个体劳动不能被社会承认，不能对社会产生影响，这就是一个绝对孤立的劳动，是与他人和社会不相干的劳动，因而也就没有价值可言。就比如，一个人挖了一个鱼塘，买来一些小鱼养殖。但由于养鱼技术不好而导致所养的小鱼全部死掉，这个人的所有挖鱼塘、养鱼的劳动都是白费力气，没有得到社会的承认。又如，一个人写了一部小说，拿到出版社去想出版,但由于写作质量等诸多问题,所有出版社都不愿出版,因而其劳动的价值也就没有得到社会的承认。

劳动所得一般是指因劳动付出所得到的物质性回报,包括物质资料和货币等形式的回报。要取得物质性的劳动所得,必须符合两个条件中的一个:或是必须是从事物质性劳动,取得物质性劳动成果;或是与他人进行劳动交换,用自己的劳动换取自己生活所需要的、自己不能生产的其他生活物品。但是,人的劳动不仅取得物质性的劳动产品,还可能取得知识等非物质性的劳动产品,如知识、经验等。

我国的分配方式是以按劳分配为主,其他多种分配方式并存。按劳分配中的这个"劳"包括劳动的质和量,一个人的劳动价值首先取决于本人劳动的质和量,即这个人所从事的劳动是简单劳动还是复杂劳动,也就是取决于个人的人力资本价值。

经济学课堂

简单劳动

简单劳动就是指不需要太多技能,凡是有劳动能力的人都能从事的劳动,比如一般农民、城市保姆的劳动就是简单劳动。它是与复杂劳动相对而存在的,不同的时代有不同的简单劳动,随着社会的发展和技术的进步,原来的复杂劳动会变成简单劳动。这是马克思在《资本论》中提出的一个概念。

复杂劳动

复杂劳动指需要掌握一定的知识、技术或技能才能从事的劳动。马克思说:"复杂劳动是加倍的简单劳动。"即复杂劳动中质的含量比简单劳动高,其所生产的剩余价值也比简单劳动多得多。在扩大再生产中,资本家只要让工人工作少量的时间就可以榨取比较多的剩余价值。

按劳分配

按劳分配是社会主义的分配原则,它的含义是按照劳动者向社会提供的劳动的数量和质量分配个人消费品,等量劳动领取等量报酬,多劳多得,少劳少得,不劳不得。按劳分配是作为与资本主义按资分配相对应的社会主义分配方式提出来的。

边际生产力

所谓边际生产力,从实物形态上说,就是在其他条件不变时,厂商每增加1个单位生产要素投入所增加的生产力,即边际产量(MP)。从价值形态上说,在其他条件不变时,边际生产力就是每增加1个单位要素投入所增加的产值。劳动的边际生产力就是企业最后雇佣的一个劳动力给企业增加的生产力。

简单劳动不需要多少知识和技能，不用培训，只要有体力就可以干的活，干一般的农活、搬运等工作就是简单劳动；复杂劳动是需要一定的知识和技能，需要经过一定时间的教育和技能培训才能从事的工作，像会计师、工程师、技师、大学教授等工作就需要相当的知识水平和技能。一个人劳动的复杂程度取决于其人力资本价值的大小，人力资本价值大的人，可以从事更加复杂的工作，其劳动的质量高。也就是说，一个人的劳动价值首先取决于其人力资本价值的大小。而决定人力资本价值大小的主要因素就是其所接受的教育和技能培训的多少。所以，上过大学的人一般比没有上过大学的人劳动价值更大，工资更高。劳动的质和量还取决于个人工作的努力程度。努力工作，把全部身心都投入到工作中去，其劳动的质和量都比较大；反之，没有努力工作，懒懒散散，工作不负责，尽管其人力资本价值比较大，也有可能其劳动价值比较低。

是不是一个人受过更多教育与培训就一定能够取得更高的收入呢？具体某人的劳动价值大小、工资高低还受到众多社会经济因素的制约。随着社会经济的发展，社会分工越来越细，人们只能做三百六十行中某一行的一个细小环节，这样，一个人的劳动价值不仅与其劳动的质和量有关，而且与其所在工作单位的经济状况有关。如果其所在工作的单位经济效益好，那么这个人所从事的工作就可能完全被社会所承认或基本被社会承认；如果其所工作的单位经济效益不好，其所从事的工作就有许多得不到社会的承认。所以，尽管有的人，其人力资本价值比较高，从事的工作也是复杂劳动，但其所获得的收入即其劳动价值好像并不高，甚至比他人力资本价值低的人所获得的收入还低。还有不能排除的重要因素就是一个人的社会关系的大小，社会关系多的人，可以通过关系到效益好、收入高的单位工作；没有什么社会关系的人只能在经济效益不那么理想的单位工作，从而其劳动价值也受到其社会关系大小的制约。

劳动价值大小还要受到宏观经济状况的制约。在经济趋热、需求旺盛时期，由于产销两旺，其所付出的劳动有更多被社会和市场承认，劳动价值自然就比较高；经济萧条、通货紧缩时期，由于市场疲软，其付出的劳动有一部分没有得到市场的承认，其劳动价值也就比较低。

劳动价值的大小还与劳动力的供给与需求状况有关。如果在市场上，劳动力的供给过剩，企业对劳动力的需求没有那么多，企业就会对员工挑三拣四，要求严格，有意压低工资，员工的一部分价值没有得到企业和市场的承认，员工的工作积极性会在一定程度上受到影响，其劳动价值就比较低；如果市场上劳工不足，但消费需求旺盛，劳动力就有更多的主动权，员工工资自然会提高，员工的工作积极性上升，会更加努力工作，其劳动价值也比较大。在劳动力市场上，一个人的劳动价值大小，或其所得到的收入的多少取决于其劳动的边际生产力，也就是企业多雇用了这么一个员工能够为企业带来多大的生产能力或经济效益。

总之，一个人的劳动价值受到多方面因素的影响，包括其人力资本价值的大小、工作的努力程度、所在单位的经济效益状况、宏观经济状况、劳动力的供需状况等。

是否被人抢了饭碗

"打工"这个字眼出现在改革开放以后的中国，是人们对改革开放后农村剩余劳动力自发地向东南沿海地区流动的描述。在很长时间以来，农民外出打工被视为一种盲目行为，在城市工作的农民工被称为民工。从20世纪90年代开始，我国出现了大规模的民工潮。当千百万民工在无数工厂和工地用他们的血汗换来中国每年GDP快速增长的时候，人们终于明白，中国经济的发展离不开广大的农民工。在这样的背景下，针对农民工的一些制度性歧视有所改善，人口外流地的政府也开始改变角色，做出为农民外出打工保驾护航的姿态，积极倡导本地居民外出打工，并把为他们提供沿海城市的用工信息当作基层政府一段时间内的重要职责所在。

即使是风调雨顺的年份，农民一年辛辛苦苦种责任田的收入，远不及外出打工的收入。因此，外出打工就成了年轻农民理性的选择。

在浩浩荡荡的民工潮涌动在神州大地后不久，城市减员增效、下岗、再就业风潮也一波波地涌动着，于是，不少城里人就埋怨农民抢了城里人的饭碗。到底农民有没有抢城里人的饭碗呢？农民工所从事的工作大多数是建筑工地的小工、一些合资企业和私营企业的临时工、修公路和公园的临时工等一些城市比较苦、比较累的活；也有一些是在城市从事保安、运输的工人；还有一些女孩在城市当保姆；另外有一些文化水平比较高、素质比较高的农民在城市从事中层管理等工作；有一些头脑灵活的年轻农民成了城市做生意的生意人。可以说，大部分农民工从事的工作都是城里人不愿干的累活、脏活，只有较少的比较高层的农民从事的管理、经商等工作对城里人构成了一定的压力，与城里人形成了一定程度的竞争。

但是，话又说回来，我国近年来城市建筑行业迅速发展，高楼大厦不断涌现，城市道路、公园等基础设施建设快速发展，所有这些都有农民工的辛勤汗水。因为建筑行业大量雇用农民工可以节省巨额的成本支出，毕竟农民工的工资水平比城市工人低很多，而且一般不需要任何福利待遇支出。所以，近年来，我国大批涌进城市的农民工为城市建设和发展做出了巨大的贡献。至于一部分高素质的农民工对城里人形成就业竞争压力，让城里人找工作更加困难，是在原有城乡分割体制的惯性思维下产生的一种心理感觉。在原有的惯性思维下，许多城里人认为，城市居民应当享有更多的保障，城市与农村本来就是两个不同的世界，城市居民在城市工作是本分，而农村人来城市工作，就是不本分。而且，来城市工作的农民还带有农村的一些不良习惯和不文明的举止，像随地吐痰、乱丢垃圾等。部分农民工还打架斗殴、偷东西等，增加了城市的犯罪率，也增加了市民的不安全感。

不可否认，农民大量涌进城市找工作，在某些领域可能抢了城里人的饭碗，特别是农民更能吃苦耐劳，工资比较低，一般包工头和私营企业业主都会用成本比较低的农民工，而不愿用成本比较高的城里人。但城市居民也有其自身的优势：一是城里人受教育水平普遍更高,文化水平、文明素质和其他各方面的素质一般比农民工高很多;二是城里人有一定的社会关系,对城市生活已经很熟悉。而从农村来的农民工要适应城市的社会环境、生活习惯、文明礼仪等都需要相当长的时间;三是城市的很多单位,政府规定要录用有城市户口的人员。城市找工作的人有这些先天的优势,要在市场上与农民工展开竞争,赢的人多,输的人少。

理性看待就业难

要探讨就业问题,首先需要回顾一下我国的改革进程。1995年以来,在国企与集体企业中进行了劳动用工制度的改革,并大力推行减员增效、下岗分流等改革措施,减少就业岗位,提高了公有制企业的经济效益。1997年以来,政府机关与事业单位也精简机构,实行竞争上岗,分流人员。自推行改革措施后,每年都有1000多万下岗人员。

过去在计划经济体制下,人人都有饭吃,看似失业的人非常少,表面上每个人都有工作,但实际上是"五个人做两个人的工作",不仅工资低,五个人还互相打架。经济发展走向高效,两个人岗位只能两个人吃饭。然而从就业的角度看,几十年积累下来的问题集中在几年内解决,就会出现劳动市场的暂时不平衡。即各种经济实体提高经济效益与众多的劳动年龄人口之间产生了暂时的矛盾,高效的经济实体并不需要这么多的劳动力,而新增经济实体的增长速度远远赶不上原有经济实体对多余劳动力排挤的速度和新的劳动力人口的增长速度。

大批城镇下岗职工和失业人员、再加

经济学课堂

奥肯定理

美国著名的经济学家奥肯发现了周期波动中经济增长和失业率之间的经验关系。奥肯发现,失业率每上升1个百分点,实际GDP就下降3个百分点。尽管这种关系只是经验的总结,但它在整个20世纪60年代、70年代和80年代早期的美国经济中都大致成立,故被人们称为"奥肯定理"。奥肯定理说明了在周期性的经济波动中失业给实际GDP带来的损失,它为人们研究增长与失业的关系提供了一种有用的方法。

上上亿的进城打工的农村剩余劳动力以及进入就业高峰期的新增适龄人口造成了叠加的就业压力,使得就业问题十分紧张。

从国家的整体经济结构来看,一般来说,一个国家99.5%的企业属于中小企业,劳动者中有65%~80%在中小企业就业(包括社区与中介)。但是,我国中小企业依然太少,虽然银行存款总额不断加速上升,但大量的居民储蓄和民间资本并没有转化为投资,许多有钱人宁愿存钱,或买国债、股票、房产等,就是不愿直接投入到经济实体中去,造成民间资本利用率低,中小企业发展缓慢。日本有1.25亿人口,中小企业有660万个。中国有13亿人口,中小企业却只有800万个。一般来说,中小企业投资少,但相对的就业量多,同样的投资,在大中型企业只能解决一两个人的就业,而投资于中小企业可以解决四五个人的就业。中小企业发展不足自然限制了就业量的增长。从产业结构来看,我国目前的产业结构依然不合理,北京、上海等大城市的第三产业创造的收入占其经济总量的40%以上,大多数中小城市还不到30%。发达国家第三产业占其GDP的60%。第三产业就业容量比第二产业大得多,第三产业发展不足也限制了就业量的增加。

另外,在地方政府的政策主导上,没有把就业问题真正放到优先地位上。许多地方政府过于追求经济增长率,采取的是增长优先的发展战略。从金融、财政及政策上都向高科技、大企业倾斜。新近增加的一些企业和经济项目就业容纳能力往往不高。我国20世纪90年代每1个百分点的经济增长创造出来的非农就业岗位仅为80年代的1/3。形成了"高增长、高投资、低就业"的现象,这违背了奥肯定理所揭示的经济增长与就业增长正相关关系原理。

从制度上来看,现行的管理体制依然限制了就业问题的解决。目前的人事管理制度仍然有较强的计划体制色彩,使不少缺位以待的用人单位受到限制。据调查,不少中小型私营(股份)企业急需大学水平的管理技术人员,却因没有申报用人指标的途径,解决不了大学生的派遣、落户口、接档案等问题而招不到人。目前,基层和西部地区需要大学生担任公务员和教师,但如果大学生去工作，他的户口和档案将一同被派遣到工作地，再想流动就会碰到制度性障碍。在大中城市，大学生创业的机会较多，成功的概率也较大。但没有户口就进行不了工商登记，也难获得贷款的担保支持，这又限制了一些年轻人自主创业。

一些私营企业用工制度极不合理，不但不和员工签订劳动合同，而且也没有社会保险、养老金、公积金等一系列社会福利。另外，起薪较低，升幅不大，并伴有苛刻的罚款制度，让想进入的人特别是大学生受不了。同时，用人单位还设置经验、性别等障碍，其拒绝的理由是动手能力差、需花费培训费用、稳定性不高等。用人单位在招人时追求实用和低成本，存在目光短浅和心态浮躁的情况。这些也导致就业渠道不畅通。

一些年轻人特别是大学生就业难，在一定程度上也是因为他们期望值偏高，自身定位不准，理想与现实脱节。很多年轻人认为应该有一份待遇丰厚的固定工作，认为留在大城市、大单位才能体现自己的人生价值。不愿放下架子、低姿态进入社会，在普通的工作岗位上寻找发展的机会。

所以，就业观念的转变也很重要，传统就业观是终生在一个单位"服役"，是计划经济体制下的产物。随着市场经济的不断深入，社会就业形势也在不断发生新的变化。人事制度的改革，打破了"铁饭碗"和"大锅饭"，竞争上岗、人才流动和再就业已成为普遍现象。科学技术日新月异，产业结构调整不断加快，知识更新、产业高级化趋势加速，传统产业逐渐被新型产业代替。就业岗位在不断地变，就业者不能不变。

从"天之骄子"到"街头浪子"

从1999年开始，高校扩招，我国高等教育进入新的发展阶段，毕业生人数每年增加60万~70万。2002年是145万，2003年212万，2004年280万，2005年达到338万。与此同时，2003年、2004年有近70万未就业大学生，这样，2005年需就业学生人数达420万。企业纷纷减员增效，政府提倡精简机构，事业单位实行下岗分流，造成人才需求下降。可以预计，大学生就业竞争将会更加激烈。在国有企业下岗职工、失业人员再就业问题尚未得到根本解决的情况下，近年来我国大学毕业生就业问题凸现，引起了社会各方面的广泛关注。

过去，由于我国大学生数量比较少，特别是由于"文化大革命"时期毕业的大学生十分少，改革以来，各行各业都存在大量的人才断层，新老交替难以为继。所以，20世纪80年代的大学生被称为"天之骄子"。但是，时过境迁，才过20年，大学毕业生却遭遇就业的寒冬。影响大学生就业难的因素有很多：一是供需失衡。受高校扩招的影响，从2001~2005年，4年内增加了223万；二是大学生就业渠道不畅。目前的就业渠道无非是学校推荐、熟人介绍、校园和社会的招聘会、人才或就业网站、报考公务员、服务西部等，对大多数人来说，这些渠道还不能满足毕业生的需求；三是高校专业设置错位。一些大学的专业及课程设置有较大盲目性，专业趋同现象十分严重，造成供给严重大于需求；四是大学生缺乏就业培训机会。不少企业拒绝承担大学生就业后的"在岗培训"费用，招聘中普遍要求有"数年工作经验"；五是目前市场白领份额有限。由于中国国际分工地位的处于国际分工的底部，新增加的劳动就业岗位，主要是劳动密集型的就业岗位，使得中国就业上呈现"白领需求不足"的状况；六是文科教育与社会需求的适应度较低。由于文科教学内容几乎不针对中国的经济现实，学生对于现实社会的状况十分隔膜，这也严重不利于毕业生的就业；七是一些企业的用工制度不合理。正是因为这样，待业的大学毕业生越来越多。

从地区看，北京、上海、东部发达地区用工需求较好。中、西部不少地区虽然有较大的用人需求，但工作和生活条件艰苦，往往招不到合格人才，出现"有地方没人去，有人没地方去"的现象。在西部经济不发达地区，当前就业岗位相当有限，难以吸纳本地毕业生。

高等教育正从"精英教育"向"大众教育"转变，因此很难保证每个大学毕业生都有一个"精英"岗位。在"精英教育"时代，高校毕业生短缺，社会精英岗位充足。高校毕业生就业是一种与之相适应的如政府机关、外企、高科技企业等精英岗位。而当高等教育进入大众化阶段后，社会精英岗位与高校毕业生数量相比显得不充足甚至短缺了。就高校毕业生整体的就业情况而言，是进入了一个"大众化就业"的时代，一部分高校毕业生通过竞争，进入社会的精英岗位。同时，必然要有一部分高校毕业生从事与大众化教育相适应的比较低一级的工作。任何东西，稀少的就值钱，一多了，就不值钱了。现在的大学生早已不稀少了，所以，大学生再也不是"天之骄子"，大学毕业生也是普普通通的劳动者。在高等教育已经大众化的国家，有些大学毕业生干的也往往是最基层的工作。所以，在大众教育时代，到中小城市、中小企业就业也不失为良好的选择。

但是，大学毕业生本人真要到中小企业、中小城市、农村去却是一个很难转变的过程。父母为上大学的子女已经投资了几万元的各种费用，对于大多数家庭来说，几万元的支出是个不小的数目，一般工薪家庭也需要省吃俭用好几年才能筹集出这么一笔钱来，而农村家庭更是父母辛辛苦苦半辈子的劳动成果。父母都希望子女能够通过上大学提高自己的经济地位，在中小企业、中小城市、农村，收入普遍比较低，学习和发展的机会也不多，几万元的上学成本何时收回来都难以预料。况且，小地方、小企业的情况更加复杂，国家规定的许多条条框框形同虚设。在一些地方，文化水平的高低对就业和将来的成就作用很小，社会关系才是最主要的因素。另外，任何一个大学生都会认为，在小地方和落后地区工作，其户口也落在小地方和落后地区，影响了后代的成长，这才是他们最为关心的事情。好不容易上了大学，有机会留在大城市，大多数大学生都会紧紧抓住这个机会，失去了这样的机会，说不定其一生及其后代都没有这样的机会了。也就是说，留在城市，特别是大城市依然是大多数大学毕业生利益最大化的必然选择。

所以，有些大学毕业生宁愿留在大城市里，即使户口没有落下，也要留下来，暂时做一些临时性的工作。他们为的就是找个落脚的地方，再想办法找工作，攒足了钱，再找关系，或者再继续苦读，准备考研，有的连考几次，还要继续考。当然，在目前就业竞争如此激烈的情况下，研究生学历也不一定能够留在大城市，但研究生学历起码多了不少竞争力。有些大学毕业生通过在城市里几年的艰苦拼搏，自己的能力和社会经验也得到了增长。

但是，话又说回来，我国经济发展的优势在中小企业，而中小企业的飞速发展急需高等教育为其提供充分的智力和人力支持。20世纪90年代以来的我国经济快速增长中，工业新增产值的76%以上是由中小企业创造的，同时，中小企业还提供了大约75%的城镇就业机会。大学生今后个人发展、赚钱的机会在什么地方。应该说，相当部分学生应该到民营的中小企业里寻找机会。因为中国未来发展的主要机会就在中小企业中。现在可以说是几十年以来中国中小企业、民营企业发展的最好时机。如果大学毕业生能尽快加入这个行业，走在中国的最前沿，不但能使自己的知识和本领得到提升，而且事业上也会有较大的发展。

今天工作不努力，明天努力找工作

一部分年轻人在现在竞争十分激烈的劳动市场上，还是比较明智的，先就业，后择业，只要有一个落脚的地方，赶紧签约，找个单位再说。至于这个单位自己喜欢不喜欢，这份工作自己适合不适合，先不管，等有了一个落脚地，再去谋求自己更高的职业理想。

先就业，后择业，在时机成熟的时候再寻求自己更好的发展机会，是年轻人特别是大学毕业生利益最大化的理性选择。作为年轻人，人生的道路还很长，自己在人生中有所成就，不仅可以实现其抱负和理想，而且也为后代打下了扎实的经济基础。抓住青年时代的大好时光，在该拼搏的时候拼搏进取，就不会在将来年纪大了的时候后悔莫及。但是，也有的年轻人在这方面急功近

职场为什么会"混"不下去

得过且过

混沌度日,只要日子过得下去就勉强度过,对本职工作不负责任草草了事,或是故意装傻找借口,偷懒糊弄逃避责任

缺乏危机意识

毫无危机意识,每天快活不知时日过,等到危机突然来临时,由于无法适应突如其来的变化而导致无所适从,被竞争对手击垮

不懂充电

目光短浅,缺乏发展的长远眼光,不肯学习新的知识和技术,或是随大流盲目充电,学些与自己并不相干或对工作及个人发展帮助不大的知识技术

疲于兼职

为了多赚一些钱,在忙于工作的同时还身兼数职,导致筋疲力尽,干扰本职工作,使工作效率严重下降,头昏脑涨得不偿失

没有团队意识

或独领风骚,或独来独往,缺乏必要的合作意识,与同事之间感情冷漠,凡事三缄其口,宁可让自己的想法和建议烂在肚子里也不肯说出来

谨小慎微

安于现状,处处小心谨慎,由于害怕失败而不敢尝试新的事物,接受新的挑战,白白放过近在眼前的机会,在一个岗位上止步不前

急于表现

急于表现自己,爱和领导或团队中的明星领袖人物套近乎,到处显示自己的"优势",夸夸其谈,喜欢盲目地出风头

盲目跟从

上司让做什么就做什么,不会主动思考,盲目跟从领导的指示,人云亦云,从众行为明显,缺乏灵活性和创造性

利,对自己过高估计,对走向社会、工作岗位的种种复杂情况缺乏理性的分析和鉴别,这山看着那山高。就准备往高处走,对自己目前的工作只是应付,把主要的心思和精力都用在自己未来的个人发展上。有的年轻人到了单位不久就把主要精力用来学习外语,准备考托福、GRE;或者到外面去找同学、亲朋好友和其他社会关系,准备找到更好的归宿;或者刻苦复习外语和专业功课,准备考研;或者频繁到人才市场去碰运气;或者频繁参加公务员、

国家事业单位录取考试等。他们认为，反正迟早要离开现在的单位，工作也不需要这么出色，只要能够交差就行了。

作为一个经济实体，任何单位都会寻求利润的最大化。要寻求利润最大化，单位领导必然关注每个员工的工作效率。只有每个员工的工作效率提高了，单位的经济效益才能得到提高。这是任何经济实体的理性行为。特别是在当今市场竞争、人才竞争激烈的社会，单位都是以经济效益为中心。在当今的市场上，企业和单位居于主导的地位，而员工则居于从属地位。一旦某个员工对工作只是应付，把主要的精力用在自己的事情上，单位的同事和领导肯定会发现这个员工"身在曹营心在汉"。如果同事和领导出于好心，可能会比较委婉地表达"我们需要你，你就安心工作吧"之类的意思；如果同事和领导认为这个人三心二意，朝三暮四，对同事、单位不忠诚，品格有问题，很可能暂时不说这个人，而是继续观察，等待其行为的暴露，等待机会，抓住这个人工作上或其他方面的错误，给他一个打击。在这个过程中，这个人与单位就是一种相互的算计。我们假定这个不安心工作的人是 A，其算计见下表。

不安心工作的人情况计算

	单位对 A 说："我们需要你，你安心工作吧。"	单位不说："我们需要你。"而是暗中观察 A 的行动。
A 说："我保证今后好好工作，请领导监督我。"	单位放心，但还可能观其行动；A 安心，两情相悦。	A 依然应付工作，不顾他人感受。A 与单位的矛盾可能暴露。
A 不说："我保证好好工作。"暗中却加紧自己的行动。	单位对 A 不满，但是，A 不知道；A 还自认为自己聪明，其行为没有被人发现。	单位和 A 各自不向对方表露，单位和 A 的矛盾逐渐显露，A 一意孤行，二者展开对垒。

在这种个人和单位的相互算计中，到底谁最终会输呢？如果 A 在进单位之前就已经有比较好的知识和能力基础，只是自己关系不够，运气不佳，不得不到这个单位工作，而且 A 为其未来的选择早已做好准备，其行动经过了比较长的时间才被单位同事和领导发现，等到他们发现时，A 已万事俱备，只欠东风。在这种

情况下，A赢的可能性比较大。毕竟，同事和领导也不愿意随便去得罪一个在未来与之不太相干的人。

但是，在大多数这种员工与单位的相互算计和对垒中，个人赢的可能性比较低。因为，在当前的劳动市场上，企业和单位居于主导地位，个人根本没有什么力量。个人在单位的表现，不仅直接影响单位的经济效益，而且影响同事的工作热情，领导不处理这种对工作不负责任的下属，可能会让所有下属产生情绪，整个单位的工作效率难以提高，甚至某人在单位工作不好的表现被写入档案。这样，A就很可能被单位领导作为对工作不负责任的典型被处理，或者下岗，或者被单位开除。不管是被开除还是下岗，都需要重新找工作，而其在单位的不好表现也极大地影响能够找到工作的可能性，因为任何一个单位都不愿意录用一个对工作不负责任的员工。这种情况很可能会影响比较长的时间，甚至影响他的一生。

过去，在计划经济时代，大家干好干坏一个样，干多干少一个样，基本上是"铁饭碗、铁工资"。随着市场经济的发展和社会的进步，绝大多数单位都强调经济效益，需要每个员工都尽心尽意、尽职尽责地干好自己的本职工作，这是时代的要求，也是领导的责任。所以，一个人只有在干好自己的本职工作的条件下，才可以谋求自己更好的发展前景。只有在生存问题解决以后，才能谈发展问题。

跳槽是否理性

小崔是一名有几年工作经验的求职者，跳过几次槽。新年长假后的两个周末的招聘会，他都在其中寻找新的就业机会，应聘了几家公司，发现一个问题：招聘方非常注意其跳槽经历，有的甚至会询问他每次跳槽的原因。他后来不时翻翻报纸，从中也看到有不少关于求职的报道，说是用人单位比较忌讳频繁跳槽者，但频繁跳槽究竟是个什么概念？什么样的跳槽理由才是招聘方能接受的呢？他对此产生了一些疑惑，想有个答案。

怎样才算频繁跳槽，这和行业特点有关。比如，对于IT行业来说，行业本身的特性就是人员流动性较大，通常在一个公司

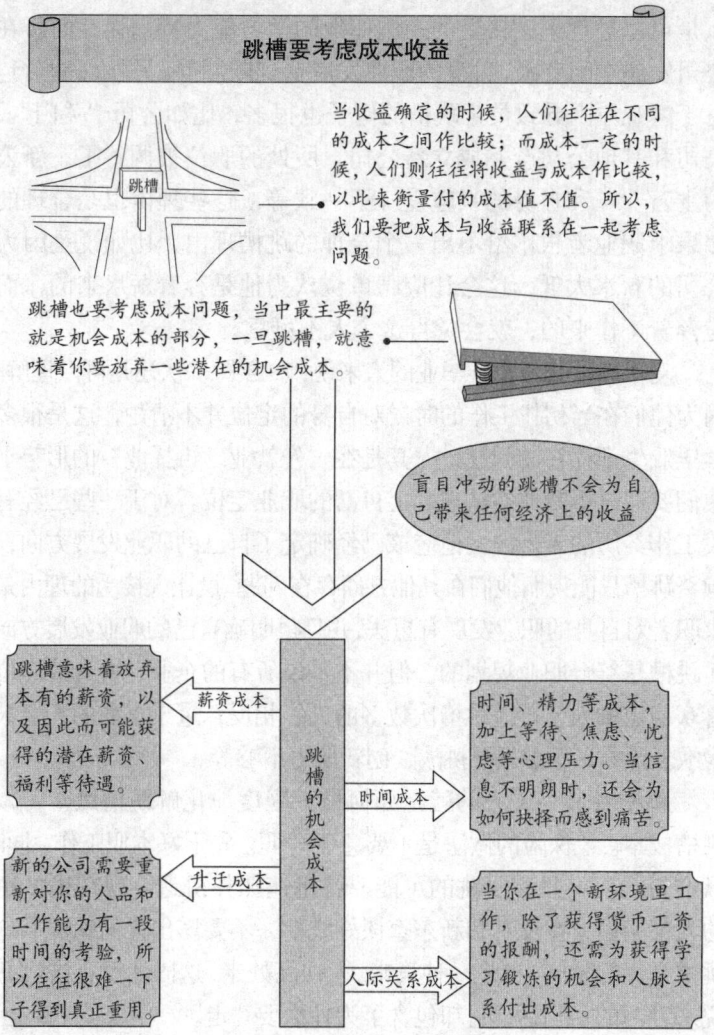

工作少于一年就跳槽算是频繁了。而在有的行政事业单位，特别是纯粹的业务部门和管理部门，其工作是相对稳定的，而且培养和锻炼一个合格的业务人员和管理人员需要几年的时间，跳槽对单位的工作安排会产生比较大的影响，所以，几年一次也属于频繁跳槽了。但更重要的还是要看求职者给出的跳槽理由是否合理。总的来说，如果求职者给出的跳槽理由和他的职业设定相符，那

么是可以被理解、接受的。例如他的学习能力特别强,而所在的公司发展空间有限,自身的职业发展受到限制等。另外,一些行业,由于客观原因导致员工跳槽的例子也很多,比如公司"关门"了,公司和其他公司合并成立新公司,所处的职位被调整了,新公司的主营业务和自身的兴趣爱好不一致等,这些理由也是合理的。如果求职业者根本给不出一个合理的跳槽理由,比如说是因为原公司的薪水太低,这会让应聘单位认为他是奔着薪水来的,而不是奔着工作来的,就会觉得这个人不可靠。

对于新近几年大学毕业的人来说,一年跳一次还是可以理解的,因为他们在当初找工作的时候对自身的定位并不清楚,这是很多大学毕业生都存在的问题,尤其是在"先就业,再择业"的形势下,他们要通过不断地尝试来确定自己的职业定位。对于一些已经有一段工作经历的人来说,他应该已经确定了自己的职业发展方向,而频繁跳槽只能说明他们在其他方面存在问题。最让人接受的理由是,求职者对自身的职业发展有想法,并且很明确自己的职业发展方向,而跳槽是符合职业规划的。但并不是说所有的企业、所有的职位都喜欢稳定的人,排斥跳槽次数多的人。相反,过于求稳的人会被认为缺乏活力、不敢接受挑战、创新能力不够等。

跳槽者最为关心的就是如何最大限度地化解跳槽风险、减少跳槽成本。最保险的做法是不要急于辞职。先干好本职工作,同时,瞅准机会,一旦有了跳的可能,就迅速抓住机遇。现在很多精明的人都明白,在没有和新东家谈好之前,不要露出任何蛛丝马迹。跳槽是一门学问,也是一种策略。人往高处走,这固然没有错。但是,说来轻巧的一句话,它却包含了为什么要"走"、什么是"高处"、怎么"走"、什么时候"走",以及"走"了以后怎么办等环节。

如果各个环节都经过认真、理智的分析,并且跳槽的思考和准备程度已经成熟,各方面准备相当完备,其跳槽的成功率肯定比较高,能够为将来的发展奠定良好的基础。如果在"走"的过程中,有一个或者几个环节准备不充分,那就很可能在这个环节出现问题。往往一个环节的问题会波及整个"走"的成功率,并影响自己将来的发展和自己在原单位领导心目中的形象。

在跳槽的过程中，关键是在没有和新东家谈好之前，不要露出任何蛛丝马迹。否则，跳槽就容易遭遇"滑铁卢"。

职场中的处世的哲学

如果你是一名下属，那你在工作中难免遇到类似"华盛顿合作定律"的困境。即：一个人敷衍了事，两个人互相推诿，三个人则永远无成事之日。这就需要你将"华盛顿定律"的可怕影响降到最低，适应你的上级。

如果我们的每个上司都贤明公正，那将是我们梦寐以求的。然而，事实并非我们想象中的那么完美，现实的做法是了解每个上司的风格，并找到相应的解决办法。

蛮横型的上司，他们习惯颐指气使，要求每个人都言听计从，不考虑实际情况。

面对这种上司，逃避与反抗毫无用处。下面的一些策略教你如何应对：

（1）不让你的情绪受到上司的影响。试着学习从完成任务本身获得满足感，而且不要太看重上司的评价。

（2）把工作仅当成是一份工作而已。很多人因为工作的不顺而产生不良的情绪，他们甚至把这种情绪带到家庭和生活中。因此，你最好在下班以后就忘掉工作。

（3）让自己更加冷静。每一次当你和上司发生争执时，最好保持冷静，用事实为自己说话。

（4）看穿老板的心思。每一个蛮横的上司都有弱点，聪明的下属会掌握这些弱点，并善加利用。

工作中你也许会遇到一种"变色龙"上司，当你向他提出一项好建议时，他会立即表示"百分之一千"支持你的计划，甚至把他坚决支持的方面都点出来。

于是你拼命地工作，以为从此会一帆风顺！

然而，你无法想象，当你的上司开始过问这个计划时，经理

忠诚于雇主，还要坚持主见

得到老板认可的两大原则

（指向忠诚）上司一般都把下属当成自己人，希望下属忠诚地跟着他，拥戴他，听他指挥。忠诚、讲义气、重感情，经常用行动表示你信赖他、敬重他，便可得到上司的喜爱。

（指向主见）适时坚持自己的主见，敢于提出自己的需求和不同的想法，也是一个人在职场中所必需的处世态度。有的时候，上司需要的不是绝对地服从，而是不同的声音。

对企业：维系员工与企业的稳定关系，增强企业竞争力，减少不必要的人力成本浪费。

对个人：有利于个人职业的稳定性，提高个人的发展空间。

优秀员工

在职场中，我们既要争取上司的认可，还要把握好自己的发展方向。

老板和员工既是对立又是和谐统一的——公司需要忠诚和有能力的员工，业务才能进行；员工必须依赖公司的业务平台才能获得物质报酬和满足精神需求。

有主见的表现

重视自己的观点，保持自尊；敢于说出自己的看法和建议；能正视对方，清晰而缓慢地说出自己的需求和愿望；能坚持自己的做事原则……

的前述与现在大相径庭，整个计划在顷刻间被取消。

告别了"一帆风顺"后，"愁云惨雾"在前面等你。

对付这种"变色龙"上司，最有效的方法就是"往下挖"。

举例来说，刚刚提到的这位"变脸上司"经常根据"管理高层要什么"来做事。你要做的其实很简单，即征询"上上级那些人"的意见，投入一项计划，然后再向这位"变脸上司"解释"上上级"认同这项计划的原因。通常，这位上司都会点头接受。其实抬出"上上级"这招，比想象的简单。

与"变色龙"相比，非常固执的上司显得更加难以对付。因为每当有人向他提出新点子，都会被他大泼冷水。

遇到这样的上司，下属除了自叹命苦，也就只能尽力投其所好、言听计从了。这也并不保险，因为这位上司有时竟然连自己的想法都照样推翻！

除了上面这3种上司之外，还有一种上司，这类上司就算是火烧眉毛了，他也会不紧不慢地抽烟。这种上司简直可以当"核废料场"——任何东西到了他那里，都会石沉大海，有去无回。

与一个无法变化、没有弹性的上司相处，不是件简单的事。有时候，求助于公司里的其他部门是让他改变想法的最好办法。你不一定要做得像是在打小报告或越级投诉，但如果能找到一位让你上司尊敬的人，为你的想法而不是为你自己美言几句，或许能有些转机。

应付这种"固执"上司的另一个方法，就是接受他的意见，让他渐渐接受你的想法。刚开始，你可以表示支持他。告诉他，你正试着执行他的主张。

一旦他知道你支持他，他就可能改变态度。接着，你可以一步一步地发表你的看法，让他知道，你这么做是为了强化他的主张，让他的想法可以成功实现。

当然，这种做法并不是十分完美的。如果你能同时享有充分的发言权，又能让自己的想法获得应有的重视，无疑是最理想的。

但现实情况是，你和你的上司——不管他是善变型或一成不变型——并不是处于平等的地位，他的权力比你大，说话当然也比你大声。不过，如果你能时时注意这几点，或许会有意想不到的结果。

加薪的学问

据说在美国广泛流传着这样一道数学游戏题:"老板给你两个加工资的方案。一是每个年度结束时加 1000 元作为工资,二是每半年结束时加 300 元。请选一种。"一般不擅数学的,很容易选择前者:因为凭感觉认为一年加 1000 元总比两个半年共加 600 元要多。其实,由于加工资是累计的,时间稍长,往往第二种方案更有利。例如,在第二个年度结束时,依第一种方案可以加得 1000 + 2000 = 3000 元。而第二种方案在第一年加得 300 + 600 元;第二年加得 900 + 1200 = 2100 元,总数也是 3000 元。但到第三年,第一方案可得 1000 + 2000 + 3000 = 6000 元,而第二方案则为 300 + 600 + 900 + 1200 + 1500 + 1800 = 6300 元,比第一方案多了 300 元。到第四年、第五年会更多。因此,你若会在该公司干 3 年以上,则应选择第二方案。

这个数学题把一个人解数学题的能力和他将会取得的经济利益连起来了。可以推断,生活中这样的问题一般不会出现,但我们在生活中会要求我们回答各种问题和进行各种选择,我们回答和选择的结果,除了决定着我们的经济收入的增长或减少外,还会影响到今后人生的发展。

不同的人对同样的问题反应不一样,是因为人和人不一样,不同的人有不同的小算盘,这个小算盘指的是人的思考方式。有些人偏重于感性,在理性的计算方面欠缺思考的能力与技巧,而有些人则善于应付这样的问题。会不会打小算盘很重要,小算盘算得精,则意味着人更会精打细算,更能实现目标。

鲁迅先生有一段很有名的话:"然而穷人绝无开交易所折本的懊恼,煤油大王哪会知道北京捡煤渣老婆子的辛酸,饥区的灾民,大约总不去种兰花,像阔人的老太爷一样,贾府上的焦大,也不爱林妹妹的。"这话除了众所周知的意思之外,稍加分析也可以看到不同的思维方式对人的生活和命运的影响。有些人在经济上很成功,有些人则生活在贫穷的边沿,或在贫穷的泥潭里挣扎，这除了社会大环境的因素之外，主要还是一个思考方式的问题。

没有一个好的思考方式，肯定不会有持续的、有价值的行动，思维方式在塑造人的命运方面的根本作用是不言而喻的。以上加薪的例子告诉我们：理性的思考可以保证选择的正确。在生活中面临各种各样的选择时，必要的时候要发挥数学头脑进行细致的思考，不要只看眼前。

生存智慧：处于材与不材之间

《庄子·逍遥游》中有这样一则故事：一个匠人对其弟子的一段话道明其中的道理。弟子与师傅一起去伐木，弟子看到一棵很美的大树，但师傅连看不都不看一眼，根本没有砍它的意思，继续前行。弟子不知何故。师傅说："这棵树，如果用它做船则沉，做棺材很快就会腐烂，做成家具很快就损坏，用作门很快出水，用来作柱子则很快被虫子蛀掉，这棵树不能用作任何东西的材料，它是不材之木。正因为它是不材之木，它才能如此长寿。"

所谓人才何尝不是这样？他们或者成为他人嫉妒的对象，或者成为权势者利用的对象，或者是被陷害的对象。无论是哪种对象，均成为他人算计的对象。

人们常说，"枪打出头鸟""不遭人嫉是庸才"，以及专门针对女人所说的"自古红颜多薄命"。这些都说明，某人在某个方面突出往往给自己带来灾难；而那些不是人才的平庸之人往往平平安安、幸幸福福地度过一生。

尽管，才能突出往往招致危险，然而，我们就此认为平庸是件好事，可以不求上进。在《庄子·山木》中说：庄子走出山来，留宿在朋友家中。朋友高兴，叫童仆杀鹅款待他。童仆问主人："一只能叫，一只不能叫，请问杀哪一只呢？"主人说："杀那只不能叫的。"第二天，弟子问庄子："昨日遇见山中的大树，因为不成材而能终享天年，如今主人的鹅，因为不成材而被杀掉；先生你将怎样看待这个呢？"庄子笑道："我将处于成材与不成材之间……"

如果我们才能出众,我们便"突出"——与众不同,我们会被他人所伤;但如果我们毫无用处,我们同样"突出",同样会被他人所伤。女人漂亮可能导致灾祸,奇丑的女人同样会不幸。我们要处于材与不材之间。我们的"长相"难以掩盖,但我们的才能则可以掩盖。

今天的社会是鼓励人们尽量展示自己才能的社会。我们要处于材与不材之间,似乎与时代的意识形态相左。我们要成功,成为有用之才,但我们自身的突出才能不能成为我们自身发展的敌人。我们要切记,千万别锋芒太露。我们在能力上要突出,但行为表现上要努力成为社会中不为人注意的一分子,这样往往能够保护自己,不受伤害。

在人生中,我们力图要做的是"从众",即"与众相同"。这是安全的策略。如果我们是百万富翁、千万富豪,而周围的人不如我们,我们千万别露富,否则,财富必定给你带来麻烦,甚至是灾难,任何人均明白这个道理;如果我们在工作上的才能突出,我们应当寻求适当的机会施展我们的才能,而不是时时表现自己的才能。

如果我们有才能,正确的做法是,将锋芒藏匿,切忌炫耀、逞能,但同时努力寻求机会将才能展示出来,对社会有所贡献。才能是上天的一种恩赐,使之浪费是一种罪过,但选择施展才华的机会一定要适当。

办公室中的"智猪博弈"

"智猪博弈"这一经典案例早已扩展到生活中的各个方面,不论是在战争中还是商业竞争中,特别是在当今的职场中,经常会有类似的情况发生。在职场办公室里的人际冲突中,有一些人会成为不劳而获的"小猪",而另一些人充当了费力不讨好的"大猪"。

因此,办公室里就会出现这样的场景:有人做"小猪",舒舒服服地躲起来偷懒；有人做"大猪"，疲于奔命，吃力不讨好。但不管怎么样，"小猪"笃定一件事：大家是一个团队，就是有责罚，也是落在团队身上，所以总会有"大猪"悲壮地跳出来完成任务。

张力可以说是所谓智猪博弈中的"大猪"。每当张力下班回家后，做的第一件事就是打电话，他每次打电话都是向周围的好朋友大吐苦水："我要疯掉了！把所有的工作让我一个人来做，难道把我当成机器人了？"

张力在一家公司的核心部门发展部工作，每天都是一项工作还没做完，就有另外几项工作等着他去做，整天没有一点喘气的机会。虽然公司规模很小，但是作为公司的一个重要部门，却只有3个人。而且这3个人还分了3个等级：部门经理、经理助理、普通干事。很不幸的是张力正好是那个经理助理，处于中间的一个级别。

张力总是抱怨说："经理的任务就是发号施令，他是'管理层'嘛！上面交给他的工作，他一句话就打发掉了，'张力，把这件事办一办！'可是我接到活之后，却不能对下属阿冰也潇洒地来一句，'你去办一办！'一方面，阿冰比我年长，又是经理的'老兵'；另一方面，他学历低，能力有限，怎么放心把事情交给他？"张力只能无奈地叹息，然后把自己当3个人用，加班加点完成上级的任务。

更让他想不到的是，由于事事都是他出面，其他部门的同事渐渐认准了：只要找发展部办事，就找张力！甚至老总都不再向经理派任务了，往往直接就把文件扔到张力的桌子上。张力的办公桌上的文件越堆越高自不必说，而且，连阿冰都敢给他派活了。这天，阿冰把一叠发票放在他面前说："你帮我去财务报一下。"张力顿时被噎得说不出话来，过了半响方问："你自己为什么不去？"阿冰嗫嚅了一下答："我和财务不熟，你去比较好！"尽管心中怒火万丈，但碍于同事情面，张力最终还是跑了一趟。

因此，就形成这样的局面：一上班，张力就像陀螺一样转个不停；经理则躲在自己的办公室里打电话，美其名曰"联系客户"；

而阿冰呢？玩纸牌游戏，顺便上网跟老婆谈情说爱，好不逍遥。到了年终，由于部门业绩出色，上级奖励了4万元，经理独得2万元，张力和阿冰各得1万元。想想自己辛劳整年，却和不劳而获的人所得一样，张力禁不住满心不平，但是自己又能怎么办呢？如果他也不做事了，不仅连这1万元也得不到，说不定还会下岗，想来想去，还是继续当"大猪"吧！

刘力在一家国企工作，他是个"聪明"人，他是这样为自己下的断语："从大学开始，我就不是最引人注目的学生。在学生会里，我从不出风头，只是帮最能干的同学做些辅助性的工作。如果工作搞得好，受表扬少不了我；但是工作搞砸了，对不起，跟我一点关系也没有。"

刘力已经工作3年了，照样奉行着这样的处世哲学。"我就纳闷，怎么会有那么多人下了班嚷嚷着自己累？要是又累又没有加薪、升职，那只能说明自己笨！我从小职员当上经理，一直轻轻松松的，反正硬骨头自有人啃。"

有一个朋友问他："你这样，同事不会有意见吗？"

刘力眨眨眼睛，一脸神秘地说："这就是秘诀了！你怎么能保证总有人肯拉你一把？第一，平时要善于感情投资，跟同事搞好关系，让他们觉得跟你是哥们儿，关键时刻会出于义气帮助你；第二，立场要坚定，坚决不做事，什么事都让别人做。有些人就是爱表现，那就给他们表现的机会，反正出了事，先挨批的是他们。万一碰上也不爱表现的人，对我看不惯，我会告诉他，我不是不想做，我是做不来呀！你想开掉我？对不起，我的朋友多，他们都会为我说话。"

在职场中，刘力就是那种所谓的"小猪"，做什么事都喜欢投机取巧，但这并不是一种长远的办法。

是做"大猪"，还是做"小猪"？

看来看去，做"大猪"固然辛苦，但"小猪"也并不轻松啊！虽然工作可以偷懒，但私下里，要花费更多的精力去编织、维护关系网，否则在公司的地位便会岌岌可危。张力为什么忍气吞声？不就是因为阿冰是经理的老部下吗？刘力又为什么有恃无恐？无非是有人为他撑腰。难怪说做"小猪"的都是聪明人,不聪明怎么能左右逢源?

的确,"大猪"加班,"小猪"拿加班费,这种情况在公司里比比皆是。因为我们什么都缺,就是不缺人,所以每次不论多大的事情,加班的人总是越多越好。本来一个人就可以做完的事,总是会安排两个甚至更多的人做。"三个和尚"的现象这时就出现了。如果大家都耗在那里,谁也不动,结果是工作完不成,挨老板骂。这些在一起工作多年的战友们,对对方的行事规则都了如指掌。"大猪"知道"小猪"一直是过着不劳而获的生活,而"小猪"也知道"大猪"总是碍于面子或责任心使然,不会坐而待之。因此,其结果就是总会有一些"大猪"们过意不去,主动去完成任务,而"小猪"们则在一边逍遥自在,反正任务完成后,奖金一样拿。

但话说回来,这种聪明未必值得提倡。说到底工作还是凭本事、靠实力的,靠人缘、关系也许能风光一时,但也是脆弱的,经不住推敲的风光。"小猪"什么力都不出反而被提升了,看似混得很好,其实心里也会发虚,万一哪天露了馅……如果从事的不是团队合作性质的工作,而是侧重独立工作的职业,那又该怎么办?还能心安理得地当"小猪"吗?

在职场中,"大猪"付出了很多,却没有得到应有的回报;做小猪虽然可以投机取巧,但这并不是一种长远的计策。因此,身在竞争激烈的职场中,一个最理想的做法就是,既要做"大猪",也要会做"小猪"。

职场里成功的秘诀

同是闯荡江湖,有的人波澜不惊,有的人却风生水起,这是因为有的人不谙水性,而有的人却精于此道。同样,在职场闯荡,有的人忙忙碌碌、举步维艰,有的人却平步青云、游刃有余。这是为什么?其实,职场如江湖,怎样在江湖中修炼内功使自己成为一个武林高手,对于你经营好自己的事业是至关重要的。

李开复从微软跳槽到Google,引起了一次人事地震,导致微软起诉 Google。虽说官司最终和解,但两家世界上有名的公司为了一个员工打官司,毕竟很少见。

李开复给人的印象是儒雅、坦诚和智慧,中国的大学生们非常崇拜他。李开复曾说过微软是他最后一个东家,他在微软5年,跳槽走的时候,又解释说是要"追随我心"。

获得职场成功的前提

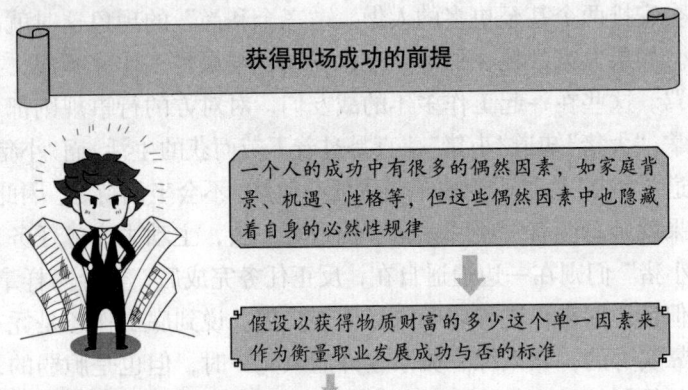

一个人的成功中有很多的偶然因素,如家庭背景、机遇、性格等,但这些偶然因素中也隐藏着自身的必然性规律

假设以获得物质财富的多少这个单一因素来作为衡量职业发展成功与否的标准

一个人要想在职场上获得尽可能多的效用和财富,就必须参与社会分工协作,为社会或他人生产有用的产品或提供有用的服务。这种有用的产品或有用的服务越多,他就能获得越多的回报,获得更大的职业成功

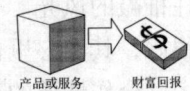
产品或服务　财富回报

获取回报需要具备的条件

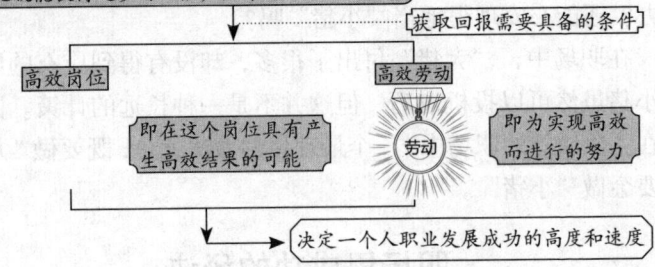

高效岗位：即在这个岗位具有产生高效结果的可能

劳动

高效劳动：即为实现高效而进行的努力

决定一个人职业发展成功的高度和速度

职场成功人士的四个特征

1. 选择了既符合社会需要又符合自身比较优势的人生定位(目标和方向)
2. 在人生的各个阶段能很好地把握住机遇,选择了专业化水平或效率较高的工作岗位
3. 在每一个工作岗位上充分发挥了自身的积极性和创造性
4. 选择有利于自身成长的制度和技术环境,并在环境中不断学习、探索和总结,不断提高自身的人力资本

从经历看，李开复从小就很有个性，或者说是叛逆，幼儿园没上完，就要上小学。家长不同意，他就天天闹，最后还是让他上了学。20世纪70年代，李开复在美国读法律，毕业以后很可能成为大律师。在美国做律师都是很有钱的，社会地位也高，可是他中途放弃，说要学新鲜的。于是，学了计算机。那时，计算机行业远没有现在这么火，可他还是"冒险"学了计算机。

在李开复的职业生涯里，都是在一个地方干三五年，就跳槽到别处。虽然李开复经常会"追随我心"，有个性，但并不"各色"。李开复性格比较腼腆，但他非常清楚，在企业里面，得到关键人物的支持是最重要的，所以，他就用了一个特别简单的办法——请人吃饭，向人请教。在公司里面，大家吃午饭都很随便，李开复就专门去请本部门、其他部门的重要人物共进午餐，今天请这个吃，明天请那个吃，还总向人家请教。这样，几个月的时间下来，李开复就成为公司里面所有关键人物都很喜欢的人。

Google请李开复，其实主要看中他对青年大学生们的影响。因为Google是靠计算机技术立足的公司，中国学生又是世界上公认的计算机天才最多的国家，请到李开复，就可以利用他的影响和魅力招聘到最棒的人才。事实上，李开复到Google上任之后，首先做的事就是招聘大学生。

追随我心，可以，但前提是：得到雇主（老板）的认可和支持。这才是李开复成功的关键。

在竞争激烈的职场中，不进则退是一个亘古不变的道理。然而，有关部门研究发现，有70%以上的职业人随着职业经验的积累，反而会出现迷失职业方向的状况。而他们的职业困惑主要是他们对自己的优劣势仅有初步的感性认识，缺乏科学地认知自己的职业定位，更谈不上理性把握职业生涯的发展规律。

毕业于某大学英语专业的罗强，在国内某高校涉外部门工作，他希望能在教育交流领域闯出一番自己的事业。因此，在正常的工作以外，罗强在业余时间又自学了市场营销和电子商务等课程，并主动承担起部门网站的组建和国际交流活动的策划等工作，成功组织了各项活动，网站质量也受到上司的好评。几年后，因为部门管理的混乱，而且自己也感觉如此干下去毫无前途可言，于是跳槽到一家国际教育发展投资公司做市场调研员，开始时每天都要跑业务。罗强只用了一年多的时间就成为公司的业绩标兵，升职做了主管。后来罗强被安排到市场部，担任市场部经理助理。在这个阶段，他开始全面接触市场工作，工作激情和绩效非常高。在助理的位置上，罗强充分发挥出自己的特长，特别在市场策划方面显示出了过人的能力。

就这样日复一日，年复一年，转眼间3年就过去了。下一阶段的发展问题摆在了罗强的面前：他感觉自己对目前从事的媒体、公关和广告管理3大部分都很感兴趣，可是不知道以后应该朝哪个方向持续发展，而且他感觉自己哪个方向都不具备足够的竞争力。一些朋友劝他知足常乐，他不甘心。也有一些朋友劝他踏实工作，不要老想"跳槽"。他有些犹豫。这次，他真的感到自己迷失了未来发展的方向。

钓过螃蟹的人都知道，篓子中放了一群螃蟹，不必盖上盖子，螃蟹是爬不出去的。其实，这正是运用了博弈理论。为什么呢？因为只要有一只想往上爬，其他螃蟹便会纷纷攀附在它的身上，结果是把它拉下来。到了最后，就没有一只螃蟹可以爬得出去了。

罗强所处的环境就有一些这样的人，他们不喜欢看到别人的成就与杰出表现，更怕别人超越自己，因而天天想尽办法破坏与打压他人。如果一个组织受这样的人影响，久而久之，公司里只剩下一群互相牵制、毫无生产力的"螃蟹"。

职场中，罗强吸取了螃蟹的教训，以不懈的努力和敢于面对困难的毅力，不听朋友的劝告，固执己见。找到了自己合适的工作，可谓是他奋斗的成功结晶。但是人在职场，安于现状，不进则退。罗强过去的成功和现在面临的职业选择，值得每个人深思。

在市场经济体制下，组织发展和变革的顺利进行离不开一个强有力的组织文化环境。作为在这个环境下成长的职场人员，应理性选择职业，做到高瞻远瞩，善于将自己的理想与组织目标保持一致，不要甘心当篓子里的螃蟹，而应勇敢地面对现实，追求职业增值，像老鹰一样去搏击长空。这就像博弈一样，只有不间断地博弈，才会成为最后的胜利者。

职场共赢6法则

虽然竞争无处不在，会给人带来压力，不过也正因为这样，人类才拥有更多的成就与辉煌。玫瑰与刺相遇，各自告别了俗艳与尖刻，成就了傲视群芳的铿锵之花；乔丹与皮蓬相遇，各自告别了独角戏与狂傲腔，成就了历史上的神话公牛；你与我在职场中相遇，就应该告别猜忌与功名，成就双赢的和谐篇章，垒起更高的人生峰塔。

那么应该如何去做呢？你不妨遵循职场共赢6法则。

1. 尊重差异

尊重差异，不挑剔、不嫌弃；人与人的相处，贵在包容；肯定自己的选择，接受自己和对方之间的差异。这些说起来简单，做起来不容易。

刘键毕业于一所名牌大学，几年的市场实战历练，使他羽翼渐丰。经朋友介绍，他从广州来到武汉，到某公司市场部就职。由于有扎实的专业知识和大公司里积累的工作经验，大方开朗的他深得领导青睐。

一次，公司在内部广征市场拓展方案时，经理在分配任务时提醒：作为尝试，刘键与几名"后起之秀"，可以每人单独完成一份，也可以合作完成一份。

凭借着在大公司工作的经验，以及对市场行情的把握，刘键决定单挑。他花了整整一个星期时间，细斟慢酌，搞定了"大作"。报告上呈后，经理的评价出乎他的意料："缺少了本地化的东西，操作性不强。不过，你的宏观视野很开阔。"之后，经理把几名"后起之秀"叫到一起，让他们分别揣摩彼此的方案。

在经理的"撮合"下，他们将各自方案中的亮点进行了提炼和重构，结果，新方案被老总评优采纳，列为最终方案。想着自己能与资深员工"并驾齐驱"，他们甭提多高兴了。

事后，经理指出，他之所以给出提醒，就是想让这几名年轻人互相合作，取长补短。不料，他们竟然都选择了单兵作战。刘键总结这件"策划否决案"时，颇为感慨地说："想要尽快成长，还是得注重协作和请教，否则，欲速则不达呀！"

2. 互补共赢

在动物界，即使凶残的鳄鱼也有合作伙伴。

公元前 450 年，古希腊历史学家希罗多德来到埃及。在奥博斯城的鳄鱼神庙，他发现大理石水池中的鳄鱼，在饱食后常张着大嘴，任凭一种灰色的小鸟在那里啄食剔牙。这位历史学家非常惊讶，他在著作中写道：

"所有的鸟兽都避开凶残的鳄鱼，只有这种小鸟却能同鳄鱼友好相处，鳄鱼从不伤害这种小鸟，因为它需要小鸟的帮助。鳄鱼离水上岸后，张开大嘴，让这种小鸟飞到它的嘴里去吃水蛭等小动物，这使鳄鱼感到很舒服。"

这种灰色的小鸟叫"燕千鸟"，又称"鳄鱼鸟"或"牙签鸟"。它在鳄鱼的"血盆大口"中寻觅水蛭、苍蝇和食物残屑；有时候，燕千鸟干脆在鳄鱼栖居地营巢，好像在为鳄鱼站岗放哨，只要一有风吹草动，它们就会一哄而散，使鳄鱼猛醒过来，做好准备。正因为这样，鳄鱼和小鸟结下了深厚的友谊。

其实，在人类社会中，这种利他兼利己的范例也很多。改革开放后出现的"温州模式"其实就是合作共赢、互利共生的典范。因为你并非完美无瑕，只有让你的合作者生活得更好，你才能更好地生活。

仔细想一想，我们与老板的关系，与下属的关系，与同事的关系，与顾客的关系，等等，不也是一种互通有无、共同发展的关系吗？

3. 合作共赢

职业人士不论是在商场还是在职场中，都存在着激烈而残酷的竞争。与老板、客户、同事、下属、对手，都要摆正竞争与合作的关系，以利人利己的共赢思维做大市场，做大事业，而不是以"杀敌一千，自伤八百"的赌气竞争心态，非要弄得你死我活、两败俱伤。

蒙牛总裁牛根生深知竞争与合作的道理。在早期蒙牛创业时，当有记者问："蒙牛的广告牌上有'创内蒙古乳业第二品牌'的字样，这当然是一种精心策划的广告艺术。那么请问，您认为蒙牛有超过伊利的那一天吗？如果有，是什么时候？如果没有，原因是什么？"

牛根生答道："没有。竞争只会促进发展。你发展，别人也发展，最后的结果往往是'双赢'，而不一定是'你死我活'。"

在牛根生的办公室里，挂着一张"竞争队友"战略分布图。牛根生说："竞争伙伴不能称之为对手，应该称之为竞争队友。以伊利为例，我们不希望伊利有问题，因为草原乳业是一块牌子，蒙牛、伊利各占一半。虽然我们都有各自的品牌，但我们还有一个共有品牌'内蒙古草原牌'和'呼和浩特市乳都牌'。伊利在上海 A 股表现好，我们在香港的红筹股也会表现好，反之亦然。蒙牛和伊利的目标是共同把草原乳业做大，因此蒙牛和伊利，是休戚相关的。"这就不难理解，在伊利高管出事以后，牛根生和他的蒙牛为什么没有落井下石，反而说了很多好话。

一个地方因竞争而催生多个名牌的例子，国内、国外都很多。

德国是弹丸之地，面积比我国的内蒙古还小，但它产生了 5 个世界级的名牌汽车公司。有一年，一个记者问奔驰的老总："奔驰车为什么飞速进步、风靡世界？""奔驰"老总回答说："因为宝马将我们撵得太紧了。"记者转问宝马老总同一个问题，宝马老总回答说："因为奔驰跑得太快了。"

美国百事可乐诞生以后，可口可乐的销售量不但没有下降，反而大幅度增长，这就是由于竞争迫使它们共同走出美国、走向世界。

4. 懂得宽容

宽容和忍让是人生的一种豁达，是一个人有涵养的重要表现。没有必要和别人斤斤计较，没有必要和别人争强斗胜，给别人让一条路，就是给自己留一条路。

什么是宽容？法国19世纪的文学大师雨果曾说过这样一句话："世界上最宽阔的是海洋，比海洋宽阔的是天空，比天空更宽阔的是人的胸怀。"宽容是一种博大，它能包容人世间的喜怒哀乐；宽容是一种境界，它能使人生跃上新的台阶。在生活中学会宽容，你便能明白很多道理。

我们必须把自己的聪明才智用在有价值的事情上面。集中自己的智力，去进行有益的思考；集中自己的体力，去进行有益的工作，不要总是企图论证自己的优秀，别人的拙劣；自己正确，别人错误，不要事事、时时、处处总是唯我独尊；不要事事、时时、处处总是固执己见。

在非原则性的问题和无关大局的事情上，善于沟通和理解，善于体谅和包涵，善于妥协和让步，既有助于保持心境的安宁与平静，也有利于人际关系的和谐和团队环境的稳定。

5. 善于妥协

柳传志曾送给他的接班人杨元庆一句话："要学会妥协。"现代竞争思维认为，"善于"妥协并不是一味地忍让和无原则地妥协，而是意味着对对方利益的尊重，意味着将对方的利益看得和自身利益同样重要。在个人权利日趋平等的现代生活中，人与人之间的尊重是相互的。只有尊重他人，才能获得他人的尊重。因此，善于妥协就会赢得别人更多的尊重，成为生活中的智者和强者。

也是因为不懂得妥协，才导致职场和市场中的残酷竞争、两败俱伤，社会是在竞争中发展进步的，也是在妥协中和谐共赢的。我们甚至可以这样说，妥协至少与竞争一样符合生活的本质。人与人妥协，彼此的日子都有了节日的味道。

学会妥协，收获友谊，维护尊严，获得尊重。当你同别人发生矛盾并相持不下时，你就应该学会妥协。这并不表示你失去了应有的尊严，相反，你在化解矛盾的同时又在别人心中埋下了宽容与大度的种子，别人不仅会欣然接受，而且还会在心中对你产生敬佩与尊重之情。让别人过得好，自己也能过得快乐。

学会妥协,世界会因你而美丽!

6. 思维共赢

美国心理学家托马斯·哈里斯在《我好,你也好》一书中,按照人格的发展,将团队中各自然人之间的关系分为4种类型:我不好,你好;我不好,你也不好;我好,你不好;我好,你也好。可见,第四种关系类型:我好,你也好,是成熟的成人人格和共赢思维。

但是,现实生活中,我们普遍存在的是赢/输思维或单赢思维。谋求赢/输思维的人只顾及自己的利益,只想自己赢别人输,把成功建立在别人的失败上,比较、竞争、地位及权力主导他们的一切;而单赢思维的人则只想得到他们所要的,虽然他们不一定要对方输,但他们只是一心求胜,不顾他人利益。在独立或互相依赖的情况下,他们的自觉性及对别人的敏感度很低,只想独立。这种人以自我为中心,以我为先,从不关心对方是赢是输。

双赢和共赢的思维特质是竞争中的合作,是寻求双方共同的利益,即你好,我也好。这是一种成熟的"双是人格"。养成共赢思维的习惯,需要我们从以下两个方面努力:

第一,确立共赢品格。

共赢品格的核心就是利人利己;你好,我也好。首先要真诚正直。人若不能对自己诚实,就无法了解内心真正的需要,也无从得知如何才能利人利己。其次,要对别人诚实。对人没有诚信,就谈不上利人,缺乏诚信作为基石,利人利己和共赢就变成了骗人的口号。

第二,具备成熟的胸襟。

我们通常说某个人成熟了,往往是指他办事老练、老道、可靠,这其实是不全面的。真正的成熟,就是勇气与体谅之心兼备而不偏废。有勇气表达自己的感情和信念,又能体谅他人的感受与想法;有勇气追求利润,也顾及他人的利益,这才是成熟的表现。勇气和体谅之心是双赢思维不可或缺的因素。两者间的平衡是真正成熟的表现。

把握以上原则,在职场,无论是谁在和你玩这场"游戏",最终赢的必定是你。

第四章　人际关系中的经济学

人际关系就是资源

人际关系是你人生中的重要资源，特别是求人办事时尤为重要。所以在工作和生活中培养自己的人际关系意识是一种投资也是一种必要。好习惯都是日积月累、慢慢培养起来的，因此，我们在日常工作生活中，就要培养自己的交际意识，以备不时之需。

一个刚踏上工作岗位的年轻人讲过他自己的一件事。第一天上班前，父亲把他拉到身边，问他："你知道在社会上立足的关键是什么吗？""是学历吗？""不对。"父亲说。"是知识吗？""不对。"父亲说。"是能力吗？""不对。"父亲还是这句话。"那是——"年轻人大惑不解地望着父亲。

父亲说："是人际关系！"

很多时候，会交际确实比会做事更重要，一个人缘好、有声誉的人，人际关系是他的资源，很多事可以轻而易举地做成。

美国学者卡耐基说："一个人的成功，只有15%是由于他的专业技术，而85%则要靠人际关系和他的做人处世能力。"可见，一个人的社交能力是多么重要。在这个讲究人际关系的时代里，却有许多人不懂得怎样更好地与人相处。

人际关系网对一个人事业的成败及工作的好坏具有极大的影响，所以说成功在很大程度上取决于你拥有多大的权力和影响力，与合适的人建立稳固关系至关重要。

成功建立关系网的关键是选择合适的人建立稳固的关系。良好的人际关系能开拓你的视野，让你随时了解周围所发生的事情，并提高你倾听和交流的能力。

当你对职业关系有所意识，并开始选择你认为对自己有帮助的人时，你必须放下那些关系网中的额外包袱。其中或许包括那些认识已久却对你的职业生涯毫无益处的人。当然，你们仍然是朋友，只是你不用浪费宝贵的时间去维系这种老关系。

保持联系是建立成功关系网络的另一重要条件。当《纽约时报》记者问美国前总统克林顿是如何保持自己的政治关系网时，他回答说："每天晚上睡觉前，我会在一张卡片上列出我当天联系过的每一个人，注明重要细节、时间、会晤地点以及与此相关的一些信息，然后输入到秘书为我建立的关系网数据库中。这些年来朋友们帮了我不少忙。"

要与关系网络中的每个人保持密切的联系，最好的方式就是创造性地运用你的日程表，记下那些对你的关系至关重要的日子，比如生日或周年庆祝等。在这些特别的日子里准时和他们通话，哪怕只是给他们寄张贺卡，他们也会高兴万分，因为他们知道你心中想着他们。

观察他们在组织中的变化也不容忽视。当你的关系网成员升迁或调到其他的组织去时，你应该衷心地祝贺他们。同时，也把你个人的情况透露给对方。去度假之前，打电话问问他们有什么需要。

当他们处于人生的低谷时，打电话给他们。不论你关系网中谁遇到了麻烦，你都要立即打电话安慰他，并主动提供帮助，这是你支持对方的最好方式。

充分地利用你的商务旅行。如果你旅行的地点正好离你的某位关系成员挺近，你可以与他共进午餐或晚餐。

只要是你关系成员的邀请，不论是升职派对，还是他儿女的婚礼，你都要去露露面。

至少每三个月调整一下你的关系网。要多问问自己："为什么要保留这个关系？"如果你不能定期更新或增加新人，你的关系网络就会老化，其作用会大大减弱。

时刻关注对网络成员有用的信息。应定期将你收到的信息与他们分享，这很关键。

优秀的关系网络是双向的。如果你仅仅是个接受者，无论什么网络都会疏远你。搭建人际关系网时，要做得好像你的职业生涯和个人生活都离不开它似的，因为事实上的确如此。

人际关系的选择学问

人际关系中要选择一些对自己更为有利的朋友，人际关系也可以进行选择取舍。当然，从古至今，人们都是选择与自己合得来的人成为好朋友，跟与自己性格不和的人仅仅保持形式上的交往。也就是说，人类一直都在对人际关系进行选择取舍。

但是，如果面对面的交流占据人与人之间交流的几乎全部内容，在和居住在周围的人们以及与工作相关的人们进行交流时，是不能够马虎草率的。如果与人们面对面的交流对自己来说是唯一的现实世界，就不得不重视与眼前的人们之间的交往。

居住在自家周围的人们是具有偶然性的，在选择自己的住房的时候是不可能同时选择邻居的人品的。居住在同一个社区的人们，偶尔会聚集到一起开会等，这时的人们不是性情相投的人群，也不是因为具有共同的爱好而聚集起来的人群。所以，即使是邻居，也不都是志同道合的。

即使是近邻，有些人的价值观可能有180°的差异，有些人的兴趣爱好可能完全不同，有些人的思维方式可能会有天壤之别。但是，即使是性情不和的人，因为都住在同一个社区，也是不能够完全忽视对方的，也需要保证相互之间不产生矛盾摩擦。

在工作与生活的过程中，搜集与组织关系网其实是有可能的，但试图维持所有关系似乎是不可能的，而想要在现有的人际网络内加进新的人或组织就更加困难。因此，在组建人际关系网的时候，必须学会筛选。换言之，你必须随时准备重新评估早已变得难以掌握的人际网络；对现有的人际关系网重新整理；放弃已不再对你感兴趣的组织和人。

筛选虽然不容易，但仍是可以做得到的。选择本来就是一件很困难的事，结果往往更令人痛苦。然而有句话说得很对：有失才有得。

清理人际关系网的道理也和清除衣柜类似。容许留下的衣服，

当然是最美丽、最吸引人,也是最得体的几套。"舍"永远不是件容易的事,虽然有遗憾,但从此拥有的不仅都是最好的,更重要的是也有更多空间可以留给更好的。

如果我们对自己的人际网络做同样的"清除"工作,在去粗取精之后,留下来的朋友不就都是我们最乐于往来的吗?我们应该把时间与精力放在让自己最乐于相处的人身上。在平时需要奔波忙碌于工作、社交与生活之间的我们，筛选人际关系网络是安排生活先后次序的第一步。

无论失败或成功，都不只取决于个人的努力或能力，必然会受到社会上种种因素的影响。俗话说：谋事在人，成事在天。所以，不要太在意事情的成功与否，就算和上司介绍来的人一同工作，也无须担心不必要的失败。

就建立人际关系而言，工作以失败结束反而更能增加彼此的亲密程度。比起胜利，战败较能产生长远的交往关系。关键在于失败后，应该如何展开后续行动。由于自己先开口邀人共事，抱回避责任的态度千万不可。一旦自己逃避责任，别人也必定离你远去。

最后，记住关键人物。一个人一生无论如何积极地扩展人际关系，也不可能和认识的所有人进行长期深入交往。为了和一部分人保持密切的交往，务必在所结识的人中进行筛选。否则，只会不断增加毫无意义的名片库藏量。即使好不容易认识了可以发挥作用的关键人物，如果不加筛选，也一定会被埋没在名片堆里。

比如，只要参加宴会或研讨会等活动，收到的名片数量就可能相当可观。然而，在这么多名片中，可以成为人际关系关键人物的也许只有一个人而已。出席任何性质的聚会时，你都应该抱着只要能碰见一位关键人物便是收获的念头。

即使是电影或小说，也没有人会认为自己看过的每部作品都生动有趣。能够让人手不释卷地看上几遍的作品，必定只占其中很小的部分，这也就是所谓的"经典"吧！然而，经典也是在看过大量的平庸之作之后从中筛选产生的。人与人之间的邂逅亦相同，让人一见如故，产生交往一生念头的对象，是不可能轻易发现的。只要能结识一位这样的人物，就应该认为是当日的最大收获。如果一味想着在那场宴会上，不知可以获取多少张名片，认识多少人，是很愚蠢的想法。当然，你也有可能一位这样的人物也没碰上。应该说，这种情形在现实中占多数。遇上这种情形，没有必要勉强增加认识的人。如果自认是无聊的聚会，尽早撤离现场也是很重要的。

只要能够结识一位关键性的人物，你的人际关系即可得到飞跃性的扩展。因为如果对方拥有100人的人际关系，你通过此人就有可能马上获得那100人的人际关系。如果你想凭借个人力量去接近同样的100人，无疑得花费大量的时间和精力。

然而一心企图结识宴会或研讨会所有出席者的人不在少数。在这种情形下，不仅对方不容易记住你，你也不可能牢记对方。与其浪费时间去记不可能记住的所有的人，不如记住一个关键性人物。

朋友间也需要投资

大千世界，茫茫人海，既然相逢，缘分不浅。虽相处时间不长，但这中间的关系值得珍惜，值得持续下去。当与对方分开后，仍然保持一种相互联系、历久弥坚的关系，那对你将来所要达到的目的与理想会是很有好处的，这其中的有利方面，也许是你所从未想到的。

"常用的钥匙最有光泽。"因此我们平时一定要注意和周围的人培养、联络感情。只有平时经常联络，朋友之情才不至于疏远，朋友才会心甘情愿地帮助你。如果你与朋友分开之后从来没有联络过，彼此将会变得陌生，你去托他办事时，一些关乎个人利益的事情，他就很难主动帮你。

无论从实用主义，或从情感价值角度去看，朋友之间的友谊都值得我们保持和维系。

可见，朋友有时在很危急的关头能帮上大忙，能起到排忧解难的作用。但是，朋友关系的维系来自于自己的努力。在与朋友分开之后并没有经常性的联系，那关系之好无从谈起。所以，只要你有这份心、这份情，能够真诚地维持分开之后的朋友关系，那你的人际面会更加广泛，路子也会比别人多出几条。

感情来自交流。平时多加强联系，是加深朋友感情的一种方法。尽管当今社会流行一句话："认钱不认人"，但是"人情生意"从未间断过。因为人是有情之灵物，人人都难逃脱一个"情"字。

朋友之间在平时人际交往中也需"感情投资"。

所谓"感情投资",就是在平时交往之外多了一层相知和沟通,能够在人情世故上多一分关心,多一分相助。即使遇到不顺当的情况,也能够相互体谅——"生意不成人情在"。

例如,你在生意场上遇到了彼此之间比较投缘的人,有了成功的合作,感情也自然融洽起来,这就是我们常说的"有缘"的人。有缘自然有情,双方为了加深友谊,会为对方付出。但是只有懂得保护和持续这种朋友关系的人,才能继续爱护它、增进它,使双方的友谊天长地久。

当然,就算双方有"缘",彼此能够一拍即合,要保持长期的相互信任、相互关照的关系也不那么容易,仍然需要不断进行"感情投资"。

在商场上,这种问题表现得尤其突出。每个人都为各自的利益做事,彼此都知道商人多诈多奸,人与人交往不能不防,所以很容易互相起疑心。结果"缘"就会由合作转为对立,人情变成了敌意。最好的朋友常常会变成最恨的人,这在商场上屡见不鲜。相互之间最仇视的对手,往往原先是最亲密的伙伴。

在日常生活中,朋友之间之所以会走到这一步,往往是双方忽略了"感情投资"的结果。一些人常犯这种毛病:一旦与对方建立了良好关系,就不再觉得自己有责任去维护它了,往往会忽视双方关系中的一些细节问题。例如该通报的信息不通报,该解释的情况不解释,总认为"反正我们关系好,解释不解释无所谓",结果日积月累,堆积成难以化解的矛盾。

更有甚者,在与对方成为朋友之后,总是一味地向朋友索取回报,而不继续进行感情投资。这主要表现为对别人要求越来越高,总以为别人对自己好是应该的;但是别人对于自己稍有不周或照顾不到,就有怨言。这种做法必然会损害双方的关系。

生活告诉我们,友谊之花需要爱心的滋润,否则它会枯萎。朋友之间的"感情投资"应该是经常性的,并非可有可无的。人们从生意场到日常交往,都应该处处留心,善待每一个关系伙伴,要从小处、细处着眼，事事落在实处。

学会与人合作，达成共赢

中国人向来比较讲究礼节，连一起吃饭买单都要抢着付钱。而西方人却是不争不抢，AA 制，简单了事。传统文化的观点，是西方人崇尚个性，喜欢独立。而中国人则好谦让，爱面子，通过埋单来显示自己的实力，增加自己在别人心目中的地位。

从经济学的角度想一下，为什么会有这种文化的差异呢？那就是文化由经济基础决定的。

这就涉及经济学的成本与收益的问题，即一个人无论做什么事情，付出了成本，就要得到预期的收益。

首先，传统上中国人的生活生存状态相对稳定，埋单不过是一个轮流的程序而已。而西方则不同，人们的流动性很强，生存状态很不稳定，一个人今天在这个地方，明天就有可能到了另一个地方。所以为了公平，还是各自埋各自的单为好。

经济学家眼里的人都是理性的，他今天付出成本为别人埋单，就是想得到以后预期的收益，即让别人以后也为他埋单。相互间的生存状态越稳定，一个人为他人埋单的风险就越小，他被别人日后回报的可能性就越大，反之风险就越大，回报的可能性也越小。

其次，中国人也并非是一味地为别人埋单。

从经济学的角度来分析，能够看出这种区别的实质。其实，人性都是相通的，中国人也同西方人一样，决定他们的思想观念与行为方式的，归根结底都是经济学上谈的根本问题——利益。正是这样，那些在文化、道德范畴内解释不清的东西，用经济学道理进行分析，就能让人豁然开朗。

吃饭埋单如此，其他问题亦是如此。所谓的礼尚往来早就成为国人做人的一个基本准则。

一是人格上的成本与收益。公共汽车上你给一个陌生人让了座位，你也许并不希望他用同样的方式回报，但对方需要说一声"谢谢"，否则你的心理就会感到不平衡。

二是物质形式的礼品。有人今天遇上红白喜事,你给他送一份礼品,人家便写入礼簿备忘。等你将来办事,人家也会送一份相当的礼品给你,作为回报。尤其有趣的是,一般人在送礼时,都会根据关系的亲疏程度和对方的实际情况,反复掂量,看到底送多少合适。通常情况下,没有人愿意当傻瓜,让自己送出去的东西打水漂,一去不复回。

三是送礼也有穷富之分。给富人送礼,借此和权势人家拉拉关系,联络联络感情,说不定日后还能为自己办什么事情。而给穷人送礼,则打水漂的风险就要大得多。不论是东方和西方,也不论是古代还是现代,礼始终是贯穿与维持人际关系的一个尺码,礼节和送礼也不是一门简单的学问。人们之所以这样崇尚礼,也是为了一种预期的收益。对礼的奥妙的掌握程度以及运用技巧的差异,则决定了一个人在人际关系中优劣态势的不同。

第四,是理性地处理人际关系。中国有一句古话:"穷在闹市无人问,富居深山有远亲。"传统的观念认为这是一种势利,但在经济学家的眼中,这却是一种理性。理性地处理人际关系,能够使人更加理智和严谨,减少麻烦和损失。相信大家都有共同的感受,富人借钱,很容易,而穷人借钱,却很艰难,为借钱吃尽了苦头。其中缘由,就是有着付出与回报的问题,把钱借给富人,一是不担心富人将来还不起,再者就是我今天帮了富人的忙,日后我也有可能用得着富人的时候。而把钱借给穷人则风险相当大,很有可能是刘备借荆州,有借无还。即便穷人人品很好,不是那种赖账的人,但他偿还能力的有限性却不能不让人担忧。而银行更是铁面无私,还要办理相应的担保和抵押。

人常说"好朋友,勤算账",也是一种理性。因为人与人之间说到底是一种利益关系,朋友之间如果账算不清,彼此都感到自己好像是吃了亏,久而久之,好朋友也会反目成仇。

现实婚姻观念中的门当户对,是另一种理性,因为彼此条件相当,所以彼此的付出与收益也就相对平衡,双方结合的基础就比较牢固。而癞蛤蟆想吃天鹅肉,则是一种不理性,最后受伤与吃亏的只有癞蛤蟆。因为你和人家相差太远，你付出的再多在人家眼里都是微不足道的，人家也许根本就不会放在心里。

在现实生活中，也不乏一些慈善家，他们常常主动帮助那些身陷困境中的人渡过难关。如接济身边生活困难的人能够生存，帮助那些失学儿童重返校园，给贫困地区和灾区的人们以物质援助，或者向社会公益事业进行捐献。在经济学家的眼里，这是一种超乎理性之上的理性，是一种高境界的理性。他们的付出，也许终生都不会得到受助者的回报，但是却从另外一个方面增加了他们做人的道德砝码，即提高了他们在人们心目中的威望和声誉，而这种威望和声誉，却恰恰是一种无形的财富，是用金钱难以买到的财富。

人的本性是利己的，现代经济学对人的研究也是建立在这种对人性承认的基础之上的，所以经济学家眼里的人都是理性人，他所从事一切活动的目的都是为了实现个人利益的最大化。可是在处理人际关系的过程中，都是顺应人性，遵循经济学原理，但由于对理性的认识有别，便有了世俗和高尚之分。

为什么陌生人更容易发生摩擦

在公共汽车上，两个陌生人会为一个座位争吵，可如果他们认识，就会相互谦让。在利益联系紧密的人际环境中，人们普遍比较注意礼节、道德，因为都需要这个环境。

为什么大部分乡下人比城里人更淳朴善良？这是因为大家在一个村子里，世代生活在一起，整日"低头不见抬头见"，家长里短不出半日就能为全村所知道。若做损人利己之事，必招致对方的记恨以及村民的道德谴责。

城市里的人，一来流动性大，某个人干了坏事，转眼就消失在茫茫人海之中，对方难以对他实施报复；二来更注重隐私，同楼居民"电视之声相闻，老死不相往来"者甚多，若做了不道德之事，也难以受到道德谴责。

以上就是"熟人社会"和"陌生人社会"的差别。"熟人社会"这一概念，是费孝通先生提出的。费先生认为，中国传统社会是一个"熟人社会",其特点是人与人之间有着一种私人关系,人与人通过这种关系联系起来,构成一张张关系网。背景和关系是"熟人社会"的典型话语。民间"熟人好办事"的说法,正是对"熟人社会"的一种朴素表达。

费孝通先生认为,在现代社会中,由于社会变迁、人口流动,在越来越大的社会空间里,人们成为陌生人,由此法律才有产生的必要。因为当一个社会成为一个"陌生人社会"的时候,社会的发展就会依赖于契约和制度,人与人之间的交往就必须通过制度和规则,建立起彼此的关系与信任。随着契约、制度和规则的逐步完善,法律就自然地成长起来。

这和博弈有什么关系吗?有。"熟人社会"是重复博弈,而"陌生人社会"则是一次性博弈。

乡下人在逢年过节、婚丧嫁娶时总要大摆酒席,请客吃饭,因为这种付出有指望得到乡亲们的回报。城里人很少这样请来请去大宴宾客,因为不知道是否还有下次。外国人的"AA制"也开始在中国城市里流行起来,一起吃喝,但各自掏钱,谁也不欠谁。"AA制"不是因为人情淡漠,而是基于人口流动性大,难以形成重复博弈的缘故。

道德、法律、权力利益的划分,都与"还要见面"有关。从消极的层面看,我们互不侵犯,是为了避免没完没了、两败俱伤的循环报应。例如,两个原始人见面,一个拿着兽皮,一个拿着野果,他们都想把对方的东西据为己有。如果他们的见面是偶然的,可能相互抢劫。可是如果他们都生活在附近,考虑到对方家族的报复,抢劫的风险就大了,所以他们不去打对方的主意——所有权就这样产生了。如果确实想得到对方的东西,他们可以选择合作——以物易物,交易就这样产生了。地球正在浓缩成一个村落,"陌生人社会"几乎不可能出现了,因为在"熟人社会"里,人们总是重复博弈,而重复博弈就要讲究规则和诚信。所以,在现代商业社会里,诚信被一再强调。

重复博弈是信任的前提,为什么要这样说呢?

地摊、车站、旅游点，这些人群流动性大的地方，不但商品和服务质量差，而且假货横行，因为商家和顾客之间不是"重复博弈"。

一个旅客不大可能因为你的饭菜可口而再次光临，这种一次性博弈，是"一锤子买卖"，不赚白不赚。卖了谎秤给你，你也只好自认倒霉，多半不会搭车赶回来和他们较真。

而开在社区的便利店，赢利靠的是"重复博弈"，那些"回头客"——周围的居民是他们的衣食父母，如果便利店欺骗顾客，就会失去长期赢利的机会。同样道理，买贵重物品，一定要去大的百货公司，他们一般不至于为了欺骗顾客而逃跑。所以说，平时我们讲信用而不骗人，其实是所谓重复博弈的一种手段罢了。

在经济领域，所谓信用是指，一种建立在对授信人在特定的期限内付款或还款承诺的信任基础上的能力。信用是在博弈中，特别是在多次的重复博弈中，当事人谋求长期利益最大化的手段。博弈即是双方"斗智斗勇"的过程。在一种较为完善的经济制度下，若博弈会重复发生，则人们会更倾向于相互信任。这主要是经济学对一些社会规范的假定，并认为其作用使然，如"理性限定规范"限定人们选择某种特定行为，不论这种行为带来多少效用；"偏好变异规范"是指，随着时间的推移，人们偏好的改变成为一种习惯。因此说，信用是发展市场的一个必备的因素。

这可以用一个简单的博弈模型来解释。假设有甲、乙两人，甲出售产品，乙付货款（商业信用问题），或甲借钱给乙，乙是否还钱（银行信用问题）。开始时，甲有两种选择：信任乙或不信任乙；乙也有两种选择：守信或不守信。如果博弈只进行一次，对乙来说，一旦借到钱最佳选择是不还。甲当然知道乙会这样做，甲的最佳选择是不信任。结果是，甲不信任乙，乙不守信，这样的结果是最糟糕的，双方想达成有效交易是非常难的。

那么应该怎样建立起信用关系呢？假定博弈可以进行多次，甲采取一种这样的策略：我先信任你，如果你没有欺骗我，我将一直信赖你；而一旦你欺骗了我，我再也不会信任你。这样乙有相应的两种选择，如果守信，得到的利益是长远的；如果不守信，得到的利益是一次性的。因此，守信是乙自己的利益所在。这样，双方都会处于一种均衡状态，这种均衡的出现是因为乙谋求长远利益而牺牲眼前利益（当然是不当得利）。所以说，当一个人积极考虑长远利益时，自己的信用关系就会被塑造出来。

网络人际的成本

随着计算机网络逐渐成为人际交往的媒介，人们的交流方式也发生了很多变化，新的相遇机会大幅增加。

在网站上，如果就你某一感兴趣的主题呼吁大家进行讨论，具有类似兴趣爱好的一些人就会给予回应。如果就某些社会潮流发表自己的一些感想，产生共鸣的人们就会做出相应的回复。而因为网络能够把信息传达给距离自己很遥远的人们，所以很快就会有很多志同道合的人或者产生共鸣的人出现。

这样，很快就能组建起研究会、同好会或者好朋友团体。而且，这些团体成员在团体即将成立之前是互不相识的，时间、金钱各方面的成本都是较低的。

如果不利用个人电脑网络，要想结识类似的有共同兴趣爱好的朋友，就只有通过参加报纸、杂志的交流版面介绍的研究会或交流会了。但是，如果不是因为特别的兴趣爱好或者很强的必要性，不是那种爱好交际且性格积极的人，是很难发挥出这种行动力的。

即使去了这种场合，也不能够直接确定对方的兴趣爱好和知识水平，无法直接进行讨论。这时就应该先与对方聊天，慢慢地试探着了解对方，营造出一个友好的气氛，这是需要相当的社交能力的。从初次见面到逐渐相互了解的过程是需要花费时间和精力的。

而且，在出发的时候是不知道那里有没有与自己志同道合的人的。有时候，虽然特意参加了类似活动，结果却是没有交到一个朋友就回家了。

在网络上，你很容易就能够了解某一群体正在交流的内容，所以你可以根据正在讨论的内容和参加者之间的气氛来决定自己是否加入。而且，即使人们是正在讨论中，如果他们不欢迎你，你也可以及时退出。这与面对面的交流不同,具有很大的自由性。

报纸、杂志的读者投稿栏也是如此,即使是相距甚远的不认识的人们之间,也能够就某一主题进行讨论。当议论变得白热化时,经常是等对方的投稿发表后再投稿,这一投稿发表后,又要等待下一个人的投稿发表后再投稿,这种时间推移很是麻烦。

快速的联系方式就是通信或者打电话,但这样互相之间就知道了对方的居住地址。因为不知道对方是不是个值得信赖的人,所以大家自然不愿意采用这种联系方式。

在这一点上,网络上的交往是很轻松自由的,互相都不触及对方的底细,只需围绕双方都关心的事情进行交流。

网络交往是一种成本较低的交际方式,而且收益回报快,是一种值得推广的方式。

不要做一次性人情

人际关系如同股票,要持续投入热情才能获得稳定的收益。

但生活中有许多人抱着"有事有人,无事无人"的态度,把朋友当作受伤后的拐杖,复原后就扔掉。此类人大多会被抛弃,没人愿意再帮助他。

廉阳便有一个这样的朋友:"我有一个高中三年的同学,而且是十分要好的朋友。我们进入了同一所大学,刚开学,她就主动地当了班干部。有人说:地位高了,人就会变。自从她上任后,见到我,有时干脆装作没看见,日子久了,我们就疏远了。但她有时也会突然向我寻求帮助。出于朋友一场,我总是尽我所能。可事后,她老毛病又犯了,我有种被利用的感觉,却无奈于心太软。就这样,她大事小事都找我,其他朋友劝我放弃这份友情,这种人不值得交往。当我下决心与她分开时,她伤心地流下了眼泪——她除了我之外竟没有一个朋友。"

这种人只会用"互相利用,互相抛弃,彼此心照不宣"的方式来交际,而不去深思人情世故的奥秘之处,所以无法达到人情操纵自如的境界。

周恩来在人际交往中就很有人情味。长征途中，当时任民运部部长兼政委的杨立三，坚持亲自给重病的周恩来抬担架，他和同志们在饥寒交迫中，抬着周恩来走出沼泽泥潭的草地后就累病了。19年后，杨立三去世，身为政务院总理的周恩来，坚持要亲自给他抬棺送葬。

1937年6月，周恩来在峡山遇险，护卫他的10多名警卫战士光荣牺牲。事后，周恩来和另外3个虎口脱险的同志合影留念，周恩来在照片背后写上"峡山遇险，仅余四人"。这张照片一直珍藏在他贴身的衬衣口袋里，直至病逝才被人发现。

"滴水之恩，当涌泉相报"。这就是周恩来的人格魅力。难怪在举行遗体告别仪式时，围绕安卧在鲜花丛中的周恩来遗体的群众的泪水把地毯洒湿了1米多宽的一圈。难怪会出现十里长街送总理，长夜无言，天地同悲的动人一幕。

毋庸置疑，在某些"实用型"人物的眼中，所谓的"人情"便是你送我一包烟，我给你几块钱，就像借债还钱，概不赊欠。这种一次性的交际行为看似洒脱，实则包含了太多的困惑与无奈。诚然，受助者也许在短时间内不愿再次开口求助，而实施援助行为的一方其实也没有必要固守"事不过三"的古训。当人家确实有困难而无能为力的时候，尽管你已经帮助过他，尽管他不好向你开口，但作为知情者，你不应无动于衷，而不妨再次主动伸出援助之手。事实上，这种"后继"的交际行为能够赢得更大的"人情效应"。

俗话说："在家靠父母，出门靠朋友"，多一个朋友多一条路。要想人爱己，己须先爱人。我们应当时刻存有乐善好施、成人之美的心境，才能为自己多储存些人情的债权。这就如同一个人为防不测，须养成"储蓄"的习惯，这就会让子孙后代得到好处，正所谓"前世修来的福分"。

究竟怎样去结得人情，并无一定之规。

对于一个身陷困境的穷人，一枚铜板的帮助可能会使他握着这枚铜板忍耐一下极度的饥饿和困苦，或许还能干番事业，闯出自己富有的天下。

对于一个执迷不悟的浪子，一次促膝交谈的帮助可能会使他建立做人的尊严和自信，或许在悬崖勒马之后奔驰于希望的原野，成为一名勇士。

就是在平常的日子里，对一个正直的举动送去一缕信任的眼神，这一眼神无形中可能就是正义强大的动力。对一种新颖的见解报以一阵赞同的掌声，这掌声无意中可能就是对创新思想的巨大支持。

就是对一个陌生人很随意的一次帮助，可能也会使那个陌生人突然悟到难得的真情可贵。

其实，人在旅途，既需要别人的帮助，又需要帮助别人。从这个意义上说，帮人就是积善。

理性与非理性的较量

在生活中，理性重要，还是感性重要？如何学会用自己的优势换取生存，跳出权钱交易的怪圈，游离于贪婪之外？处世中的博弈原则能够让我们直击对方心理，采取有利策略，在社会关系的驾驭中游刃有余。

博弈是经济学概念，而经济学的建立是以理性经济人假设为基础的。假如每个人都是理性的，那么，当两人发生利益冲突时，是理性行事，还是非理性行事，就要看双方在博弈的时候，理性所起的作用有多大。因为作为个体的人而言都是感性的，但分析事物时都是理性的。当我们按理性思维去操作时，又难免流于感性，感性和理性往往同在，所以我们要根据理性和感性谁起的作用更大，来选择自己采用什么策略。

东汉末年，曹操轻松地得到了刘表的荆州之后，却遭遇了赤壁的惨败，从此形成三分天下之势，曹操一统天下的战略功亏一篑。有人说，曹操的这次失败，是偶然的，只是方针的制定上不够周全。

其实，对于曹操的这个战略，运用博弈论来解释，他走向失败是必然，并不是偶然，而是无法避免的。这次失败不是战略的失败，也不是实力的失败，而是曹操在为人处世上的失败。

首先，在曹操统一天下的战略中，荆州并不是最重要的。但荆州却是东吴的要害，所谓敌之要地即我之要地，曹操和谋士们对此都有所疏忽，没有认识到巩固荆州的重要性。其次，曹操的谋士们多来自北方，他们熟悉北方的情况，但是对南方的了解就相对不足，他们缺乏必要的"知彼"条件来做出正确的战略。

其实，在一定条件下，尤其是策略的选择，有时，根据需要非理性的选择也是博弈论中经常运用的重要抉择。

再比如，很久以前，在北美地区活跃着几支以狩猎为生的印第安人部落，经过长时间的生存拼搏之后，令人匪夷所思的是：在狩猎之前，请巫师作法，在仪式上焚烧鹿骨，然后根据鹿骨上的纹路确定出击方向的印第安人部落，成为唯一的幸存者；而事先根据过去成功经验，选择最有可能获取猎物方向出击的其他部落，却最终都销声匿迹了。

也许有人会感到不可思议，"科学预测"怎么会败给"巫师作法"呢？其实不然，仔细品味故事的来龙去脉，我们就会发现，问题的关键并不在于科学与迷信之间，根本原因就在于，几个部落的竞争战略有所不同。

依据经验进行预测并确定前进方向的部落，或许暂时能够获得足够的食物，但是，不久的将来，他们的路就会越走越窄。可以想象，随着时间的推移，那些"理性"的部落之间，势必会产生相同的推测与判断。瞄准同一目标的部落越来越多，他们之间的竞争不断加剧。他们每天的狩猎方向经过"科学分析"之后，变得日趋一致。而在原始的状态下，猎物不会迅速增多，最后，这些部落只好在同样的狩猎区域，你争我夺、你拦我抢，弄得鱼死网破，同"输"而归。显然，在这场理性与非理性的较量中，非理性成了最后的胜者。

而按照巫师作法，焚烧鹿骨的那个印第安人部落，虽然在战术上出现了很明显的错误，明显有些盲从和随意。但是，基于他们当时的条件，从更宏观的角度来判断，我们不难发现，他们的核心因素——竞争战略，却要优于竞争对手。那就是他们在发现新市场或者说创造新需求，这样一来，无形之中，他们就避开了与其他部落之间在战术层面的相互厮杀,从而赢得了生存空间。

人类社会已迈入21世纪,信息化战争正在以咄咄逼人之势扑面而来。不可回避的是,随着时间的推移,在竞争将变得异常激烈之时,世界各国企业之间相互模仿的速度就会骤然加快,这必将导致一场印第安人部落生存式的"狩猎游戏"。而如何在这种游戏中取胜,幸存下来的印第安人部落带给了我们启迪。

交往中的心理博弈

俗话说:"知人知面难知心,画龙画虎难画骨。"每个人的心理都是很难揣测的,因为人的大脑一天至少有5万个想法。尤其是在关系复杂的社会网中,每个人做事都有自己为人处世的方法,都有自己的心理表征。面对每一件事,都要经过一番心理斗争,而社会的种种现象正是发生矛盾的双方心理博弈的结果。那么,在人际交往的心理博弈中我们该如何选择呢?我们先看下面一个有趣的博弈游戏。

假设每一个学生都拥有属于自己的一家企业,现在他必须自己做出选择。选择一:生产高质量的商品来帮助维持现在较高的价格;选择二:生产伪劣商品,通过失换取自己的所得。每个学生将根据自己的意愿进行选择,选择一的学生总数,将把自己的收入分给每个学生。

事实上,这是一个事先设计好的博弈,目的是确保每个选择二的学生总比选择一的学生多得50美分,这个设定当然是有现实意义的,因为生产伪劣商品成本比生产高质量商品的成本低。不过,选择二的人越多,他们的总收益也就会越少,这个假设也是有道理的,因为伪劣商品过多,会造成市场的混乱,他们的企业也就会跟着受到影响,信誉跟着降低。

现在,假设全班27名学生都打算选择一,那么他们各自得到的将是1.08美元。假设有一个人打算偷偷地改变决定——选择二,那么,选择一的学生就少了一名变为26名,将各得1.04美元,比原来的少了4美分,但那个改变自己主意的学生就会得到1.54

美元，而比原来要多出 46 美分。

　　诚然，不管最初选择一的学生人数有多少，结果都是一样的。很显然，选择二是一个优势策略。每个改选二的学生都将会多得 46 美分，而同时会使除自己以外的同学分别少得 4 美分，结果全班的收入会少 58 美分。等到全班学生一致选择二时，尽可能使自己的收益达到最大时，他们将各得 50 美分。反过来讲，如果他们联合起来，也就是协同行动，不惜将个人的收益减至最小化，那么，他们将各得 1.08 美元。

　　但博弈的结果却十分糟糕，在演练这个博弈的过程中，由起初不允许集体讨论，到后来允许讨论，以便达成"合谋"，但在这个过程中愿意合作而选择一的学生从 3 人到 14 人不等。在最后一次带有协议的博弈里，选择一的学生人数为 4 人，全体学生的总收益是 15.82 美元，比全班学生成功合作可以得到的收益少了 13.34 美元。一个学生嘟囔道："我这辈子再也不会相信任何人了。"

　　而事实上，在这个博弈游戏里，无论如何选择，都不会有最优的情况出现，类似于囚徒困境，即使达成合谋，由于人的心理太过复杂，结果也不是预期的样子，所以，在这样复杂的心理博弈中，我们不能苛求要获得一个最好的结果。因为人心各异，最好结果根本就不存在。那在人际交往中遇到类似于上述游戏的博弈情况时该如何选择呢？那就是保证一点——不要太贪婪，只要有利益就可以，不要妄求有太多的利益或要获得比别人更多的利益。

人际关系是一种资源

　　比尔·盖茨刚刚创立微软的时候，只是一个名不见经传的小人物。但在他 20 岁的那年，他签订了一份巨额订单，对方就是当时世界第一强的电脑公司——IBM。为什么比尔·盖茨能够得到这份一般人想都不敢想的订单呢？原因之一是比尔·盖茨善于利用丰富的人际关系网。他的这个关系网包括四个层次。第一层是他的母亲，他的母亲是 IBM 的董事之一；第二层是他的两位重要的合伙人——保罗·艾伦和史蒂芬，这两位合伙人不仅把他们

人际脉络是一种资源

没有人际脉络资源落地生根的人际关系是空泛的、毫无任何意义的人际脉络，而人际脉络资源的开花结果则依赖于良好的人际关系基础

人际脉络资源是一种潜在的无形资产，是一种潜在的财富。人际脉络网络越广，赚钱的机会就越多，成功的概率也就越大

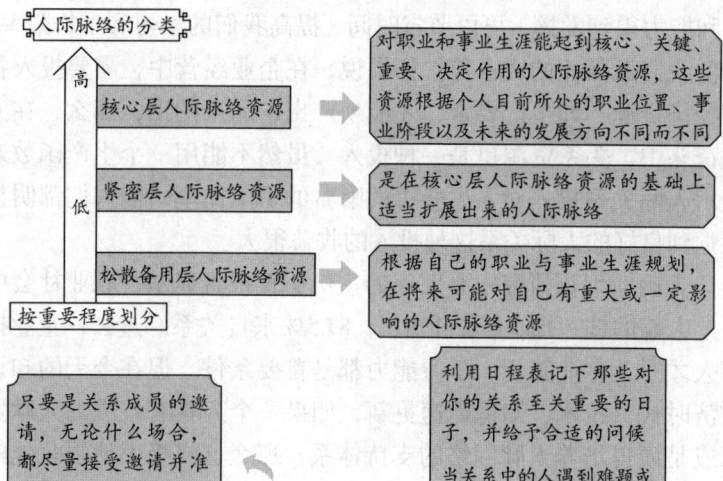

的聪明才智贡献给了微软，而且把他们的关系网也带进了微软；第三个层次是国外的关系网，比尔·盖茨在日本有位好友彦西，他为微软开拓日本市场立下了汗马功劳；第四个层次是盖茨雇用了一批优秀的、可委以重任的、能与其分担忧愁的、善于沟通的

下属来一起工作。正是这些关系从一开始就成就了微软的大业。

比尔·盖茨为什么能够成为世界首富？不可否认，他有一种独特的天赋，即企业家才能，正是这种稀有的才能让他赚取了巨额的财富。但不可忽视的是，他善于利用和经营关系是他成就事业的起点。正是这种关系，他事业的起点就比一般人高出数十倍。从这个例子可以看出，在现代信息社会，关系是一个人成就事业的必备资源。因为，有关系就可以让别人更快地认识我们，了解我们的才华和能力，让他人认识自己的长处，并尽快让自己的知识和能力得到发挥，可以节省时间、提高我们的学习和工作效率，降低我们做事业的成本等。如果说，在企业经营中，需要投入各种经济资源，即生产要素，才能生产出产品来的话，那么，在人生奋斗中，关系资源也是一种投入。虽然不能用一个生产函数来表示人际关系投入对人生获得的财富的贡献比率，但人们都明显感觉到良好的人际关系这种投入的收益很大。

美国斯坦福研究中心发表的一份调查报告显示，职业社会中一个人赚的钱，12.5%来自知识，87.5%来自关系。过去，企业招募人才时，专业知识、学习能力都是首要条件。但在今天的知识经济时代，技术、知识迅速更新，如果一个人具有较强的人脉资源或是懂得培养人脉网络的支持体系，那么这将极大地强化他的个人竞争力。美国洛克菲勒公司的创始人洛克菲勒曾说："我们公司的发展，95%是靠我们优秀的员工，只有5%是靠石油。因为石油放在那里是不会跑的，而我们寻找石油、开采石油、炼制石油、销售石油都需要员工的帮忙。可以说，正是我们的员工和他们的人际关系，创造了洛克菲勒的神话，让我们公司有了今天的成就。"

人是以群居为重要社会形态生存着的，这就使得我们的生活中就会有许多关系网，而与我们有着千丝万缕联系的每个人又会在不同的行业、领域占有一席之地，发挥着不同的作用。很可能在将来的某一天，他们就会在需要的时刻给予我们帮助。所以，从表面上看，人际关系不是直接的财富，不能直接换来房子、票子、车子，但是，如果没有它，我们就只能固守着自己那点可怜的原始资本，甚至于连那点原始资本都守不住。

一个人际关系竞争力强的人，他拥有的人际关系资源就会比别人更多。在平时，这些人际关系资源可以让他比别人更快速地获取有用的信息，进而转换成获得财富、取得成功的机会；在危急或关键时刻，也往往可以发挥转危为安的作用。拥有良好的关系资源，就可以有更多办事的路子，从而提高办事效率，节约宝贵的时间，这其实就是增加了财富。所以，人际关系资源是一种潜在的财富，一旦我们用上了，就能使其转化成为真正的财富。

比如，一个人在某个公司工作，他在政府机关、金融界、大学，甚至国外都有很多朋友，那他所在的公司如果需要最先了解国家的政策方向，或者要和大学的科研机构合作开发项目，或者需要更多的贷款，或者需要到国外开拓市场，他就可以充分利用自己的关系资源。公司派他去干这些事不仅可以节省许多时间，而且很可能大大提高了办事效率，降低企业成本。如果他从朋友那里得到的最新信息可以使本公司在该行业比其他公司占据绝对的优势，那么，可能他就在公司关键时刻让公司经营转危为安。或者就是因为他的海外关系资源，使公司产品迅速开拓国际市场，大幅度提高公司的经济效益。所以，一个人的关系资源在平时只是关系而已，但到了需要的时候，往往能够比物质资源能产生更大的生产能力，能够生产更多的利润。因为，一般的物质资源只要有钱就可以买到，而关系资源却不是金钱能买到的。这个人有其广阔的关系资源，公司就会把他当成摇钱树，当成宝物一样看待，他的人力资本价值必然大幅度上升，其收入和地位也将迅速提高。

再比如，某人在全国不少城市都有自己的朋友，而他在公司是从事推销工作的，那么，他就更容易在那些有朋友的城市迅速打开工作局面，因为，在陌生城市有朋友的帮忙，可以更快地认识不少当地人，甚至认识一些掌握某种权力的人。从而可以销售出更多的产品，其工作效率必然比较高，其所获得的收入也必然比较多。可以说，正是因为有朋友的帮忙才让他获得更多的财富。假如另一个人刚刚大学毕业，从事技术工作，他父亲的好朋友是同一个单位的高级工程师、单位的技术骨干,他就可以从父亲的朋友那里迅速学到高超的技术能力,在短短的时间内成为技术水平较高的人员,这个财富多大呀。

所以,面对当今激烈的竞争,我们每一个人都需要在人际关系方面调整好自己的坐标,不能因为人际关系的薄弱而让自己的聪明才智、高超技能白白浪费。人际脉络资源可以大大提升自己的人力资本价值,发挥点石成金的作用。无论任何东西,只有在它属于自己的时候,它才能更充分、有效地发挥其应有的作用,人际关系也是如此。鉴于此,最好的办法还是要建立自己的人际关系网。因此,我们一定要把人际脉络资源当成自己的财富,认真地去经营它,而不要把它当成摆设,任其落满灰尘。

该交什么样的朋友

小云是一位体育老师,后来在朋友的介绍下认识了一位从事推广、销售绿色营养品的朋友老李。老李在营养品的销售领域工作了10年,10年的工作经验,已经把老李培养成为一位优秀的营养师。由于二人的脾气相投,老李非常喜欢和小云谈论自己的工作及工作中的感悟,并且教给小云许多有关营养学和养生的知识。就这样,在潜移默化中,小云学到了许多营养平衡和维护身体健康方面的知识。后来,小云想跳槽,老李建议他去健身中心,那里不仅工作很轻松,而且待遇也很高。现在,小云已经是国内一家健身中心的主教练了,这在很大程度上得益于老李的帮助。

从以上的小故事中我们可以看出,在人生奋斗中,到底应该交什么样的朋友。我们交朋友就像谈恋爱或读书一样,也是一种投入。既然是一种投入,就需要有一定的回报。在故事中,小云在事业上能够取得成功,在很大程度上靠了老李的帮助,正是他的朋友老李带给了小云全新的经验和知识,迅速提升了他的技能水平,并给他提供往高处发展的信息和机会,给了他开拓新天地的可能,使其人力资本价值上升,从而可以获得更高的收入和身心的愉悦。老李就是小云事业上的朋友,如果没有这个事业上的朋友，也许小云需要摸索很长的时间，甚至于他极有可能达不到现在这样的成绩。可见，一个人多交一些能给其事业带来帮助和好处的朋友，既有利于获得更多的自身利益，也实现了朋友的价值。

在我们的事业中，需要的是地位、能力或学识等方面比我们强的朋友，因为，只有这样的朋友才能帮助我们更快地走向事业成功的道路，给我们带来更大的利益。但在我们的生命中，也需要真诚的朋友，也许某人的真诚的朋友的能力、地位、学识不如他，或者与他差不多，在事业上不能帮助他，但是，在我们面临危险的时候，在我们落魄的时候，只有真诚的朋友才能两肋插刀，救我们于危难之中。交这种朋友投入比较少，在关键时刻可以大大减少我们的沉没成本。

对我们事业和生活上有帮助的朋友有很多。比如，我们从小学、中学、大学，一直到上研究生，那些同学在参加工作后会分布到各行各业，这些同学，很多都可以成为我们的朋友，因为，在学校里同学之间的感情是十分纯洁的。或许，在某个关键的时候，我们以前的老同学会对我们的事业和生活产生极大的帮助和促进作用。所以，无论我们与过去的同学分离多久，我们都应当珍惜那一段难得的缘分。在我们确定了自己的职业后，应当依据自己的职业交一些对事业上有帮助的朋友，因为这些朋友可以给你提供不少对你的事业有益的信息。有了这些基础，就可以在这个行业内有更多升迁的机会。总之，我们交朋友要以事业和生活为基准，一切有利于我们事业和生活成功的朋友，我们都应当结交。

不同的朋友，有不同的优点和长处。我们和不同的朋友相处，就可以学到他们的优点和长处，补充自己知识和能力的不足，节省自己的学习时间。朋友又可以把他的朋友介绍给我们，从而扩展我们的交际圈。朋友之间可以互助互利，让我们有更多获取利益的机会。朋友的帮助可以降低我们的风险，降低我们办事的成本，节省我们办事的时间，提高我们的学习和工作效率，给我们提供更多工作或升迁的机会，可以抚慰我们受伤的心灵等。人都是趋利的，我们交朋友也是为了最大化地实现自己的利益，所有这些能够在我们学习、工作和生活的方方面面帮助我们的朋友都应当结交。

下面，我们可以通过图示的方法更直观地看出到底该交什么样的朋友。

```
                    该交什么样的朋友
   ┌──────┬──────┬──────┬──────┬──────┬──────┬──────┬──────┐
   ↓      ↓      ↓      ↓      ↓      ↓      ↓      ↓      ↓
  信息   互助   降低   节省   相互   增加   提供   降低   心灵
  共享   互利   成本   时间   学习   利益   机会   风险   沟通
```

在人际交往中，很多人都带有这样或那样的偏好，即以自己的一套预先设定的标准来判断一个人的好坏，并以此决定是否与他交朋友。但往往主观的判断会产生错误，特别是容易受到"光环效应"的误导，即在朋友美好的光环笼罩下，只看到他的优点，没有看到他的缺点。光环效应有一定的负面影响，在这种心理作用下，很容易被人利用。所以，我们要学会客观地评价别人，理性地评价朋友。也就是说，在交朋友时，要尽量避免不完全信息对我们主观的判断产生误导。因为，在不完全信息的条件下，我们自己处于一种不利的境地，我们的利益就很容易受损失。但这并不是要我们戴着有色眼镜看人，对朋友挑剔或怕被别人欺骗而不愿交朋友。而是要我们在交朋友时更加理性一点，不能意气用事，既要看到朋友的优点，也要看到其缺点，尽量回避其缺点对自己造成的损失，发扬其优点。这样，就可以尽量降低自己交朋友所产生的风险。

人际关系具有场效应

小凯在朋友的推荐下进了一家电脑公司，成为该公司一名销售人员，但他不懂电脑。小凯想，自己什么都不懂怎么办呢？于是，他主动找到了公司的王牌销售人员老林，说："我愿意在一年之内，帮助你做我可以做的任何事情，条件是你教我销售技巧。"老林看到小凯真诚的样子，就答应了。在后来的日子里，小凯不仅努力学习销售技巧，而且还帮助老林做一些私人的事情，老林也逢人就夸小凯为人好。后来，老林离开了这家公司，他把所有的销售渠道都让给了小凯。老林的客户也发现小凯十分诚实守信，于是又把自己的朋友、客户介绍给小凯，让他们彼此合作。不久后，小凯成了这家电脑公司的地区主管。小凯说："如果没有这么多朋友的帮助，我不可能进入这家电脑公司，不可能懂得电脑，不可能有那么多的客户资源，也就不可能有那么广阔的渠道。总之，没有一个比较大的关系网，我就不会有发展，或者有发展也不会这样迅速。"

在上面的故事里，小凯既不懂电脑，又不懂销售，但他很精明，他很会借他人的力量成就自己的事业。他通过与公司的王牌销售人员老林搞好关系，就把这两个最大的难题解决了。不仅如此，老林还把他所有的"关系"都送给小凯，这样，小凯就以极小的成本付出，以最快的速度成就了他的事业。减少成本和节约时间都等于无形中增加了小凯的财富，真正实现了以最小成本获得最大收益的目的，可见，关系网的作用是巨大的。

在现在这样通讯技术相当发达的社会，关系网是提升自己人力资本价值的重要途径。有人说，成功＝10％的知识＋20％的能力＋70％的关系。可见，在现代社会中关系的重要性。这是因为，在我们生活的世界上，与人打各种各样的交道是不可避免的，而且在生活中，这种人与人之间的关系往往是我们事业中最有价值的要素之一。

关系网之所以在个人的事业上有巨大的作用，主要是因为关系网具有场效应。某人认识了一个朋友，而朋友又认识他的朋友，通过他的朋友可以认识朋友的朋友，还可以认识朋友的朋友的朋友……这样，这

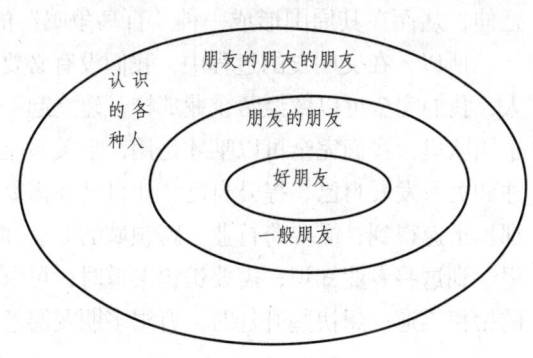

个人的人际关系资源就越来越广,他的事业起点也就越来越高。他可以通过他的朋友、朋友的朋友走向全国,走向世界,其事业也可以扩展到全国乃至全世界。如右图所示。

从图中可以看出,随着朋友关系的扩展,不断向外产生扩散效应或发散效应。在这个不同的朋友圈子里,大家都互相照应,从而达到互利互助,即双赢的局面,形成了一个利益共同体,朋友之间能够实现信息共享,并相互帮助。在这个利益共同体中,朋友之间可以实现优势互补,个人的长处得到充分发挥,并达到利益的最大化。中国有几句俗语:"二人同心,其利断金""多个朋友多条路,多个冤家多堵墙""众人拾柴火焰高",这也就是指朋友的关系可以达到互助互利的效果。在这里,朋友的互利互助关系也是受到经济学上所说的"一只看不见的手"的引导。也就是说,人们在利己的同时也利他了,而在利他的同时又利己了。所以,我们在建立自己的人际关系网的过程中,一定要牢牢把握一个度,即要将利己与利他有机地统一起来。由于存在朋友关系的场效应,相互的利益都达到了最大化,朋友之间的互助互利自然就产生了交朋友的规模经济效应,使自己在朋友这个圈子中实现规模报酬递增,因为朋友之间可以实现信息共享,这就减少我们的信息费、交易成本、社会成本等,降低了成本也就等于增加了我们的财富。

关系网不仅可以网罗天下英才,还可以包容天下绝技。俗话说:"林子大了,什么鸟都有。"所以,一个人完全可以通过具有不同才能和绝技的朋友使自己的实力和影响得到无限地扩大和延伸,从而在其周围形成一种"百鸟争鸣"的局面。

所以,在交朋友的过程中,我们没有必要只交那些很有能力的人,我们完全可以像经营企业那样,建立起一个稳定的团队,在这个团队里,我们完全可以唯才是用,唯关系是举,然后利用这些人才和关系发展自己,提升自己。让自己在需要信息时,可以从朋友那里迅速得到;需要跨行业、跨领域的专业知识时,可以从朋友那里学到这些专业知识;需要销售渠道时,可以从朋友那里得到众多的销售渠道;想快些升迁时,有很多朋友愿意帮忙;想要有良好的群众基础时,众多的朋友会为自己说好话;遇到麻烦和风险时,要好的朋友会挺身而出;心情不舒畅时,朋友会在旁边安慰自己,鼓励自己;想谈恋爱时,有很多朋友会热心地为自己介绍;小两口吵架时,也有朋友会从中劝解、安慰;孩子需要上什么好学校,也有朋友热心帮助。也就是说,只要关系网足够大,就有很多的朋友在我们学习、工作、生活等方方面面铺好了宽阔的大路,推着我们前进,让我们的生活越过越舒畅,越过越美好。

所以,为了生活和事业的成功,为了以最小的成本取得最大的收益,我们应当舍得在朋友身上投入,包括投入感情和金钱,因为这种投入是有回报的,具有典型的规模经济效应。

寻找生命中的伯乐

王风是一个律师事务所的实习律师,在工作中因为帮助许多当事人解决了不少问题,得到了大家的一致赞扬。但是,王风更喜欢进公司做法务工作。可是,进大型公司比较困难,需要多年的经验,刚毕业两年的王风怎么可能有这么长时间的工作经验呢?但王风想到了运用自己的人际关系。经过仔细考虑,王风锁定了一个人,就是他的表姐夫徐威。徐威的父亲是南京一家律师事务所的主任,在南京很有名气,而且担任过许多大公司的法律顾问。经过沟通,徐威在一次家庭聚会上把王风介绍给了父亲,并且介绍王风是一个非常有前途的人。见了一面后,王风给徐威的父亲留下了很好的印象,于是就把王风介绍给自己做法律顾问的一家大型公司,并说:"王风是个值得培养的法务人员。"果然曾经拒绝过王风的一家公司聘请了他,并且让他在法务经理身边担任重要职务。

在这个例子中,王风的伯乐就是徐威的父亲。王风之所以在事业上一路顺畅,就是因为他善于寻找生命中的伯乐。年轻人进入社会,很多人都对他不了解,或者说不认识他,而人与人之间多少都存在一些戒心,即使他能力很强,也可能不敢用他,或者是因为,像他这样的人还是有很多的。所以,作为单位的领导在用人方面就有许多选择余地,选中他的概率可能就很小了。这时,要有个生命中的伯乐帮助他,他就可以达到自己的目标。这就好像是有人在人生路途中给他铺好了平坦的大路,并给了他一辆汽车,这样,他就能很容易迅速到达目的地,而不需要走羊肠小道或爬山越岭。也就是说,伯乐可以大大降低一个人事业成功的成本,提高其办事的效率,节省时间,这其实就等于多为自己创造了财富,达到了一种边际成本递减,而边际收益显著递增的效果,它与生产中发生作用的边际收益递减规律恰恰相反。所以,所谓伯乐就是在适当的时候能够及时帮助我们,让我们以比较少的成本付出达到自己目的的人。人都是趋利的,寻找伯乐,成本很小,而收益却很大,这种事情谁都想做。

那么,如何寻找我们生命中的伯乐呢?首先,要学会建立自己的关系运用表。在我们编织的关系网中,总会有三类人:第一类是比自己强的,第二类是和自己差不多的,第三类是比自己稍差点的。也就是说,在我们的关系网中有不同的朋友,有不同的能力和水平。而伯乐就是掌握了一定的权力和资源,有着他自己广阔的关系网且其能力强于自己的人,或者说是在事业的发展过程中走在自己前面的先知先觉者。所以,在我们的关系网运用表中,应当将掌握一定资源且能力比自己强的人放在第一位,说不准哪天他们就会对自己大有帮助。但是,有时我们不一定能交到那些真正掌握了权力和资源的好朋友,这时,是不是我们就没法利用关系了呢?绝不要这样想。其实,我们不一定要直接认识我们生命中的伯乐,完全可以通过能力和自己相当的朋友,甚至是能力比自己差的朋友的关系认识。如上面例子中的王凤,他的表姐及表姐夫都不一定能力超过自己,但是,他的表姐夫的父亲则是掌握了一定权力和资源的伯乐,他的表姐夫只是起了一个桥梁的作用。王凤就善于利用自己的关系网资源,所以要让自己的关系网真正发挥作用,还要善于充分运用关系和调动关系。

在人的事业的成长过程中,伯乐往往起着关键的作用。一个人一旦有伯乐的帮助,就可以平步青云、步步高升,大大降低其事业成功的成本。但很多人往往苦于自己没有伯乐的提携,甚至于觉得自己注定了没有伯乐缘。其实,在现实生活中,人们只要多加留心,就很容易发现自己身边的伯乐。

有研究表明:某人和世界上的任何一个人之间只隔着6个人。不管他和对方身处何种地位,他和这个伯乐之间只隔着6个人,而构成这个奇妙6人链条中的第二个人,一定是他所认识的人,也许是他的父母,也许是他的大学同学,更可能是办公室里每天抹桌子、做清洁的阿姨。所谓机遇和伯乐,就是在适当的时候出现的适当的人、事、物的组合。我们无法控制这种完美的巧合何时出现,唯一能做的,就是通过控制自己的人际脉络,来给自己创造更多的可能。所以,任何人只要认真、留心,肯定能够找到自己生命中的伯乐。

分享快乐和分担风险

有一位乡长和一位做生意的朋友十分投机。那位做生意的朋友有胆量,也很有生意头脑,但运气不佳,和自己的亲戚合作开店时被骗了,他很想东山再起,但苦于没有资金。乡长特别同情他的遭遇,于是,以自己的房产和声誉作抵押,为这位朋友在银行贷款,给他做生意。朋友不负乡长的厚望,终于把生意越做越大。但他始终不忘那位在困难时期帮助了自己的乡长,他送给乡长10万元钱作为回报,但乡长坚决不收。于是,这位酒店老板以他独到的眼光给乡长买了一些股票,没几年,乡长的这些股票就升值到近20万元钱。

这位乡长为什么会和一位落魄的生意人交上朋友呢?作为一个在基层摸爬滚打的乡长,对世间人的品格把握是比较准确的。他觉得这个人有能力、有魄力、讲信誉,和这样的人交朋友不会吃亏。所以,他才会尽力帮助这样的朋友。而他的朋友也懂得朋友之间既需要共患难,更需要共享受,需要投之以桃,报之以李。人家和他分担了风险,他就必须与朋友分享奋斗成果,这才是真正的朋友。所以,他无论如何都要报答这位乡长。只有在朋友之间形成了利益共享机制,才能让朋友之间的风险分担机制牢牢地

人际关系的几大原则

人际关系的原则

平等原则

人都有友爱和受人尊敬的需要,这种需要就是平等的需要。平等是建立人际关系的前提

相容原则

相容是指与人相处时的容纳、包涵、宽容及忍让。要做到心理相容,就要心胸开阔,宽以待人,遇事多为别人着想,不斤斤计较

互利原则

互助互利是建立良好的人际关系必需的一部分,表现为人通过对物质、能量、精神、感情的交换而使各自的需要得到满足

信用原则

信用即指一个人诚实、不欺骗、遵守诺言,从而取得他人的信任。人的交往离不开信用,要保持信用,就要做到说话算数,以诚相待,用真诚换得别人的信赖

信用是一种能为人们带来物质财富的精神资源,只要在人际交往过程中时刻保持自己的信用,就会有源源不断的收获来到你身旁

在市场经济中,我们每个人都必须充分发挥这种无形资产的社会功能,及早建立起自己的信用,搭建稳固的人脉网络,用长远的眼光与发展的角度来审度和权衡自己的收益,做出最理性最经济的抉择

确立下来。

　　当一个人在心灵上受到创伤时,如果有人来抚平他的伤口,他就可以很快振作起来;当一个人经济窘迫时,如果有人伸出援

助之手，他就可以走出困境；当一个人在事业失意时，如果有人来激励、唤起他的意志，他就能够重新燃起斗志。只有在一个人有风险的时候，才会觉得朋友是自己命运中的希望之星。但是，如何才能让朋友帮自己承担风险呢？人家又没有欠你的，凭什么要为你承担风险呀？人都是趋利避害的，有风险，谁都想逃避。光靠一个人的良心为他人承担风险是不牢固的，因为一个人的良心好坏很难看出，而且容易随着环境的改变而改变。这就需要有一种机制，即利益共享和风险的分担机制。

过去，结交朋友往往有"金兰结义"之称，即要对天发誓："有福同享，有难同当。"如《三国演义》中的刘、关、张三结义就是如此。金兰结义、对天发誓是古代朋友之间的利益共享和风险分担机制。通过对天发誓，让发誓的朋友都记住，谁要得了好处，大家一起分享，谁有困难，应当拔刀相助，谁要是违反誓言就会遭"天打雷劈"，这等于订下了无字的契约。如果其中某人违反契约，其他众多的朋友都会讨伐他，或者把他从朋友的行列中清除出去。现代人虽然不再对天发誓，但朋友之间也有一种相互的默契，谁的地位上升得快，就要帮助其他的朋友，只有这样，他的朋友才会把他推上高位。当然，朋友遇到了风险，其他的朋友也会帮助他，拉他一把。在交朋友的过程中，只有那些愿意与其朋友分享利益、分担风险的人，才能得到信任。一旦谁过于自私、独占利益，朋友有风险时就尽可能避开，他必然会失去朋友的信任，最后，没有什么朋友了。

人具有两重性，利己是个人从事一项活动的出发点，但人在利己的同时，也会利他，而利他的同时也可以利己。也就是说，利他最后还是为了利己。既然人人都有利己之心，那么，当自己处于风险之中时，有朋友鼎力相助，他必然对朋友感恩戴德，以后这个朋友有需要帮忙的地方，他必然挺身而出。所以，如果一个人善于将自己的利己之心在一定程度上转向利他的方向，将利他之心也引导到利己的方向，那么，他就更容易实现自身利益的最大化。其实，许多人都知道，暂时的利益并不是最终的利益，最终的利益才是最重要的。要取得最终的利益最大化，就必须牺牲一些暂时的利益，为朋友承担必要的风险。这就像国际贸易中，国与国相互之间的贸易不仅使双方的利益增加了，也让自己国家一部分商品生产的风险被其他国家分担了。也就是说，各个国家在分享利益的同时也分担了风险。

朋友之间的利益共享和风险分担机制不可能像保险公司那样，靠一纸带有法律效力的契约（保单）形成风险分担机制。朋友之间的这种利益和风险分担机制，只能靠相互的信任和忠诚予以保障。古往今来，信任和忠诚都是比较稀缺的东西，既然是稀缺的，就很珍贵，人们必然把信任度和忠诚度高的朋友当成是一种财富，十分珍惜这样的朋友。所以，也只有那些信任度高和忠诚度高的人更容易得到朋友的信任和忠诚。朋友之间善于分享利益、分担风险，其最终的结果是使大家的利益都实现了最大化，同时又降低了风险，这比保险公司的风险分担机制的效果还要好。

经济学是以经济人假设为前提的，即承认人的利己之心，承认人的一切行为目标都是为了个人利益的最大化，但如果把这个前提进一步推到"拔一毛而利天下不为也"，那就势必把自己完全孤立了，最终什么也得不到。为此，我们不妨通过下面的寓言解读到利己的害处。

一只狐狸请仙鹤吃饭，狐狸把汤盛在盘子里，仙鹤的喙太长吃不到，而狐狸把汤全给吃光了。仙鹤也回请狐狸，把美味的食物装在长颈窄口的瓶子里，狐狸也吃不到，只好空着肚子回去了。这说明，一心只考虑自己的利益，最终对双方都没有好处。损人利己只会双双受害。在现代社会中，不管是国家、企业还是个人，都应当以合作实现双赢，互惠互利。好朋友之间更应当如此，不同的人有不同的优势。当某人自己得到利益时，让对方分享，那么当他受难时，朋友就会伸出援助之手。这与经济人的假设并不矛盾，因为，我们在利他的同时也利己，所以，利己必须和利他结合、统一起来，这样才能真正实现自己的利益最大化。

第五章　恋爱中的经济学

爱情名词的经济学解释

爱情是浪漫温柔的，在众多文人墨客眼里，它是给予，而不是索取。从这种意义上说，爱情是无价的，是纯洁而神圣的。但是爱情也可以从经济学的视角去解读，也许你会说那是亵渎了爱情。不可否认的是，这让我们能体味到另一种意境下的"世俗"爱情。武汉大学经济与管理学院教授肖光恩博士独辟蹊径，给爱情的名词另一种注解。

初恋。幼稚型产业，指在人生过程中，尚未拥有实现规模经济所需的经验或技术的恋爱。该产业通常需要教师或家长的保护，施以教育与责罚等关税壁垒。其结果通常是无疾而终，并被认为是宏观调控的成功案例。

初吻。根据边际收益递减规律，作为博弈中第一个采取行动的人，拥有他人不可比拟的优势。价值悖论通常于此时发挥作用，一箪食，一瓢饮，皆为莫大收益。这一悖论由以下事实解释：价格不反映亲吻的总效用，而反映它的边际效用。

失恋。在不完全竞争、不对称信息下的市场经济必然不稳定。在金庸小说《笑傲江湖》中，令狐冲原来颇得岳灵珊芳心，在华山派可谓如鱼得水。但自林平之到华山之后，他的卖方市场受到双重冲击。根据最大收益原则，买主岳不群和岳灵珊最终选择了林平之，即为其中一著名案例。

多角恋。多角恋是在资源不足的前提下发生的。该商品是稀缺资源，该经济形式属于开放经济，其结果必将产生大量的失恋者。被争夺的对象通常遭受赢者的诅咒，即最高标价者为该商品支付超过它所值的价钱，于是为之抑郁愤懑，并将因收益小于预期利润而影响后期恋爱的质量。败者将依成本最小原则行事，选择价格相对较低的商品。

失恋者。分摩擦性失恋和周期性失恋两种。前者因技术经验不足引起暂时性失恋，在改善以后有重新上岗的机会。令狐冲即是汲取了教训，遂被魔教公主任盈盈购买。也有部分经验丰富者为寻求更理想配偶进行工作转换，例如古龙小说中的人物楚留香、陆小凤等人。周期性失恋则由总需求水平低下造成。

婚姻。长期交易，女性在GDP连续衰退之前所做的一种孤注一掷的选择。该交易的特点是一次买断，套期保值。另一种情况是男性在为性交与繁衍后代费用的权衡中所做的广度经济式的选择——同时生产性事和子息的成本低于单独生产两种产品的成本。隶属封闭性经济。

丈夫。归宿，一项或多项税收最终的经济负担者。双重收费的受害者，既要为购买婚姻的权利支付一定的初始费用，向岳丈家支付彩礼及体力、孝心；还要为购买妻子单独支付使用费，即每个月工资、奖金上交。

离婚。夫妻双方或一方认为婚姻和家庭的存在，对于他或她而言是一种长期的成本高于收益的行为，在此前提下可能提出不再合作的意向。其诱因可能是丈夫、妻子各方面质量下降而引起的价格衰退，或者是有另外更大的买方市场的出现，即婚外恋的产生。

带不带密友去相亲

生活中，经常有这样令人尴尬的事情。某人请自己的朋友陪同一起去相亲，结果对方没看上自己，却看上了陪同去相亲的人。如果你也有这方面的困惑或疑虑，不妨听听经济学家的看法。

首先，要看前提条件，这就是相关的各方的状况。我们暂且把相亲的人叫甲，甲的密友叫乙。在这种情形下，经济学家把他们分为4种情况：甲漂亮，乙不漂亮；甲不漂亮，乙漂亮；甲和乙都漂亮；甲和乙都不漂亮。

在经济学家眼里，相亲其实就是个判断对方、推销自己的过程。任何评价或判断，要么是在有现场比较对象的环境下做出的，要么就是在没有现场比较对象的环境下做出的。行为经济学把这样的评价分别称为比较评价和单独评价。

行为经济学家提出，如果你要买东西，为了避免花冤枉钱，就应当尽可能地寻找可比较的参考信息，将难评价因素变得易评价一些，从而使自己的决策更加理性。如果你要推销东西，那就根据自己与竞争对手的强弱关系来决定采取什么策略。如果是敌强我弱，或敌强我也强，应该尽量创造单独评价的环境让评价人判断；但如果是敌弱我强，或是敌弱我也弱，则应尽量创造比较判断的环境，让别人对你进行评价。

相亲的主要目的是推销自己和让对方给自己一个比较高的评价。带闺中密友一同去，实际上就是带了一个现场比较对象。在甲漂亮、乙不漂亮的情形下，甲应该带乙去。因为在比较评价的过程中，甲的优势比单独评价（即甲一个人去）时更突出。在甲不漂亮、乙漂亮的情况下，甲就不能带乙去，免得在乙面前相形见绌。但在甲和乙都漂亮或甲和乙都不漂亮的情形下，应不应该带乙去就没有上面两种情况那么好决策了。但行为经济学家还是给出了建议：在甲和乙都漂亮的情况下，甲应该自己去；在甲和乙都不漂亮的情况下，应该两人一起去。

行为经济学家发现，人们面对整体质量不相上下的两个选择，在单独评价和比较评价时会有不同的效果。具体到甲和乙都漂亮的情况下，甲一个人去的效果会更好。因为在见面时，对方只能对他（她）进行现场单独评价，充其量只能把他（她）和自己平常见过的其他人比较，这样一来，甲就比较有优势。如果同样出众的乙也同去的话，对方做的就是比较评价，他（她）就会把甲和乙比来比去，没准就发现甲与乙相比还存在某些相对的不足。

而在甲和乙都不漂亮的情况下，两个人一起去，让他（她）在两个人之间比较，从而能够看出甲与乙的相对优势。对甲来说，起码是有机会可言的。

在相亲的过程中，外貌特征是属于容易评价的特征；而一个人的内在修养、学识水平，则属于难以评价的特征。谈婚论嫁的人，对对方的修养、学识等内在东西也是很看重的。如果甲和乙在易于评价特征和难评价特征方面有较大差异，那是不是应该带乙一起去相亲则又另当别论。

如果甲在外貌上不如乙，但在甲的学问、气质、见识等难评价特征明显优于乙的情况下，还是应该带上乙一起去。这样，在与对方见面闲聊时，才能显示出甲的才华和气质。虽然外貌比乙略输一筹，但也无关紧要。如果情况恰好相反，还是应该一个人去相亲。

经过上面的分析，你会发现，生活中如此常见的、不起眼的事情却蕴含着如此深刻复杂的经济学道理。这样层层剖析下来，相信有如此困惑的人也应该明白：在相亲的时候，要更加理性地选择自己的密友，选择什么样的密友，带不带密友等一系列问题。

其实，不仅如此，如果能够认识到相亲其实是一个自我推销行为，那么你就能够把行为经济学家的相亲理论同样运用于求职和商品营销等方面。留意车展里各种车辆的展览方式，再看看各大商场里家用电器的摆放陈列方法，你就会发现，那其实就是汽车和家电在等着顾客来相亲呢！

选对男友的策略

小李决定要把自己"推销"出去了，发动亲戚朋友介绍对象。现在问题来了：时间有限，待相亲的人数众多。怎样在众多待选对象中尽快地找到合适的男友呢？

首先，确定待选对象的人数；其次，确立目标，即挑选一名优秀者作为结婚对象。小李当然希望这个人是足够好的，甚至是最好的。但要从众多人里面选出最好的一个并非易事，她该怎么做才能争取到这个结果呢？

首先要把每个人都接触一遍，了解每个人的情况，将各项素质分别打分，找出那个最优秀的人。但现实中这似乎不太可能。因为第一，每个人你只能约会一次，而且只能当场决定选择还是放弃，一旦你选择了其中一个，你就没有机会再约会别人了。在生活中,大多数情况下机会是不等人的,等你左挑右选,把一切都规划好了,人家可能早就成了别人的如意郎君。

也许你会说这些人不就相当于篮子里的苹果吗?要从一篮子苹果当中挑出一个最好的,逐个比较是最佳法则,因为每一个都可能是最好的,也可能是最差的。但是请不要忘了,约会和选苹果是不一样的,挑选苹果可以把两个拿起来比一比,苹果在同一个篮子里,而且在你的掌控之下。也就是说,这些苹果在同一时间同一地点集合,等你检阅。但是,正如上面已经说明的,在这个过程当中,一次只能同时跟一个候选人约会,每次约会后就必须立刻决定这个人有没有可能是最好的一个,虽然有很多人你还没约会过。一旦某位幸运的男士中选,你就不再约会。还有一个规则必须遵守,约会之后你一旦决定淘汰这个人,他就永远出局了。你不能和每个候选者约会后,再把他们贴上排名的标签,收藏起来,最后才从里面挑最好的一个。

显然,这是一个艰难的选择过程。如果你太早结束约会过程,过早地做出选择,就等于放弃了在那群还没约会的对象中,找到一个比现在更好的伴侣的机会。仓促的婚姻将使你终生悔恨,这种事在现实生活中并不少见。另一个极端是如果你挑来选去迟迟拿不定主意,最好的那个可能已经从指间溜走,要补救也来不及了。这种事在现实生活中也是经常发生的。

那么到底有没有一个避免上述两种极端情况产生的办法呢?经济学教你一个策略,就是能够给你最大成功机会的策略。也许到现在还在疑惑,但是可以明确的是:小李知道自己要的是什么,那就是最大的成功机会。这样的话,问题就简单多了。因为小李知道自己要的是什么,一切具体化,只要靠自己就可以独立做出决定。

说起来轻松,操作起来并不轻松,而且不能保证小李一定能如愿,但是绝对可以增加达到目的的机会。这和买彩票不一样,无论你花费多少心思在上面,结果都取决于运气。而在相亲过程中,只要小李策略正确,就能取得不错的成果。

我们来分析一下,小李不应该选择第一个遇到的人,因为他在众多候选对象（假定100个）当中名列第一的机会只有1%，这个概率可以说是非常的渺茫。同样地，第二个人，第三个人，甚至后面的人，情况都一样，每个人都只有1%的机会可以成为100个人当中的第一名。这时，小李如果真心想要找到最好的，就不应该随机选择。

但是，这里要抛弃一个不成熟的观点，假如小李约会的第一个碰巧是最好的那个呢？小李把他淘汰掉了，岂不是遗恨终生吗？但是这里我们谈的是策略，而不是命运或缘分，只要你不是十分迷信，就一定会承认，与其把自己的未来交给概率，还不如自己掌握更好些。

刚刚说过，小李不应该选择第一个出现的对象。因为第一次约会就碰到最佳伴侣的机会微乎其微，只有1%。即使这个人真的很优秀，小李也要忍痛割爱，因为她当时无法知道在这100人里，他到底排在什么位置。

一个最有效的方法是：将前面遇到的一组人作为试验品，之后如果遇到比这组人更好的对象，就可以考虑嫁给他了。小李要做的就是从前一组人当中获取一些经验，作为评估他人的基础。那么要抽取多少样本做出实验品才算合适呢？

这是一个两难选择。如果小李抽取的"样本"太少，得出的结论可能并不准确；可是如果小李取样太多，结论倒是准确了，可是又很有可能错失最佳选择（他正好在取样里，被牺牲掉了）。那么，有没有个最佳样本数存在？如果有，那么该是多少？

苏格拉底的3个弟子曾向老师求教：怎样才能找到理想的伴侣？苏格拉底把他们带到一块麦田，要求他们沿着田埂直线前进，不许后退，而且仅给一次机会选摘一枝最大的麦穗。

第一个弟子走几步看见一枝又大又漂亮的麦穗，高兴地摘了下来。但是他继续前进时，发现前面有许多比他摘的那枝大，只得遗憾地走完了全程。第二个弟子吸取了教训，每当他要摘时，总是提醒自己，后面还有更好的。当他快到终点时才发现，机会全错过了，只好将就着摘了一个。第三个弟子吸取了前两位的教训，当他走到 1/3 时，即分出大、中、小 3 类，再走 1/3 时验证是否正确，等到最后 1/3 时，他选择了属于大类中的一枝美丽的麦穗。虽说，这不一定是最大最美的那一枝，但他满意地走完了全程——因为他知道，自己已经尽可能争取到最好的结果了。

注意那个结果最好的弟子的策略：1/3。为什么这是一个比较理想的比例呢？

事实证明，选择最佳对象的最好搜寻策略，就是在冷静地比较若干样本后，选择下一个高于他们全体的那一个。失去最佳选择的风险约有 1/3，但是你已经竭尽所能了，而且你还有大约 1/3 的机会在 100 个当中挑中最想要的那一个。其实，当你在 100 个人当中挑选时，1/3 的机会已经算是不错的了。

同时，小李还可以附加其他手段加深对候选对象的了解。在生活中，即使没谈过恋爱，小李对异性也有了解，例如小李的父兄、亲属、朋友、同学等。在很大程度上，小李已经知道什么样的男人可以交往，什么样的男人不能交往。也就是说，小李心中早已有了一个标准，这些也可以增加成功机会。

凄美爱情是吉芬商品吗

在学习历史的时候，发现了这样一个有点让人觉得悲凉的现象，那就是唯美的爱情总是以悲剧结尾。

比如莎士比亚四大悲剧之一的《罗密欧与朱丽叶》，罗密欧和朱丽叶最终还是只能在上帝那里才能百年好合；梁山伯与祝英台，至情至爱，可是却偏偏非要都变成了蝴蝶才能成双成对，有情人终成眷属……为什么那些传颂千秋的唯美爱情却都是悲剧呢？

英国统计学家罗伯特·吉芬最早发现，1845 年爱尔兰发生灾荒，土豆价格上升，但是土豆需求量反而增加了。这一现象在当时被称为"吉芬难题"。英国经济学家马歇尔在其著名的《经济学原理》一书中详细讨论了这个问题，并在分析中提及罗伯特·吉芬的看法，从而使得"吉芬商品"这一名词流传下来。

吉芬商品指的是价格上升引起需求量增加的物品。根据需求法则，消费者对商品或劳务的购买数量一般随着价格的上升（下降），市场需求量将减少（增加）。吉芬商品所表现出来的特性显然有悖于一般商品的正常情形。

这种情况多发生在像土豆这类的低档商品上。当土豆价格上升时，消费者变穷了。收入效应使消费者想少买肉并多买土豆。同时，由于土豆相对于肉变得更为昂贵，替代效应使消费者想购买更多的肉和更少的土豆。但是，在这种特殊的情况下，收入效应如此之大，以至于超过了替代效应。结果消费者对土豆的反应是少买肉，多买土豆。

运用以上的分析就可以解释"吉芬难题"了。在19世纪中叶的爱尔兰，购买土豆的消费支出在大多数的贫困家庭的收入中占据一个比较大的比例，于是土豆价格的上升导致贫困家庭实际收入水平大幅度下降。在这种情况下，变得更穷的人们不得不大量地增加对劣等商品土豆的购买，这样形成的收入效应是很大的，它超过了替代效应，造成了土豆的需求量随价格上升而增加的特殊情况。

要满足吉芬商品必须满足以下条件：首先，它必须是一个不可替代的东西，也就是说它是没有任何替代品，就如同以土豆为主粮的贫困家庭，所以它的替代效应就会非常弱。一般情况下，没有土豆可以吃米饭，但是在没有米饭及其他主粮代替的情况下，土豆的替代效应就比较弱。其次，它必须占据了某个家庭极大的收入，因而收入效应就会非常强。收入效应分为两种，一种是正常的商品价格下降了，相对而言手里的钱就可以买到更多的这个商品了，所以实际收入就相对增加了。反过来这个正常的商品价格上升了，相对而言人们可以购买这个商品的实际收入就减少了。在现在这样一个物质产品极为丰富的社会里，这样的产品几乎是找不到的。比如不吃土豆，可以吃米饭、馒头；不去网吧，可以去KTV。

那这个神秘的吉芬商品到底跟我们人类伟大的爱情有啥关系呢？

前面已经讲到了，要满足吉芬商品的两个条件就是，一个替代效应极弱，一个收入效应极强。什么叫替代效应呢？替代效应就是,麦当劳价格上涨了,那就少吃麦当劳多吃肯德基。这个很容易理解,几乎每个人都会这么做;然而对于吉芬商品而言,麦当劳价格上涨了,可是却没有像肯德基这样的东西来代替麦当劳!

需要说明的是,一般情况下,商品的替代效应和收入效应一样,都是价格高卖的少,价格低卖的多。

这个世界上还有什么东西可以同时满足极低的替代效应和极高的收入效应呢?那就是凄美的爱情。

在梁山伯的心目中,祝英台是绝对无可替代的,任何金银财宝都无法替代他对祝英台的一片真情,所以在梁山伯的心中,祝英台的替代效应是非常弱的;再看梁山伯,竟然愿意离开名望富豪的家族和祝英台私奔,可见祝英台占据了他无穷大的收入,显然收入效应极高。

两个家庭越是阻止他们,梁山伯要和祝英台在一起的难度就越大。对于梁山伯来说,祝英台价格就越高了,但梁山伯不但没有减弱他对祝英台的爱意,反而激起了他更加强大的爱情力量,显然是需求反而增加了。当他们两个家庭对他们施加的阻力越来越大,大到无法逾越的时候,梁山伯只能将他的全部收入,也就是他的生命来换取他所需要的最唯美的爱情。祝英台也是一样的情况,所以他们的结局也就只能是悲剧——付出了生命的代价。

有没有办法使悲剧不再重演呢?有,那就是:一、尽量不要再去追求所谓的"凄美的爱情",完美的东西往往是要付出非常昂贵的代价的,甚至生命;二、那些为人父母者们,不应干扰子女的婚姻,要知道你们的强力阻挠只会增加这对恋人互相间更高的价格,但凄美的爱情是吉芬商品,它是不会随着价格的抬高而降低对于这场凄美爱情的追求的,所以你的阻挠只会使他们付出更高的成本,甚至生命。

自古红颜多薄命

古时候,有位美丽的女子要出嫁,母亲就告诉待嫁的女儿说:"到夫家后,要拼命存私房钱,免得有什么万一,将来被休了,生活无所依靠。"女子嫁到夫家后，真的遵循母亲教诲，努力存私房钱。有一天，婆婆发现媳妇存了很多私房钱，责怪媳妇攫取夫家钱财，遂令儿子休了媳妇。媳妇却没有任何难过悲伤，回到娘家后，就告诉母亲说："娘说得对！还好我存了许多私房钱。"

"问世间情为何物，直教人生死相许！"虽然爱情让那些身处其中的人觉得甜蜜与神圣，但在经济学家看来，这话没有任何价值。在他们看来，爱情与婚姻同人类的其他行为一样，主要目的不是寻寻觅觅，更不是什么"生死相许"，它带给人的是实实在在的收益。

从某种意义上讲，现代社会是追求效益的社会。就拿征婚广告来说吧，只要我们稍稍留意一下就会发现，男人大都以炫耀其身份、地位、金钱来征婚，而女人则以靓丽、温柔、体贴的条件应市。身份、地位、金钱，说白了就是经济实力，摆开了"买方市场"的架势，靓丽、温柔、体贴看上去很"软性"，其实这里面也包含着巨大的经济"潜价值"。

美丽的女人永远是稀缺资源，而稀缺资源本身就具有经济价值。难怪专家们说，拥有金钱，哪怕是丑陋的男人，找一个靓丽的女人易如反掌。反之，既丑又没钱的男人，大体上只能找"糟糠"之妻了。

对于普通美人的命运多舛，我们还可以利用博弈论原理，从两方面来分析。一般来说，美女是男人追逐的热点对象。假如最初有10个男人追美女，美女们总是在10个男人之间挑肥拣瘦，并从一些外在信息上对追求者做出判断和选择。随着追逐者的增多，男人们也对美女的道德人品产生了怀疑，好男人逐渐失去信心，纷纷退出角逐。在众多男人的博弈中，"劣币驱逐良币"，有钱有权的花花公子成了最后的胜出者，女人的命运也就注定要悲惨了。这就是为什么优秀的女人总找不到优秀男人的原因。研究表明，美女家庭的暴力发生率比一般家庭要高得多。而在不幸的婚姻中，男子更具有先动优势，又具有较低的退出壁垒，而女子则处于明显的后动劣势，而且有无限高的退出壁垒（离婚的美女将大幅度贬值），结果自然是女人吃亏，难免落得红颜薄命的结局。另一种情况是，美女们自恃先天的美貌资源——"学得好不如长得好",放弃学习上进,但毕竟红颜难驻。她们从最初在众多男人的追逐中捞取好处(比如经济实惠、虚荣心的满足等),到最后游戏人生,玩弄男人,跌入万丈深渊,甚至走上犯罪道路,最终毁灭了自己。

严格意义上的独身(一辈子不结婚)现象是很少的。更多的则是迟婚。迟婚的原因除了以上分析的因素外,还有一些其他的因素:一是受教育时间长,从小学到博士,在学校里足足要待20年,好多商机都错过了。二是性开放的影响,婚姻的一个主要目的是解决性问题。在不结婚也很容易获得性生活时,许多人不会忙于结婚。三是社会约束条件的变化改变了婚姻的成本和相对收益,比如住房价格上升导致婚姻成本上升,被迫迟婚。

再见钟情

在《红楼梦》中,贾宝玉身边围绕的全是贾府的女人,而他对这些女人根本就没有兴趣。当林黛玉来到贾府后,他发现了一个全新的、富有吸引力的女孩,于是就一见钟情。而林黛玉接触的男人更少,当她看到贾府中的贾宝玉时也一见钟情。但是,二人的爱情却受到贾府中众多因素的制约。更由于二人年轻、社会经验不足,加上存在不完全信息,即对对方的家庭及其他社会关系不太了解,这些都限制了他们的选择。也就是说,如果他们二人的接触面更广一些,那么,他们就可能找到更好的对象。因为,他们起码要考虑不能门当户对而产生的沉没成本和社会成本。

杨宗保和穆桂英、薛丁山与樊梨花都是久经沙场的人,见过的异性不知有多少,他们肯定会进行比较和鉴别。更由于见多识广,即他们对对方及其家庭的了解也更充分,因而在爱情上更加理性。这样,就避免了沉没成本和社会成本的产生。所以,他们的爱情故事取得了圆满的结局,并传颂千古。这两对佳偶都是不知见了多少异性,相互之间也不知见了多少次面,才确定了他们的恋爱关系,所以,他们不是一见钟情,而是"再见钟情"。

从上面这些大家都熟悉的爱情故事中,我们可以看出,一见钟情完全受感情支配,从而使男女陷入情网之中而不能自拔,带有许多随机性,缺乏理性,容易造成巨大的沉没成本和社会成本。而"再见钟情"则实现了爱情资源的自由配置,通过男女双方更多的自由流动,双方都会更加理性,有更多的选择机会和选择时间,这就容易优化爱情资源的配置,爱情的成功率也更高。这和市场机制中,以市场作为配置资源的基础性方式的道理是一样的。所以,自古以来,由于年轻人的爱情往往过于感性和随机,理智约束势在必行。

对于年轻人的爱情来说,需要在自身条件受到约束的情况下,找到最满意的恋人。我们每个人的偏好各不相同,并且有着不同的判断标准。可以说,他(她)面临的是一个供应量相对固定的异性,即心仪的女性(或男性)数量少,甚至只有一个,而且不一定对方就能看中他(她)。加上一些人与异性交往的范围很小,没有相互之间进行更多的对比。这样,在一般情况下做出追求的决策往往是不够理性的。甚至是一方根本就不了解对方,对方也根本不了解你,或者仅凭初步的感觉就确定自己的恋爱对象。所以,往往一时的决策谈不上是次优决策,更不是最优决策。

现代社会,男孩和女孩的流动都是比较频繁的,信息也更容易获得。在恋爱的过程中,男孩追求一个女孩成功的程度主要取决于两个因素:一个是男孩自身的综合素质,包括能力、学历、相貌、性格、金钱等;另外一个就是对方,即女孩对男孩的好感程度。比如说几个男孩中,有的有金钱、有的有学历、有的有相貌,他们同时去追求一个女人。一般来说,如果这个女孩子是理性的,那么在这几个男孩中谁的综合素质最高,谁追到这个女孩的概率就可能最大。另外,如果女孩有特殊的爱好,比如她对钱的爱好最大,那么她就可能选择那个有钱的男孩。如果她对男孩子的学历最为看中,那么她就会选择学历最高的那个男孩。

如下图所示,纵轴 Y 表示男、女单方对对方的追求程度,横轴 Q 表示一方对对方的喜欢程度。S(女)是女孩的供给曲线,也是男孩的需求曲线。男孩对女孩的喜欢程度包括美貌、温柔、气质、语言,以及她对男孩的关心、体贴等付出带给男孩的一种满足感。这种满足感对男孩来说是需求,对于女孩来说是供给。同样的道理,右图中S(男)是男孩的供给曲线,也就是女孩的需求曲线。男孩对女孩更需要比较多的付出,包括关心、体贴、保护,甚至是牺牲。女孩对男孩的关心越多,女孩越漂亮,男孩对她就越喜欢。对于男孩来说,如果他的条件特别好,能力、相貌、学历、性格、金钱都具备,那么,追求他的女孩自然就多;对于女孩来说,她的相貌、学历、性格、金钱条件都好,那么追求她的男孩也就多。

下面我们将上面右边的图形,即女孩的需求曲线图逆时针旋转180°,让两个图形重合,可以得到一个图形。在下页图中,男女双方的曲线重合得很紧密,即表示恋爱成功,走向婚姻。

如果其中一方或者双方都遭到家庭的反对,或者由于两个人相互之间隐瞒的一些事情被发现,这样,他们的爱情就要受到干扰。在图形上则表现为供给曲线的突然中断,而曲线突然中断就使得男女的供需曲线不能相合。如果男女的供需曲线不能合拢,则造成爱情的沉没成本,有时如果损失太大,还会造成比较大的社会成本。所以,男女的恋爱不只是两个人的恋爱,而是双方社会关系的整合。这种社会关系的整合不仅需要多了解对方,而且需要多了解对方的家庭。一旦准备和对方恋爱、结婚,就需要接纳对方的全部社会关系的总和。

事实上,恋爱中的男女往往会隐瞒自己的许多真实信息。

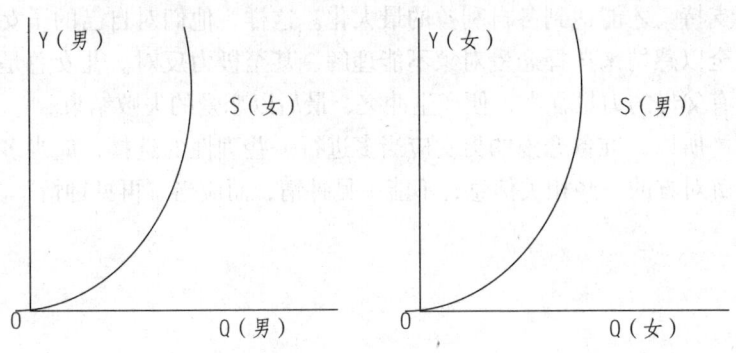

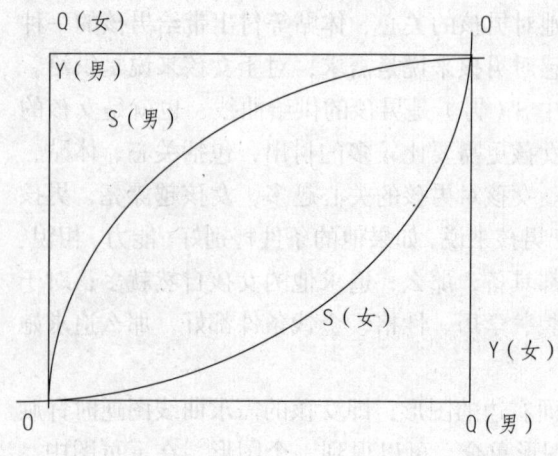

比如,有的男孩子为了得到他心仪的女孩,不管自己与她是不是适合,往往会曲意迎合女方的需求,投其所好,以博得女孩的芳心。甚至有的人并不是真的想谈恋爱,而是看中了对方的美色或富裕的家庭条件。谈恋爱正是他(她)的一种手段,一旦目的达到就露出其本来面目,甚至明目张胆地将对方甩掉。而恋爱中的男女往往会受到对方"光环效应"的影响,当一方对另一方产生好感时,他或她的身上会出现积极的、美妙的、理想的光环。在这种光环的笼罩下,不仅忽略了对方心灵的、家庭的不足,甚至人为地赋予对方很多美好的品质,一好百好,俗话说:"情人眼里出西施。"就是这种光环效应的结果。这种光环效应会使处于爱情中的男女产生错误的判断。

也有的男女相互之间一见钟情,陷入爱情不能自拔,甚至山盟海誓,不顾自己家庭的反对,但作为年长的父母都是过来人,他们强调的是门当户对,因为只有男女双方的家庭能够互补,相互支持,才能达到各自利益的最大化。这样,他们对自己的子女完全以感情来选择恋爱对象不能理解,甚至极力反对。儿女总是没有父母的力量强大,便产生冲突,最后以恋爱的失败结束。

所以,准备恋爱的男女应当多进行一些理性的选择,应当多了解对方的一些相关信息,不能一见钟情,而应当"再见钟情"。